古代歷史文化 研究輯刊

二一編

王明蓀 主編

第 9 冊

拓地降敵：
北宋中葉內臣名將李憲事蹟考述（上）

何冠環 著

國家圖書館出版品預行編目資料

拓地降敵：北宋中葉內臣名將李憲事蹟考述（上）／何冠環
著 — 初版 — 新北市：花木蘭文化事業有限公司，2019〔民
108〕
目 2+198 面；19×26 公分
（古代歷史文化研究輯刊 二一編；第 9 冊）
ISBN 978-986-485-727-2（精裝）
1.（宋）李憲 2. 傳記
618   108001500

ISBN-978-986-485-727-2

9 789864 857272

古代歷史文化研究輯刊
二一編 第 九 冊   ISBN：978-986-485-727-2

拓地降敵：北宋中葉內臣名將李憲事蹟考述（上）

作　　　者　何冠環
主　　　編　王明蓀
總 編 輯　杜潔祥
副總編輯　楊嘉樂
編　　　輯　許郁翎、王筑　美術編輯　陳逸婷
出　　　版　花木蘭文化事業有限公司
發 行 人　高小娟
聯絡地址　235 新北市中和區中安街七二號十三樓
　　　　　　電話：02-2923-1455／傳眞：02-2923-1452
網　　　址　http://www.huamulan.tw 信箱 hml810518@gmail.com
印　　　刷　普羅文化出版廣告事業
初　　　版　2019 年 3 月
全書字數　426562 字
定　　　價　二一編 49 冊（精裝）台幣 122,000 元

拓地降敵：
北宋中葉內臣名將李憲事蹟考述（上）

何冠環　著

作者簡介

何冠環，1955 年生，廣東江門新會人，香港中文大學文學士、哲學碩士，美國亞里桑拿大學（University of Arizona）哲學博士，專攻宋代史，師從著名宋史學者羅球慶教授與陶晉生院士，先後任教於香港公開大學、新加坡南洋理工大學、香港教育大學、香港理工大學，2015 年退休。現擔任香港新亞研究所特聘教授及香港樹仁大學歷史系客席。2006 年起獲選爲中國宋史研究會理事迄今，2010 年獲選爲嶺南宋史研究會副會長迄今，2014 年獲選爲中國宋史研究會副會長（迄 2018 年）。著有《宋初朋黨與太平興國三年進士》（1994）（修訂本，2018）、《北宋武將研究》（2003）、《攀龍附鳳：北宋潞州上黨李氏外戚將門研究》（2013）、《北宋武將研究續編》（2016）、《宮闈內外：宋代內臣研究》（2018）專著五種，以及發表學術論文數十篇。

提　　要

　　本書《拓地降敵：北宋中葉內臣名將李憲事蹟考述》，是作者研究宋代內臣（宦官）的第二本專著。本書以考述北宋中葉收復蘭州並開拓熙河著稱的內臣李憲的軍旅生涯爲經，以神宗至徽宗朝的史事爲緯，重新探究北宋從神宗至徽宗朝變法圖強，拓邊西北而新舊黨爭不斷的複雜政局。

　　李憲是神宗甚爲寵信的內臣，雖然文臣屢加反對，但神宗仍委以開邊重任。他也無負神宗之知，破西蕃，取蘭州，開熙河，並多次擊敗來攻蘭州的西夏軍，爲神宗一雪元豐五路伐夏及永樂城之役失敗之恥。他的軍旅生涯從未遭敗績，可說是長勝將軍，他麾下的熙河兵團能吏戰將輩出，他經營熙河蘭州所奠下的堅實基礎，成爲後來哲宗至徽宗再度拓邊西北的重要資產，他的戰略戰術也爲其門人童貫繼承，在徽宗朝成功奪取橫山及迫西夏稱臣。

　　然而，李憲的功績及貢獻以及評價，卻因新舊黨爭而迥異：高太后臨朝的元祐時期，舊黨秉政，他即被罷職貶黜，被斥爲內臣四凶之一，而鬱鬱以終。到哲宗親政，新黨回朝，他便獲得平反，賜諡復官，且被新黨編修的神宗實錄高度評價，稱許他「置陣行師，有名將風烈。至於決勝料敵，雖由中覆，皆中機會。」但宋室南渡後，重修神宗實錄的舊黨史官，雖然仍承認李憲「以中人爲將，雖能拓地降虜」，卻嚴責他「貪功罔上，傷財害民，貽患中國云」。此一觀點後來即爲《東都事略》及《宋史》所因襲。

　　本書作者即據現存的文獻史料、碑刻銘文，以綿密的考證，生動的筆觸，摒除傳統儒家士大夫對內臣的偏見，重新客觀考述一直頗爲人忽略的李憲的生平事蹟，並附考他麾下以趙濟和苗授爲首的文武僚屬，和繼他任熙河帥的著名邊臣范育，以及其不肖養子李毅的事蹟。另外，也考論神宗、高太后、哲宗及徽宗與相關的新舊黨文臣對開邊西北的態度，以新的視角構建從熙寧到崇寧這一段深受人關注並爭議不休的歷史。

謹以此書
敬獻
陶晉生老師
羅球慶老師

並紀念亡友
曾瑞龍教授

寵信李憲，委以重任的宋神宗畫像

河南鞏義市宋神宗永裕陵

河南鞏義市之宣仁高太后永厚陵（與宋英宗合葬）

宋神宗母、垂簾聽政後貶斥李憲，盡罷神宗新政的宣仁高太后

宋英宗與高皇后之永厚陵前內臣翁仲

目次

前　言

　　宋神宗（1048～1085，1067～1085 在位）推行新政，志在富國強兵，從而開疆闢土。熙寧、元豐年間，爲神宗執行拓邊西北大業有多員深受他寵信的內臣，其中以李憲（1042～1092）戰功最爲彪炳。李憲繼王韶（1030～1081）後，成爲神宗朝主持開拓熙河路的領導人。神宗在元豐四年（1081）十一月五路攻西夏失敗後，曾一度想委李憲統兵再從涇原路以一邊築城一邊進攻的戰術再度攻夏。雖然李憲最終沒有成爲西北各路的統帥以伐夏，但他仍長期擔任熙河路的主帥。元豐五年（1082）十一月更史無前例地獲授熙河、秦鳳路經略安撫制置使，並兼領熙河經制邊防財用司，開創了宋代內臣出任方面的先例，若非輔臣極力反對，神宗差一點要委他爲宋代第一個內臣節度使（他的門人童貫【1054～1126】後來成爲第一個內臣節度使）。他更在元豐四年九月從夏人手上奪取宋西疆重鎮蘭州（今甘肅蘭州市），並一度以之作爲熙河路的帥府，且費盡心力長期經營蘭州及附近的堡寨，他可說是今日甘肅省會蘭州市建立和發展的功臣之一。他爲神宗信任，年方三十五、六，便被破格擢爲內臣兩省主官的入內押班（宋制一般內臣要年過五十才可擢押班），後來再以戰功擢至內臣班官之首的延福宮使、入內副都知和武信軍節度觀察留後。他在西北戰場上屢立戰功，並提拔了一大批在哲宗（1077～1100，1085～1100 在位）親政時期及徽宗（1082～1135，1100～1125 在位）朝在西邊立功的文臣武將，包括在徽宗朝權傾一時的權閹童貫。雖然宋廷文臣以內臣不應掌軍的偏見，對李憲受到重用多有微詞；但他們不能否認李憲確有將才並多立戰功的事實。哲宗元祐時期，在宣仁高太后（1032～1093）垂簾聽政下，舊黨回朝掌權，盡罷神宗的新政，包括放棄拓邊西北的政策，甚至要放棄蘭州。而有份參與開邊的文臣武將均遭罷黜，李憲在劫難逃，一再受到宋廷文臣的攻擊及清算，而被罷職貶官，甚至與另外三名內臣王中正（1026～1099）、石

得一（？～1086）及宋用臣（？～1100）被指爲神宗朝的「內臣四凶」。李憲在哲宗親政前便病卒於陳州（今河南周口市淮陽縣），得年才五十一。對於哲宗及徽宗而言，他們兄弟恢復拓邊西北的政策，無疑失去一個經驗豐富而戰功卓著的執行人；而李憲的早逝，倒給出身其門下的童貫出頭的機會。事實上，李憲留下的，特別是熙河蘭會路的各樣資產，就給紹聖、元符到崇寧時期宋廷開邊提供了堅實的基礎。我們要研究北宋中期開始的拓邊西北行動，其中一個關鍵人物就是李憲。

李憲在紹聖本的《神宗實錄》（亦稱《舊錄》）有傳，部份內容爲《長編》所引用，餘不傳。現存的《東都事略》及《宋史》均有傳，似乎是採自紹興本《神宗實錄》（亦稱《新錄》）（也許亦取材自紹興本《哲宗實錄》）。惟二書的作者對李憲的評價有頗大的偏見，《東都事略・宦者傳》序言便將徽宗朝宦官得勢的原因追溯於李的掌兵，說「自李憲節制諸將於西邊，而童貫因之以握兵柄，徽宗既寵用貫而梁師成坐籌帷幄，文武二柄歸此兩人，宰相特奉行文書而已，內而百司悉以宦者兼領，外而諸路則有廉訪承受之官，宦者之勢盛矣。」而《東都事略・李憲傳》則評說「憲以中人爲將，雖能拓地降虜，而貪功罔上，傷財害民，貽患中國云」。（按：《宋史・李憲傳》的評論因襲《東都事略》）。〔註1〕

考李憲的事蹟更詳見於《續資治通鑑長編》（以下簡稱《長編》）、《宋會要輯稿》、《宋大詔令集》、宋人文集及筆記。撇除宋代士大夫對他帶有偏見的論述，李憲在宋代內臣中可說是繼宋初秦翰（952～1015）以後最有代表性的內臣名將。〔註2〕《長編》引述之《神宗舊錄》，便稱譽他「置陣行師，有名將風烈。至於決勝料敵，雖由中覆，皆中機會。」〔註3〕人們過去顯然低估和

〔註1〕 王稱（？～1200後）：《東都事略》，收入趙鐵寒（1908～1976）主編：《宋史資料萃編第一輯》（臺北：文海出版社，1967年1月），卷一百二十〈宦者傳・序──李憲〉，葉一上，五下至六下；脫脫（1314～1355）：《宋史》（北京：中華書局點校本，1977年11月），卷四百六十七〈宦者傳二・李憲〉，頁13638～13640。

〔註2〕 有關秦翰的事蹟，與及他的內臣名將功業，可參閱何冠環：《宮闈內外：宋代內臣研究》（新北：花木蘭文化出版社，2018年3月），第三篇〈宋初內臣名將秦翰事蹟考〉，頁55～97。

〔註3〕 李燾（1115～1184）：《續資治通鑑長編》（北京：中華書局點校本，1979年8月至1995年4月；以下簡稱《長編》），卷四百七十四，元祐七年六月戊寅條，頁11315。

忽略了李憲的戰功與其將才。李憲長期奮戰於西北，因陞授入內押班、入內副都知的省職而曾在內廷供職，並不時擔任一些非軍事性的差遣，惟從他主要擔任的職務而論，他屬於典型的「武宦」，是宋代內臣統兵並成爲封疆大吏的典型例子。

關於李憲的研究，河隴史地研究名家陳守忠教授早年的〈李憲取蘭會及其所經城寨考〉一文，不但扼要闡述李憲在元豐年間經營蘭會的過程，而且把李憲大軍所經過的城寨今日位置，以實地考察結合文獻的方法，大體上都考證出來，對我們研究這段歷史有極大的幫助。而且陳教授給李憲公允的評價，指出《宋史》編者以「憲以宦官統兵，故史多貶詞。其實宦官不都是壞的，應據史實予以公正的評述。」陳氏還指出，李憲麾下多有《宋史》有傳的猛將，包括苗授（1029～1095）、苗履（1060～1100 後）父子、王文郁（1034～1099）與李浩（？～1095）。〔註4〕

除了陳氏一文外，臺灣大學梁庚堯學長在 1987 年發表的〈北宋元豐伐夏戰爭的軍糧問題〉專文，也精闢地論析李憲在元豐四年至五年伐夏戰爭，於糧運不繼的情況下，如何思量進軍的策略。〔註5〕

蘭州市的文史工作者趙一匡先生也在在上世紀八十年代中期先後發表了〈宋夏戰爭中蘭州城關堡砦的置建〉及〈宋夏戰爭中北宋在蘭州的軍事措施〉兩篇短文，既考論李憲收復蘭州後，爲了鞏固降羌之心而所修建的城關堡寨的始末與它們所在，又頗論及李憲「治蕃兵，置將領，酌蕃情而立法」及將蕃漢軍各自爲軍的較爲實際的措施。〔註6〕

亡友曾瑞龍教授（1960～2003）在 2006 年出版的遺著《拓邊西北——北

〔註4〕陳守忠：〈李憲取蘭會及其所經城寨考〉，載陳守忠：《河隴史地考述》（蘭州：甘肅人民出版社，2007 年 1 月），頁 129～136。按陳氏此文原載《西北史地》1986 年第一期（1986 年 3 月），頁 85～89，90，題目原作〈李憲取蘭會及相關城寨遺址考〉，後收入陳氏《河隴史地考述》一書。該書初版由蘭州出版社於 1983 年出版，修訂後再由甘肅人民出版社於 2007 年出版。

〔註5〕參見梁庚堯：〈北宋元豐伐夏戰爭的軍糧問題〉，載梁庚堯：《宋代社會經濟史論集》（臺北：允晨文化實業股份有限公司，1997 年 4 月），上冊，頁 59～102。梁氏一文原刊於《陶希聖先生九秩榮慶祝壽論文集：國史釋論》（臺北：食貨出版社，1987 年 11 月）。

〔註6〕趙一匡：〈宋夏戰爭中蘭州城關堡砦的置建〉，《蘭州學刊》，1986 年 6 期，頁 76～79；〈宋夏戰爭中北宋在蘭州的軍事措施〉，《蘭州學刊》，1987 年 1 期，頁 79～88。按趙氏並非專業的宋史學者或歷史地理學者，且二文篇幅並不大，所論並未深入。

宋中後期對夏戰爭研究》，亦有兩章考論李憲的事功，其一是第三章〈被遺忘的拓邊戰役：趙起《种太尉傳》所見的六逋宗之役〉，精闢地考證熙寧十年（1077）三月李憲指揮的六逋宗之役的始末。另一章是附錄一〈蘭州在十一世紀中國的環境開發及其歷史經驗〉，概述李憲開發蘭州的經驗。〔註 7〕而在2007 年出版的另一篇曾氏遺著 "Song-Tangut Territorial Dispute over Lanzhou: A Legitimation Issue"也討論了李憲攻取蘭州並築城固守，與西夏爭奪蘭州的經過。曾氏在該文也討論了在元祐時期當政的文臣從司馬光（1019～1086）、蘇轍（1039～1112）到范純仁（1027～1101）等對西夏的政策，以及朝臣主張及反對放棄蘭州的理據。〔註 8〕

西北大學的沈琛琤在其碩士論文《北宋神宗朝對西北的經略——以戰略決策與信息傳遞爲中心》（2010），有頗多篇幅提到李憲在熙寧和元豐時期參預神宗開拓熙河軍事行動的事蹟。〔註 9〕雖然沈氏並未深入探究李憲在神宗開邊的角色，以及評論其將才優劣；惟該文頗能道出神宗「將從中御」的用心及其局限，並一針見血指出神宗雖有將從中御之形，卻無將從中御之實，也能指出元豐四年至五年兩度伐夏失敗，其中重要原因正是戰場信息與戰略決策的不協調所致。〔註 10〕

香港大學聶麗娜也在 2016 年發表她在唸本科時所撰的〈北宋中期宦官官僚化一例：論李憲的拓邊禦夏〉一文。惟該文從史料到立論均有問題。〔註 11〕

〔註 7〕 曾瑞龍：《拓邊西北：北宋中後期對夏戰爭研究》（香港：中華書局，2006 年 5 月），第三章〈被遺忘的拓邊戰役：趙起《种太尉傳》所見的六逋宗之役〉，頁 79～123；附錄一〈蘭州在十一世紀中國的環境開發及其歷經驗〉，頁 235～256。

〔註 8〕 Shui-lung Tsang(曾瑞龍), "Song-Tangut Territorial Dispute over Lanzhou: A Legitimation Issue", in Philip Yuen-sang Leung(梁元生)(ed.), *The Legitimation of New Orders: Case Studies in World History*, Hong Kong: The Chinese University Press, 2007, pp. 53-74.

〔註 9〕 沈琛琤：《北宋神宗朝對西北的經略——以戰略決策與信息傳遞爲中心》，西北大學中國古代史碩士論文，2010 年 6 月）。該文以第三章〈北宋中央對軍事決策的控制及其與前線的信息交流〉，頁 72～105；第四章〈前線的權力分布與實戰中的軍事指揮〉，頁 107～168，引述李憲的事蹟最多。是篇論文蒙香港樹仁大學的張宇楷同學替我檢索出來，謹此致謝。

〔註 10〕 沈琛琤：《北宋神宗朝對西北的經略——以戰略決策與信息傳遞爲中心》，第四章第三節〈元豐靈夏之役〉，頁 153。

〔註 11〕 聶麗娜：〈北宋中期宦官官僚化一例：論李憲的拓邊禦夏〉，載蔡崇禧等編：《研宋三集》（香港：香港研宋學會，2016 年 6 月），頁 25～45。按聶氏在美國哈佛大學修讀博士時另撰有一文，該文只簡略地在一兩處提到李憲取蘭州的事

　　另外，山東大學歷史文化學院許玲在 2016 年 5 月提交的碩士論文《宦官與宋神宗哲宗兩朝政治研究》，其中第三章〈神宗哲宗兩朝的宦官群體〉和第四章〈宦官與神哲兩朝政治〉便以數頁篇幅談到李憲的簡略生平和他熙河開邊的事蹟。另外，她在〈結語〉也評述李憲與王中正、石得一及宋用臣四人在神宗推行新法的作用。該論文是通論神宗、哲宗兩朝的內臣，自然不能苛求其對李憲或個別的內臣有深入的研究。不過，她指出李憲等是神宗推行新法的重要工具，而李憲等的作爲正是皇權的延伸，是可以接受的看法。〔註12〕

　　隴東學院的張多勇教授和他的團隊據他們在 2014 年 4 月 6 日的實地考察，在 2016 年 8 月刊出〈西夏在馬啣山設置的兩個軍事關隘考察〉一文，修正和補充了陳守忠在前引文有關李憲大軍經過並與西夏作戰的馬啣山、龕谷寨、汝遮谷、西市新城的今日所在地理位置。最近期的相關研究則有湖北師範大學尚平教授在 2018 年 8 月在蘭州舉行的宋史研究會第十八屆年會宣讀的〈北宋汝遮城進築中的地理議論（1082～1096）〉專文，尚氏重新考證了汝遮城（紹聖三年建成後改爲安西城）的位置，並考察了汝遮城築城的背景、過程以及汝遮城修築與北宋制西夏政策調整之間的關係，而修正了陳守忠與張多勇的觀點。〔註13〕

　　實，卻沒有分析他的作戰策略以及取蘭州的過程，而且一開始便將李憲的生卒年弄錯，另也不小心將「种」氏諸將寫作「種」氏。她也在 2015 年 1 月刊出一篇論高遵裕在與靈州之戰的責任問題的短文，惟該文也沒有提到李憲在此役的表現。參見 Lina Nie, "A Grand Strategy or a Military Operation? Reconsideration of the Lingzhou Campaign of 1081", *Journal of Song-Yuan Studies*, Vol 45(2015), pp. 371-385；聶麗娜：〈高遵裕與元豐四年靈州之戰〉，《寧夏社會科學》，2015 年 1 月，第一期（總 188 期），頁 135～138。

〔註12〕該篇碩士論文由范學輝教授指導，全文不及一百頁，其中第三章第一節下第一條爲「歷任走馬承受、御藥院、皇城司的李憲」（頁 58～59），第四章第一節首一條爲「李憲與熙河開邊」（頁 65～68），〈結語〉，頁 86～91。參見許玲：《宦官與宋神宗哲宗兩朝政治研究》，山東大學歷史文化學院中國古代史碩士論文，2016 年 5 月。

〔註13〕張多勇、龐家偉、李振華、魏建斌：〈西夏在馬啣山設置的兩個軍事關隘考察〉，《石河子大學學報》（哲學社會科學版），第 30 卷第 4 期（2016 年 8 月），頁 1～5；尚平：〈北宋汝遮城進築中的地理議論（1082～1096）〉，載《十至十三世紀西北史地國際學術研討會暨中國宋史研究會第十八屆年會會議論文集》（蘭州：西北師範大學歷史文化學院，2018 年 8 月），第三組：軍事與邊疆，頁 283～298。考尚氏一文並未參考新出土的〈苗授墓誌銘〉相關記載。

　　另外，中國社會科學院歷史研究所的林鵠博士在 2018 年 11 月 3 至 4 日在北京舉行的「遼宋金元軍事史與中華思想通史・遼宋金元軍事思想工作坊」宣讀的〈從熙河大捷到永樂慘敗──宋神宗對夏策略之檢討〉一文（載《工作坊論文集》頁 77～88），雖然論述重心在神宗，但也略道及李憲的角色。〔註14〕而上海師範大學古籍整理研究所的雷家聖教授在同一會議宣讀的〈宋神宗時期的宦官與戰爭──以李憲、王中正爲例〉一文（頁 46～54），則是最近期研究李憲的論著。〔註15〕

　　至於通俗普及著作方面，近年也有撰寫中國宦官的書刊，簡介李憲的生平事蹟，並給予正面的評價。〔註16〕另在網上也有文章肯定李憲的功績。

　　筆者近年致力於宋代內臣的研究，有鑒於李憲的研究尚有繼續探索的空間，故擬據現存的史料，在前人相關研究的基礎上，嘗試全面考述李憲的事蹟，並對他的事功，以及他於北宋代內臣的地位予以客觀公允的評價。筆者也希望透過李憲的個案研究，探討北宋中後期君主與內臣，內臣與文臣武將的關係。筆者認爲宋代內臣的情況有其特殊性：君主多以其爲心腹以制衡文臣和控制武將，而客觀效果是武將與內臣多半和睦相處，武將並不存有歧視

〔註14〕是次會議由中國社會科學院歷史研究所宋遼金元史研究室主辦，承林鵠博士惠賜其宣讀之鴻文。林氏指出李憲以偏師輕鬆取得蘭州，從後來哲宗朝的歷史發展來看，據有蘭州是熙河之役後，北宋扭轉對西夏局勢的關鍵性第二步，林氏指出原因有三，其一是宋朝雖早在熙寧六年奪取熙河，但新領土的鞏固始終困擾宋廷。熙寧十年董氈臣服，熙河路南部受到的威脅得以初步緩解。但面對西夏重兵，熙河北路北翼仍不安全。取得蘭州後，困境方稍得紓解。其二，蘭州一帶土地肥沃，其丟失對土地資源本來匱乏的西夏而言，是重大打擊，其三，蘭州的獲得，使熙河連接涇原成爲可能，從而爲哲宗朝宋軍進據天都山，轉守爲攻，奠定了基礎。林氏所論可取。又林文也指出神宗晚年仍委李憲籌劃攻取西夏的冒險軍事行動，只是英年早逝而止。

〔註15〕筆者蒙雷家聖教授惠寄其尚未正式發表的鴻文，誠如雷氏所謙稱，因篇幅所限（該文凡 9 頁，一半篇幅論王中正），所考論李憲在神宗朝的軍功只是一梗概。雷氏對李憲的評價正面，也指出他是北宋第一個出任路帥的內臣。

〔註16〕張雲風（編著）：《中國宦官事略》（臺北：大地出版社，2004 年 9 月），〈李憲：生前有爭議，死後稱「魁傑」〉，頁 306～312。該書介紹的宋代內臣計有李神祐（？～1016）、王繼恩、張崇貴（955～1011）、秦翰、閻文應（？～1039）、李憲、程昉（？～1072）、童貫、梁師成（？～1126）、李彥（？～1126）、康履（？～1129）、馮益（？～1149）、董宋臣（？～1260）等十三人。作者沒有列出史料來源，當改寫自《宋史・宦者傳》。作者能選擇李憲，頗有眼光，不過，他卻把宋人斥王中正、李憲及宋用臣爲「魁傑」的負面評語解讀爲正面評價。至於網上稱許李憲，爲他抱不平的文章，就不一一引述。

內臣的偏見，而只看與他們共事的內臣是否處事公正和有否武幹。至於文臣與內臣的關係，卻並非鐵板一塊：宰執與言官多輕視內臣，卻鑒於漢唐的經驗而處處防範內臣掌權，尤其反對授予他們兵權；但與他們共事的地方文臣，常倚靠他們的提拔與推薦而獲得陞遷，故與他們合作無間。李憲的個案或可讓人檢視這一現像。

李憲的養子李轂，字志道，（高宗繼位後避諱以字行，？～1127 後）在哲宗、徽宗、欽宗（1100～1161，1126～1127 在位）到高宗（1107～1187，在位 1127～1162）朝仍當權任事，本書也一併考述他的生平事蹟，並與其父李憲作一比較。〔註17〕

本書所用的「內臣」稱呼，是宋官方所通用的，例如司馬光所撰的〈百官表總序〉便說：「自建隆以來，文官知雜御史以上，武官閤門使以上，內臣押班以上，遷除黜免，刪其煩冗，存其要實，以倫類相從，以先後相次，為《百官公卿表》。」〔註18〕另外，如《宋會要輯稿・職官三六・內侍省》所載錄的許多官方詔書，便用上「內臣」一詞。又北京大學歷史系博士研究生曹傑最近期（2018）一篇論內臣寄資制度的文章，也使用「內臣」一詞。〔註19〕當然，宋人也常用「宦者」、「宦官」、「內侍」、「閹人」、「中官」、「中貴」、「中人」各種不同的稱呼，以區別文臣武將以外的內臣。《東都事略》及《宋史》都立〈宦者傳〉，即以「宦者」稱之。本書用「內臣」稱呼李憲等，既是行文之方便，也用以表明他們主要服事內廷的特殊身份而不帶貶意。

〔註17〕 李轂的生平事蹟，王曾瑜教授於 2015 年所撰的〈宋徽宗時的宦官群〉鴻文，便以兩頁篇幅考論其事蹟。本章即在王教授的基礎上，補充王氏未有引用的《曾公遺錄》、《宋會要輯稿》及《忠惠集》等資料，考論李轂的生平。參見王曾瑜：〈宋徽宗時的宦官群〉，《隋唐遼宋金元史論叢》，2015 年，頁 141～186。

〔註18〕 司馬光（撰），李文澤、霞紹暉（校點整理）：《司馬光集》（成都：四川大學出版社，2010 年 2 月），第三冊，卷六十五〈序二・百官表總序〉，頁 1361～1362。

〔註19〕 徐松（1781～1848）（輯），劉琳、刁忠民、舒大剛、尹波等（校點）：《宋會要輯稿》（上海：上海古籍出版社，2014 年 6 月），第七冊，〈職官三十六・內侍省〉，頁 3889，3891～3896，3899；曹傑：〈品階管理與內外秩序：宋代內臣寄資制度述論〉，《文史》，2018 年第 1 輯（總第 122 輯）（2018 年 4 月），頁 171～193。按曹氏此文原為他在 2011 年 8 月提交北京師範大學的「白壽彝史學論著獎參賽論文」，原題為「職與階的互動：宋代內臣寄資現象考論」，曹氏在初稿引言的注 1，解釋他採用「內臣」一詞的原因，是著眼於內臣的身份特徵，他認為「內侍」雖然具有「通稱」的特徵，但是不能體現這一細微的內涵。曹氏在定稿則刪去了這番話。

最後，本書命名爲《拓地降敵》，是借用《東都事略》及《宋史》對李憲功績的概括。〔註 20〕另本書的副題稱李憲爲內臣名將，倒不是筆者杜撰，而是借用前引《神宗舊錄‧李憲傳》所譽李憲「置陣行師，有名將風烈」之詞。至於名將的定義，本書所用的是較寬的定義，一如筆者稱秦翰爲內臣名將，李繼隆（950～1005）爲外戚名將。倘我們客觀地檢視李憲的軍功與其作爲武將的謀略，他與秦翰及李繼隆相比，是不遑多讓的，〔註 21〕而他和許多被宋人視爲名將的人如曹瑋（973～1030）、种諤（1027～1083）、劉昌祚（1027～1094）、韓世忠（1089～1151）、劉錡（1098～1062）、吳玠（1093～1139）、吳璘（1102～1167）等相比也毫不遜色。若以戰績而論，他一生從未在沙場敗北，這就比种、劉、韓還過之無不及。當然，李憲作爲武將的名聲，自比不上有小說戲劇渲染，而爲後世熟知的的楊業（935？～986）、狄青（1008～1057）及岳飛（1103～1142）。然而從成就而言，他收復蘭州，開拓熙河，屢敗西夏與青唐，雖被貶卻仍得善終，似乎又在楊業與岳飛之上。宜乎我們實事求是，去檢視李憲的將業是否配稱名將。

家師羅球慶教授早年的名作〈宋夏戰爭中的蕃部與堡寨〉，全面論及宋夏戰爭的始末，並開創地提出蕃部與堡寨於宋人對付西夏的作用，其中並提到宋人使用蕃將與蕃兵的手段，以及宋廷從神宗開始，便有「開邊派」及「棄地派」的長期爭議。家師這些觀點一直啓迪筆者思考本書的研究方向。〔註 22〕

又本書所引的陝西路的部份州軍堡寨治所今日所在的地名，也參考了近期樂玲與張萍合著的專文所據 GIS 技術考得的研究成果。〔註 23〕

〔註 20〕 《東都事略‧李憲傳》原作「拓地降虜」，《宋史‧李憲傳》就改爲「拓地降敵」，去除帶有貶意的「虜」字。本書依從《宋史》的說法。

〔註 21〕 李裕民教授在評論筆者舊作《攀龍附鳳：北宋潞州上黨李氏外戚將門研究》（香港：中華書局，2013 年 5 月）時，便肯定筆者稱譽李繼隆爲名將的觀點。參見李裕民：〈宋代武將研究的傑作——《攀龍附鳳：北宋潞州上黨李氏外戚將門研究》〉，《學術論叢》，2013 年第 6 期（總一百三十八期），頁 60～64。有關李繼隆是否當之無愧的名將討論，見頁 60～61，63。

〔註 22〕 羅球慶：〈宋夏戰爭中的蕃部與堡寨〉，《崇基學報》，新刊號第 6 卷第 2 期（1967 年），頁 223～243。

〔註 23〕 樂玲、張萍：〈GIS 技術支持下的北宋初期絲路要道靈州道復原研究〉，《雲南大學學報》（社會科學版），2017 年第五期（2017 年 5 月），頁 55～62。

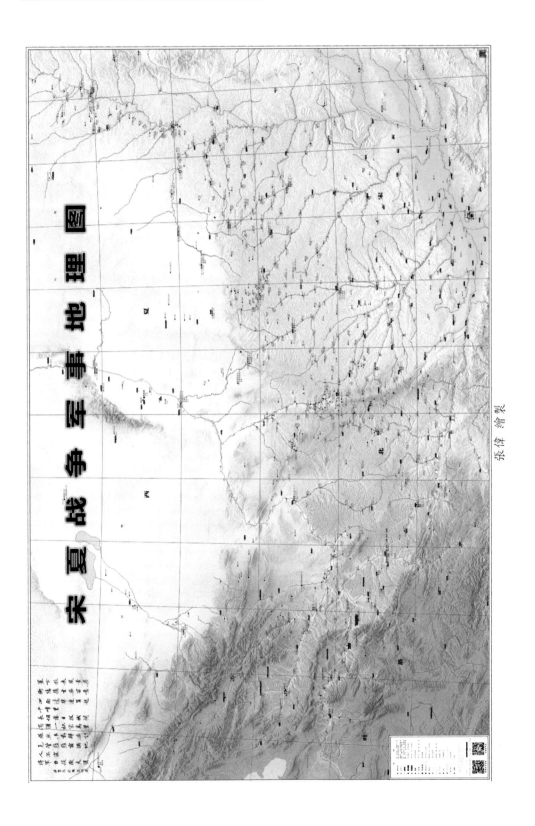

宋夏戰爭軍事地理圖

張偉　繪製

第一章　給事內廷與出使四方：
李憲早年事蹟

　　李憲字子範，開封府祥符縣（今河南開封市開封縣）人。他卒於元祐七年（1092）六月戊寅（廿六），得年五十一。以此逆推，他當生於仁宗慶曆二年（1042）。據《東都事略》及《宋史》所記，李憲在皇祐中補入內黃門。皇祐中大概指皇祐三年至四年（1051～1052），則李憲在十歲或十一歲已補上入內黃門。入內黃門當是入內內侍省內侍黃門。〔註1〕

　　李憲應是以父蔭獲補此職，考與他齊名的內臣王中正、宋用臣及石得一均是開封人，王中正「因父任補入內黃門」，而宋用臣也「以父蔭隸職內臣」。〔註2〕李憲和王、宋二人出身相同，當是因父蔭而入仕。但他的養父姓名群書均不載，而他的墓誌銘不傳，故他的父母家世均不詳。

　　《東都事略》及《宋史》均記李憲在神宗即位前「稍遷供奉官」，而《長編》記他在熙寧四年（1071）時官入內西頭供奉官。〔註3〕按神宗於治平四年

〔註1〕《東都事略》，卷一百二十〈宦者傳・李憲〉，葉五下至六下；《宋史》，卷四百六十七〈宦者傳二・李憲〉，頁13638；《長編》，卷二百二十，熙寧四年二月壬申條，頁5352；卷四百七十四，元祐七年六月戊寅條，頁11313～11315。按入內黃門從九品，位入內內侍省內侍班六等中最低等，只比不入等的入內小黃門高。參見龔延明：《宋代官制辭典》（北京：中華書局，1997年4月），第一編〈皇帝制度類・九、宦官門〉，「入內內侍省內侍黃門」條，頁52。

〔註2〕《東都事略》，卷一百二十〈宦者傳・王中正、宋用臣〉，葉六下至七上；《宋史》，卷四百六十七〈宦者傳二・宋用臣、王中正、石得一〉，頁13641～13642，13645。

〔註3〕《東都事略》，卷一百二十〈宦者傳・李憲〉，葉五下；《宋史》，卷十四〈神宗紀一〉，頁266～267；卷四百六十七〈宦者傳二・李憲〉，頁13638；《長編》，卷二百二十，熙寧四年二月壬申條，頁5352；卷二百二十八，熙寧四年十一月甲申條，頁5541；蘇軾（1037～1101）（撰），孔凡禮（點校）：《蘇軾文集》

（1067）正月繼位，則李憲在二十五歲或二十六歲時當自從九品的入內黃門遷從八品的入內西頭供奉官。〔註4〕

　　李憲在仁宗（1010～1063，1022～1063 在位）及英宗（1032～1067，1063～1067 在位）朝的事蹟不詳，他在神宗即位時年二十六，據群書所記，他在熙寧四年二月前的仕歷，是曾以入內西頭供奉官擢永興軍路（今陝西西安市）及太原路走馬承受，因數論邊事合旨，得到神宗的賞識。是年二月，因邊將种諤請築囉兀城（即嗣武寨，今陝西榆林市鎮川鎮北石崖地村古城，一作榆林城南灣無定河西岸石崖地村）和撫寧城（今陝西榆林市東南無定河東岸巴塔灣村）以禦西夏，神宗動了心，但廷臣自宰相王安石（1021～1086）以下均意見不一。當時右司諫權發遣延州（今陝西延安市寶塔區延州故城）的趙卨（1026～1090）和擔任太原路走馬承受的李憲屢言二城不可守。神宗決定派遣戶部副使張景憲（1015～1081）及他的外戚心腹樞密都承旨李評（1032～1083）前往實地察視。二人行未半道，撫寧城已為夏人所攻陷，二人後來

　　　　（北京：中華書局，1986 年 3 月），第二冊，卷十八〈碑・富鄭公神道碑〉，頁 533～534；郭思（？～1130）（撰），儲玲玲（整理）：《林泉高致集》，收入戴建國（主編）：《全宋筆記》第八編第十冊（鄭州：大象出版社，2017 年 7 月），「畫記」條，頁 171～173。關於宋用臣在神宗初年的仕歷，據《林泉高致集》的作者郭思所記，其父郭熙（1020～1090）留下的手誌載，郭熙在熙寧元年二月（按：原文作「神宗即位後庚申年二月九日，富相判河陽，奉中旨津遣上京」。按庚申年為元豐三年（1080）。據〈富鄭公神道碑〉及《宋史・神宗紀一》記，富弼（1004～1083）在治平四年正月神宗即位時復判河陽，九月辛卯（廿二）召入為尚書左僕射，十月丁未（初八）罷判河陽。郭思所記庚申歲似是戊申歲（熙寧元年）之筆誤），被時任勾當掛書院供奉宋用臣傳旨，召他赴御書院作御前屏帳。可知宋用臣在熙寧元年初擔任勾當掛書院之差遣。郭思在書中還有兩處提到宋用臣，稱宋用臣負責修所謂涼殿的睿思殿。因神宗要在殿中作四面屏風，又是由宋用臣傳旨命郭熙作。郭思又記宋用臣與楊琰從杭州特地架一亭來，而新鑿一池於其上。神宗惜池中無蓮荷。宋用臣以人頭保證明天就有蓮荷供神宗玩賞。他當晚就買京師盆蓮沉於池底，第二天神宗到來，見到萬柄蓮荷倚岸，於是大喜。宋用臣討得神宗歡心的本事具見。據《長編》，宋用臣也在熙寧四年十一月甲申（初三）以入內供奉官與右班殿直楊琰為將作監勾當公事，可能就是指建造池亭之事。按李憲和宋用臣在熙寧四年的職位相當。

〔註4〕　據《宋史・張茂則傳》所載，仁宗至神宗朝的高級內臣張茂則（1016～1094）初補小黃門，五遷至西頭供奉官。倘李憲初授的是比小黃門高一等的入內黃門，則他當是四遷至入內西頭供奉官。參見龔延明：《宋代官制辭典》，第一編〈皇帝制度類・九、宦官門〉，「入內內侍省內西頭供奉官」條，頁 51；《宋史》，卷四百六十七〈宦官傳二・張茂則〉，頁 13641。

的回奏也與趙、李二人的意見相同。〔註5〕

據《宋史》所記，李憲後來從太原（今山西太原市）召還，被神宗委以幹當後苑，管理後宮重地的要職，據《宋會要輯稿》的記載，神宗朝中級內臣遷轉高級內臣的制度是：「其要近職任，則彰善閣、延福宮**遷後苑**，次龍圖、天章、寶文閣、東門司、御藥院，乃除帶御器械或押班，而遷除皆檢勘上樞密院。」神宗對他的栽培眷寵可見一斑。〔註6〕神宗稍後便讓李憲在他開邊河湟的大業扮演一定角色。

李憲大概在熙寧四年六、七月盛暑間，以入內供奉官奉神宗命，賜詔書及湯藥給因病五度上書求罷使相的判大名府（今河北邯鄲市大名縣）的前任宰相韓琦（1008〜1075），以撫問這位扶立英宗和神宗有大勳的元老重臣。〔註7〕

因王安石的極力支持，早於熙寧元年（1068）上〈平戎策〉，請開西邊的河湟以制西夏的計議而受神宗賞識的王韶，在熙寧四年八月，終於得到神宗重

〔註5〕　《長編》，卷二百二十，熙寧四年二月壬申條，頁5352〜5353；《東都事略》，卷一百二十〈宦者傳・李憲〉，葉五下；《宋史》，卷四百六十七〈宦者傳二・李憲〉，頁13638；《宋會要輯稿》，第五冊，〈職官一・三省〉，頁2947。關於宋廷謀取囉兀城的始末，以及神宗的態度，可參閱何冠環：〈北宋中後期外戚子弟李端懿、李端愿、李評事蹟考述〉、〈北宋綏州高氏蕃官將門研究〉，載何冠環：《北宋武將研究續編》（新北：花木蘭文化出版社，2016年3月），中冊，頁306〜308，412〜413。

〔註6〕　《宋史》，卷四百六十七〈宦者傳二・李憲〉，頁13638；《宋會要輯稿》，第七冊，〈職官三十六・內侍省、後苑造作所〉，頁3891，3894，3926〜3928。考李憲所授的幹當後苑即勾當後苑，以避宋高宗趙構諱改。據《宋會要輯稿》所記，大中祥符八年（1015）九月，宋廷詔：「入內內侍省自今命使臣勾當後苑、御園、內東門司、龍圖閣、太清樓，並報樞密院給宣。」可知勾當後苑是真宗（968〜1022，997〜1022在位）朝以來入內內侍省的內臣常被委派的重要差遣之一。後苑置造作所，在皇城北，掌管造禁中及皇屬婚娶的名物。造作所有監官三人，以內侍充。專典十二人，兵校及役匠四百三十六人。治平四年四月，神宗詔以後苑造作所諸色工匠以三百人為額。熙寧元年八月前後，監造作所的內臣為楊拭，李憲可能是接楊之任。

〔註7〕　韓琦（撰），李之亮、徐正英（箋注）：《安陽集編年箋注》（成都：巴蜀書社，2000年10月），卷三十六〈奏狀四・到魏三年乞納節移邢相第六札子〉，頁1096〜1097。考韓琦此道札子，注者只考出韓撰於熙寧四年而未繫月日。按注者引用王珪（1019〜1085）之《華陽集》卷三十二〈撫問判大名府韓琦兼賜湯藥口宣〉一段文字：「有敕：卿出擁使旌，就更留鑰。屬暑威之方熾，顧藩事之多勤，緬念忠勞，特申眷撫。」其中所說的「暑威方熾」，加上神宗賜湯藥，很有可能韓琦在盛夏六、七月之間連上五奏，而神宗即派李憲前往大名府撫問韓琦。韓琦收到神宗所賜，便第六度上札子求罷並謝恩。

用，自著作佐郎、同提舉秦州（今甘肅天水市）西路蕃部及市易，擢太子中允、秘閣校理兼管勾秦鳳路緣邊安撫司兼營田市易，主持開邊西北的軍事行動。神宗委高太后族叔高遵裕（1026～1085）以西京左藏庫副使兼閣門通事舍人權秦鳳路鈐轄同管勾安撫司兼營田市易，作爲王韶的副手。神宗又應王韶之請，以青唐大首領董氈（1032～1083）、〔註8〕木征（1036～1077）均信佛〔註9〕，於是遣能言善辯的僧智緣（？～1074）乘驛隨王韶使喚。〔註10〕宋廷又置洮河安

〔註8〕 董氈亦寫作董甎，他是青唐政權第一位贊普唃廝囉第三子，母喬氏。他的生平事蹟，顧吉辰多年前曾據群書作其編年事輯，近年齊德舜以《宋史‧董氈傳》爲基礎，對其生平做了一番考證。參閱顧吉辰：〈邈川首領董氈編年事輯〉，《西藏研究》，1984年第3期，頁31～43；齊德舜：〈《宋史‧董氈傳》箋證〉，《西藏研究》，2014年第3期（6月），頁25～40。

〔註9〕 沈括（1031～1095）（撰），金良年（點校）：《夢溪筆談》（北京：中華書局，2015年11月），卷二十五〈雜誌二〉，頁249～250。木征是唃廝囉長子瞎氈的長子，木征者，照沈括的說法，華言龍頭也，以他是唃廝囉嫡孫，昆弟行最長，故謂龍頭，而羌人語倒過來，謂之頭龍。他降宋後賜名趙思忠。齊德舜對其生平做了一番考證，可參閱齊德舜：〈《宋史‧趙思忠傳》箋證〉，《西藏研究》，2011年第二期（4月），頁28～35。

〔註10〕 考智緣《宋史》及《長編》所引之《神宗史》均有傳。他是隨州人，善醫。在嘉祐末年召至京師，舍於相國寺。據說他能從診脈知人貴賤禍福休咎，診父之脈而能道其子吉凶。因他所言多有應驗，故士大夫爭相找他診脈。王安石與王珪時同爲翰林學士，王珪不信，惟王安石信之。王安石執政後，就薦他隨王韶招降木征，神宗召見後，起初要授他僧職，王安石以爲不須，並說他曾對智緣說，以事功未立而授官，恐致人言。智緣亦同意，建議令市易司優給待遇，俟立功後授官，於是神宗加賜白金以遣，人稱「經略大師」。他有辯才，徑入蕃中，說服結吳叱臘（即木征）等歸降，而他族俞龍珂等皆因他而以蕃字號納款。但他後來爲王韶所忌，說他撓邊事，於是在熙寧五年召還，神宗以爲右街首座，他在熙寧七年卒。據范祖禹（1041～1098）所記，他又是道士號眞靖大師陳景元（？～1091後）的門下，時人號爲安撫大師。周煇（1127～1198後）對他爲王安石診脈事，較《宋史》及《長編》爲詳，記他在治平中曾爲王安石診脈，說王安石子王雱將登科甲。當時在座的王珪不信，第二年王雱果然登第，智緣自矜其語靈驗，就往見王安石請賜文爲寵，據說王安石爲書曰：「妙應大師智緣，診父之脈，而知其子有成名之喜。翰林王承旨疑古無此，緣曰：昔秦醫和診晉侯之脈，知其良臣將死。夫良臣之命，尚於晉侯脈息見之；因父知子，又何怪乎？」不過，周煇引述其父友許宦（字志康）的意見，認爲該文並非王安石所撰，只是智緣之徒假借王安石之重名以售其術。周煇亦記智緣曾從王韶經理洮河邊事，亦曾獲召對診神宗脈，神宗命以官，惟他不就。綜合群書所記，智緣頗爲王安石信任，故獲授命佐王韶經理洮河。他的生平事蹟與他於北宋中期熙河地區漢藏關係，朱麗霞有專文考述。至於他出使熙河的角色，廖寅則稱他是宋人殖民熙河的工具。參見《長編》，卷二百二十六，熙寧四年八月辛酉條，頁5501～5504；

撫司，自古渭寨（今甘肅定西市隴西縣）接青唐武勝軍（後改鎮洮軍及熙州，今甘肅定西市臨洮縣），一應招納蕃部、市易、募人營田等事，都由王韶主持。至於調發軍馬及計置糧草等事，宋廷令都由秦鳳經略司負責。〔註 11〕

　　十二月戊辰（十八），王安石與樞密使文彥博（1006～1097）共同奏呈王韶成功招降了青唐蕃部俞龍珂（？～1099 後，後改名包順）及旺奇巴，稱他們舉族內屬，共得戶十二萬口。神宗從王安石之請，授俞龍珂殿直蕃巡檢，旺奇巴殿侍，並給予錢糧。〔註 12〕值得一提的是，李憲對於如何處置自西夏來歸的蕃部的態度，在是月曾透過文彥博表示他的意見。據文彥博在是月底的上奏所記，李憲曾到樞密院向他訴說時任鄜延路經略使的趙卨在降羌安置

　　　　卷四百六十五，元祐六年閏八月甲申條，頁 11122～11124；《宋史》，卷四百六十二〈方技傳下・僧智緣〉，頁 13524；周煇（撰），劉永翔（校注）：《清波雜志校注》（北京：中華書局，1994 年 9 月），卷十一，第 2 條，「太素脈」，頁 463～465；朱麗霞：〈智緣及其與北宋熙河地區漢藏關係〉，《世界宗教研究》2012 年第 3 期，頁 51～57；廖寅：〈傳法之外：宋朝與周邊民族戰爭的佛寺僧侶〉，《中國文化研究》2014 年第 4 期，頁 32～41（有關智緣見頁 34～35）。

〔註 11〕王韶是新黨大將呂惠卿（1035～1111）的同年進士，大概因呂之薦而受王安石賞識。他上書後，神宗用爲管幹秦鳳經略司機宜文字。他向神宗建議在渭州（今甘肅平涼市）至秦州間置市易司，取其良田。神宗加他著作佐郎，命他提舉市易司。秦鳳經略使李師中（1013～1078）反對王韶的做法，但王安石支持王韶，罷李師中，改以竇舜卿（985～1072）代之，又派內侍押班李若愚（？～1072 後）按實其事。可竇、李二人的報告都不利王韶，王安石於是罷竇而改以韓縝（1019～1097）代之。韓縝依附王安石，就沒有再反對王韶。到熙寧四年八月，王韶乃獲開邊重任。參見《長編》，卷二百二十六，熙寧四年八月丁巳條，頁 5501～5504；卷二百六十九，熙寧八年十月己丑條，頁 6589；《宋史》，卷三百二十八〈王韶傳〉，頁 10579～10580。關於王安石支持王韶開邊之始末，可參閱陳守忠：〈王安石變法與熙河之役〉，載《河隴史地考述》，頁 115～128。又木征全名爲瞎欺丁木征，木征蕃語爲大顙顂。嘉祐中宋廷授他河州刺史。參見《宋會要輯稿》，第十六冊，〈蕃夷六・吐蕃〉，頁 9914。熙河之役的論述，除了陳守忠一文外，較早期的還有霍升平、劉學軍：〈論熙河之役〉，《固原師專學報》，第十四卷（總第 46 期），1993 年第 3 期，頁 43～47，103。有關王韶的生平及其開邊謀議的考論，最近期的研究有廖寅：〈北宋軍事家王韶研究三題〉及雷家聖：〈王韶《平戎策》的理想與現實——北宋經營熙河路的再探討〉，載《十至十三世紀西北史地國際學術研討會暨中國宋史研究會第十八屆年會會議論文集》（蘭州：西北師範大學歷史文化學院，2018 年 8 月），第三組：軍事與邊疆，頁 165～178；179～188；孫家驊、鄒錦良（主編）：《王韶研究文獻集》（南昌：江西高校出版社，2018 年 10 月）；王可喜（主編）：《王韶家族研究文獻集》（南昌：江西高校出版社，2018）。

〔註 12〕《長編》，卷二百二十八，熙寧四年十二月戊辰條，頁 5556～5558。

的事上有不恰當之處。關於趙卨的做法，神宗在熙寧五年（1072）正月對王安石說，「趙卨多奪韓絳所與酬獎人官職，然至降羌事，則以為但當善遇之，必得其用。」究竟李憲具體地批評趙卨甚麼？文彥博沒有說，只是他向神宗請求，對降羌「務推恩信，不使一物失所，其去留自便。」他請神宗命令帥臣明白曉諭群羌，欲去欲留，各從其願。宋廷依從文彥博之議，在是月己丑（初九），詔趙卨詢問降羌如有願歸西夏的，先以名聞，命諸路準此做法，並牒宥州（今陝西榆林市靖邊縣東與內蒙古鄂托克前旗境內，為西夏左廂軍治所）夏人，宋廷已令於逐路界首交割，容許降羌自行決定去留。〔註13〕這是李憲初次介入西邊招降蕃部的事務，他的意見得到文彥博的採納；不過他這次告了趙卨一狀，趙卨後來反對他擔任征安南的副帥，二人的嫌隙可能種於此時。

二月癸亥（十三），繼韓絳出任秦鳳經略安撫使的宿將宣徽南院使郭逵（1022～1088）與王韶亦意見不合，他劾王韶盜貸市易錢，稍後又奏木征來

〔註13〕文彥博（撰），申利（校注）：《文彥博集校注》（北京：中華書局，2016 年 2 月），下冊，卷二十〈奏議・奏降羌事・熙寧四年〉，頁 675；《長編》，卷二百二十八，熙寧四年十二月戊午條，頁 5552～5553；卷二百二十九，熙寧五年正月己丑條，頁 5565，5567；卷二百三十，熙寧五年二月辛未條，頁 5604；《宋史》，卷三百五十〈王文郁傳〉，頁 11075。按文彥博此奏原題撰於熙寧四年，校注者認為當撰於熙寧四年十二月，惟沒有言明是十二月哪一日。考文彥博此奏談到宋廷於群羌欲去欲留，各從其願後，又說「為連日節假并宴，未及面奏，伏慮遲延，先具此奏聞，候至六日與中書同呈文字。次環慶等路皆不云未便，必恐已行前命，兼河東經略司奏捉到易浪昇結願歸夏國，已牒宥州去訖，又云結勝卻不願歸西界，亦當不須強遣，皆如朝廷指揮」。文彥博在這裡所說的「六日」應該指熙寧五年正月六日，他所提及的結勝，就是《長編》卷二百二十八，熙寧四年十二月戊午（初八）條所記的麟州（今陝西榆林市神木縣）蕃部結勝。據《長編》所記，結勝原為西夏鈐轄，為宋麟州部將王文郁擊敗於開光州後降。宋廷授他供奉官，未幾有人告發他謀歸西夏。神宗認為他力戰而降，而家在西夏，他要回去是合理的，因下詔將結勝放歸西夏，並量給口券路費，仍令經略司指揮，並牒宥州於界首交割執行。然王安石、文彥博及河東經略使劉庠（1023～1086）等對此番處置卻持否定態度。他們認為結勝並不想回夏，因夏人殺其愛女，文彥博更批評邊帥在處理此事上思慮不周。按《長編》小注記文彥博等提出異議之事據《神宗日錄》五年「二十七日」，《長編》注者認為「二十七日」前有衍字。筆者認為當是「正月」，文彥博此奏當撰於熙寧四年十二月底至正月六日間，文彥博與王安石同上奏後，神宗乃在正月九日下詔趙卨，命他依照降羌意願定其去留。到熙寧五年二月，因劉庠條上願歸西夏之降羌姓名，神宗在是月辛未（廿一）詔據所奏願歸之蕃戶於麟州相對的界上發遣，人支綵絹二匹，小兒一匹，並令保安軍（今陝西延安市志丹縣）移牒宥州照會西夏。總之，宋廷依從降羌意願，或遣或留。

告王韶處事不當，失信於他。王安石卻力排眾議，一一為王韶辯護，並主張
調走郭逵而專任王韶。神宗從王安石的意見，丙寅（十六），神宗擢用知渭州
（今甘肅平涼市）龍圖閣直學士蔡挺（1020～1079）為樞密副使，而徙郭逵
判渭州。至於秦州之缺，就徙原知鄭州（今河南鄭州市）的觀文殿學士、吏
部侍郎呂公弼（998～1073）以宣徽南院使出任。神宗怕呂公弼辭任，就派李
憲齎敕書往鄭州賜呂，詔他便道上任。李憲的差使很順利，呂公弼欣然接受
秦州之任，並馬上登程。神宗大喜，即召呂公弼入對面加慰勞而遣之。據王
安石弟王安禮（1035～1096）為呂公弼所撰的行狀所記，「會臨洮用兵，帥守
之臣往往撓謀沮計，傾毀任事。上以公精忠，乃拜宣徽南院使檢校太傅充秦
鳳路經略安撫使知秦州。使者諭旨，召入面加慰勞。」王安禮筆下這個使者
就是李憲。呂公弼到任後，「凡所處畫條目，鉅細皆躬自監督，從宜制變，悉
中機會。」呂公弼不但沒有留難王韶，還替他收伏了董氈。後來王韶功成，
神宗以呂在後勤支援有勞，就加呂檢校太尉，但他固讓不接受。〔註14〕李憲

〔註14〕早在熙寧五年正月己亥（十九），王安石留身向神宗奏稱，判秦州郭逵刺激僧
智緣攻擊王韶，而陝西都轉運使謝景溫（1021～1097）亦妨害王韶任事。他
主張用王韶帥秦州，而將郭逵徙往別處。但神宗認為王韶行事輕率，要待他
有功才可陞任。王安石雖一再為他說項，又說王韶有氣略，勝於趙卨。最後
神宗主張以呂公弼代替郭逵，認為呂易驅策，委以王韶之事他必盡心。王安
石也就不堅持，並建議加呂宣徽使之職。王安石在是月戊申（廿八），以謝景
溫妨礙王韶做事，就請將他罷知襄州（今湖北襄樊市），而以度支副使兵部郎
中楚建中（？～1090）加天章閣待制代為陝西都轉運使。同月己酉（廿九），
王安石先後兩次對神宗批評郭逵及樞密院妄奏王韶過失。二月丁丑（廿七），
當仍未調任渭州的郭逵續奏王韶招降俞龍珂甚為屈辱時，王安石便請郭逵具
奏屈辱實狀以聞。這時王韶即批評郭逵最初不想招降俞龍珂，後來又私使人
誘其來秦州，欲以招納之功歸己。王安石一一為王韶辯解，並且有信心呂公
弼不會與王韶意見不合。郭逵與王韶之爭到是年三月丙申（十六）仍未完全
平息，郭逵仍奏劾王韶在使用市易錢上有欺詐，樞臣從文彥博到吳充（1021
～1080）都支持郭逵，但王安石與神宗卻袒護王韶。四月辛亥（初二），宋廷
委光祿寺丞、樞密院宣敕庫檢用條例官杜純（1032～1095）往秦州推勘王韶
市易錢公事。惟杜在是月丙子（廿七）罷歸編敕所。他出使秦州的情況不詳。
考呂公弼字寶臣，是仁宗朝名相呂夷簡（979～1044）次子，官至樞密使。其
家世及生平事蹟詳見王安禮所撰行狀。參見《長編》，卷二百二十九，熙寧五
年正月己亥條，頁5571；戊申至己酉條，頁5581～5582；二百三十，熙寧五
年二月辛亥條，頁5585～5586；癸亥至丙寅條，頁5593～5601；丁丑至己卯
條，頁5605～5606；卷二百三十一，熙寧五年三月甲申至丙申條，頁5612～
5613；卷二百三十一，熙寧五年四月辛亥條，頁5627；卷二百三十二，熙寧
五年四月丙子條，頁5640；王安禮：《王魏公集》，文淵閣《四庫全書》本，

這次順利地教呂公弼接替郭逵之職，倒算得上間接幫了王韶一忙。

四月庚申（十一），河北緣邊安撫司上奏，稱遼人在界河捕魚而且奪取界河西的宋船，又射傷宋守兵。雖然已命緣邊都巡檢司以婉詞向遼方申戒，但怕遼方不知遼邊臣不顧兩國和好，縱容小民，漸開邊隙。宋廷隨即命同天節送伴使晁端禮（1046～1113）等向前來的遼使曉諭，表明宋方立場，以宋方並未挑起事端，盼遼使報告遼朝嚴加約束邊臣。宋廷在此事上不敢掉以輕心，甲戌（廿五），神宗命已陞為入內供奉官的李憲往河北緣邊安撫司勾當公事。李憲尚未抵河北，知雄州（今河北保定市雄縣）張利一（？～1093 後）已在翌日（乙亥，廿六）上奏宋廷，遼方有七、八千騎過拒馬河南兩地共輸北塹等村地分。他已令歸信（今河北保定市雄縣西北）和容城（今河北保定市容城縣）的知縣及縣尉領兵至彼處防禦。宋廷即詔河北安撫司查察原因以聞。〔註15〕神宗派遣李憲出使河北，就是為了要掌握河北宋遼邊境的實際情況。不過，神宗很快又把李憲召還，稍後委以視察西邊重任，而以另一寵信的內臣李舜舉（？～1082）代替李憲的河北緣邊安撫司勾當公事差遣。至於另一內臣石得一，在是月癸亥（十四）自東作坊副使遷皇城副使仍帶御器械。石的地位比李憲稍高。值得注意的是，後來與李憲在西邊結緣的王韶就在五月庚辰（初一），開始他西征的第一步，他得到神宗同意，建古渭寨為通遠軍（今甘肅定西市隴西縣），作為開拓之漸。王韶被任為知軍。〔註16〕

卷七〈宋故推誠保德崇仁翊戴功臣宣徽南院使光祿大夫檢校太尉充太乙宮使東平郡開國公食邑六千戶實封一千四百戶上柱國呂公行狀〉，葉三十三上下；《宋史》，卷三百二十八〈王韶傳〉，頁 10580；王章偉：《近代社會的形成——宋代的士族與民間信仰》（新北：花木蘭文化出版社，2017 年 3 月），上冊，《士族篇》，《宋代新門閥——河南呂氏家族研究》，第二章〈河南呂氏家族之發展〉，頁 43～47。

〔註15〕《長編》，卷二百三十二，熙寧五年四月庚申條，頁 5631；甲戌至乙亥條，頁 5638。

〔註16〕李舜舉是神宗另一寵信的內臣，他是太祖、太宗朝高級內臣李神福（947～1010）曾孫，字公輔，開封人，《宋史》有傳。據顧炎武（1613～1682）《求古錄》所記，李舜舉早在英宗晚年已任入內供奉官，他在治平四年正月初便以入內供奉官奉命往泰山南麓禱祀帝岳，於英宗壽聖節日（正月三日）先後往青帝宮及白龍潭祈福。按此時英宗病重，英宗在是月丁巳（初八）崩。神宗在熙寧八年（1075）八月壬辰（初三）稱許他多年的勞績：「勾當御藥院李舜舉服勤左右，多歷年所，檢身奉上，最為愨謹。」參見《長編》，卷二百三十，熙寧五年二月癸亥條，頁 5593；卷二百三十三，熙寧五年五月庚辰至辛巳條，頁 5645～5646；卷二百六十七，熙寧八年八月壬辰條，頁 6541；《宋史》，卷十三〈英宗紀〉，頁 253～254，260；卷四百六十七〈宦官傳二・李舜舉〉，頁 13644～13645；

　　神宗開邊的軍事行動進行順利，青唐蕃部首領俞龍珂在五月庚寅（十一）接受宋廷封賞，獲賜名包順。翌日（辛卯，十二），王安石呈上王韶奏，稱已拓地千二百里，招降蕃部三十餘萬口。癸卯（廿四），神宗委另一親信內臣六宅副使王中正往秦鳳路緣邊安撫司勾當公事，以謀收復武勝軍。兩天後（乙巳，廿六），神宗以將取武勝軍，詔令秦州制勘院，所有牽涉王韶市易公事被劾的命官使臣，除有贓罪外，都返原任，以備出征。〔註17〕神宗已不計較王韶在市易錢之過失。

　　神宗與王安石在六月乙卯（初七），又將招納蕃部的視線轉向環慶路，因慶州（治今甘肅慶陽市慶城縣慶城鎮慶陽故城）蕃官臧崈等投向西夏，神宗為安全計，即命李憲從河北徙為環慶路勾當公事，賜蕃官軍主以下絹米有差，加以安撫。同時責降失察的守臣慶州荔原堡（今甘肅慶陽市華池縣南梁鄉）都監竇瓊和朱辛，以及管勾蕃部公事任懷政。癸亥（十五），環慶路經略司上奏說西夏送還荔原堡逃去熟戶崈通等十八人。王安石與文彥博等對夏人意圖意見不一，神宗就表示已令李憲查探此事原由，要等李憲的報告才作定奪。也許是李憲的建議，宋廷又詔環慶荔原堡和大順城（今寧夏固原市中河鄉大營村硝河西北岸黃嘴古城）的降羌每口給地五十畝，首領加倍。若不足，就以裡外官職田及逃絕田充，若仍不足，即官買地給之。總之宋廷不惜錢財，務要和西夏爭奪蕃部。〔註18〕

　　神宗再在七月庚寅（十三）以招納蕃部之功，晉陞王韶及高遵裕官職，王晉為右正言直集賢院，高擢為引進副使實授秦鳳路鈐轄。丙午（廿九），在王安石的極力推許下，王韶再加集賢殿修撰之職。神宗特命已改為秦鳳路緣邊安撫司勾當公事的李憲齎誥敕往賜王韶，命他「往視師，與韶進取河州」，自此李憲與王韶共事，參預開拓西邊之行動。〔註19〕

顧炎武：《求古錄》，〈白龍池宋人題名〉，載國家圖書館善本金石組（編）：《宋代石刻文獻全編》，第二冊（北京：北京圖書館出版社，2003年3月），頁550；王昶（1724～1806）（輯）：《金石萃編》，卷一百三十六〈宋十四・白龍池題記二十一段〉，載《宋代石刻文獻全編》，第三冊，頁278。

〔註17〕《長編》，卷二百三十三，熙寧五年五月庚寅至辛卯條，頁5653～5655；癸卯至乙巳條，頁5665；《宋會要輯稿》，第十六冊，〈蕃夷六・吐蕃〉，頁9911。

〔註18〕《長編》，卷二百三十四，熙寧五年六月乙卯條，頁5674～5675；癸亥至乙丑條，頁5679～5681。

〔註19〕《長編》，卷二百三十五，熙寧五年七月庚寅條，頁5705；丙午條，頁5719；《宋史》，卷四百六十七〈宦官傳二・李憲〉，頁13638。

第二章　從征熙河：李憲在熙寧中後期的軍旅生涯

　　王韶在熙寧五年閏七月辛亥（初四），上奏請築乞神平堡（後改名慶平堡，今甘肅定西市臨洮縣東南八十里），稱得到新附的羌人七千騎來助守。王安石主張優與支賜羌人首領。宋廷隨即在翌日（壬子，初五）詔三司出銀絹共十萬付與秦鳳路緣邊安撫司，以備邊費。王韶在乙卯（初八）又奏，他遣將破蒙羅角族及抹耳水巴等族，並已築城渭源堡（今甘肅定西市渭源縣城北）及乞神平堡。宋軍獲其首領器甲，並焚其族帳，洮西大震。神宗即批示王韶盡快將立功將校名單進呈。從後來李憲獲厚賞之事推之，他在這場漂亮大勝仗中當立下大功。王韶再上奏，請討南市，進攻青唐大酋木征。戊辰（廿一），王安石向神宗轉奏王韶的意圖，並大力支持，認爲取木征甚易，而西夏決不敢來援。〔註1〕

　　八月初，木征渡過洮河爲蒙巴角等族聲援，於是蕃族餘黨復集於抹邦山（即瑪爾巴山，在臨洮縣南 35 里）。王韶對諸將言，若宋軍進至武勝軍，則抹邦山可一舉而定。王韶馬上派部將景思立（？～1074）、王存（？～1074）

〔註1〕《長編》，卷二百三十六，熙寧五年閏七月辛亥至乙卯條，頁 5730～5731；戊辰條，頁 5751；卷二百三十七，熙寧五年八月甲申條，頁 5764；《宋史》，卷三百二十八〈王韶傳〉，頁 10580。據《長編》及《宋史》所記，王韶在此役指揮若定，居功至偉。當時蕃軍處高恃險據守，王韶麾下諸將欲在平地置陣，但王韶判斷蕃軍不會捨棄險要離巢穴與宋軍速鬥，宋軍這樣作戰必然師老無功，而宋軍既入險地，就應據有險要。於是王韶領軍繞過蕃軍據點，直奔抹邦山，越過竹牛嶺，壓在敵軍之腹背列陣，並下令：「兵置死地，敢言退者斬。」蕃軍乘高而戰，宋軍稍卻。王韶親自擐甲麾帳下兵逆襲之，蕃軍潰敗而走。

領涇原兵由竹牛嶺南路進軍，惟虛張聲勢，迷惑蕃軍；王韶本人就領大軍偷偷由東谷路直取武勝軍。王韶行軍未及十里，即遇敵而破之，蕃部首領、木征謀主、包順兄瞎藥（？～1074，後改名包約）等棄城夜遁。甲申（初八），蕃部大首領曲撒四王阿珂出降，宋軍收復武勝軍。王韶上奏報捷。〔註2〕

李憲作爲神宗的心腹內臣，除參預戰鬥外，在這次西征行動還負有獨立稟報軍情的任務，雖無監軍之名，卻有監軍之實。〔註3〕八月辛卯（十五），李憲向神宗奏報，以宋軍方築武勝軍，請本路經略、轉運司負責供應守城戰具。神宗從其請，下詔王韶從速修城，如闕防城器用，就令秦鳳路經略司於近裡城寨供應，仍差保甲義勇輦運，而免他們今年的校閱。李憲又上言，聞知王韶想返回通遠軍以備西夏，現已遣部將馬忠蕩除抹邦山南不歸順的蕃部，他請求神宗讓王韶且留在武勝軍。王安石爲王韶解釋，認爲王韶要去通遠軍，必是虛聲防備西夏，實在爲了襲擊在抹邦山不順的蕃部，以保武勝軍。神宗最後折衝李憲與王安石的主張，認爲抹邦山去武勝軍遠，不可令王韶只在一處，須要命他往來經略兩處。壬辰（十六），宋廷賞功，賜從征武勝軍役在軍者袍二萬領，改武勝軍爲鎮洮軍，以西征先鋒引進副使帶御器械高遵裕知鎮洮軍，命他依舊秦鳳路鈐轄、同管勾緣邊安撫司，命所有本軍合置官吏，聽他奏舉。而在鎮洮軍設置市易司，賜錢帛五十萬。後又以司農寺錢二十萬緡賜秦鳳路緣邊安撫司，以三司錢三十萬緡賜鎮洮軍，並爲常平本錢。〔註4〕

〔註2〕《長編》，卷二百三十四，熙寧五年六月癸亥條，頁5677～5678；卷二百三十七，熙寧五年八月甲申條，頁5763～5764；壬辰條，頁5769；卷二百三十八，熙寧五年九月丁巳條，頁5797；卷二百四十，熙寧五年十一月癸丑條，頁5825；《宋史》，卷三百二十八〈王韶傳〉，頁10580。考王存是王韶從秦州出師的最早部屬，他在熙寧五年六月以權通遠軍都監奉王韶命破蕩不順命的奄東屬戶，獲宋廷特減免磨勘五年。又據《長編》所記，高遵裕率乞神平堡（九月十二日改名慶平堡）兵夜行，晨至野人關，羌兵迎拒。高領親兵一鼓而破之，進圍武勝軍城下，羌兵渡洮河馳去，宋軍於是據有其城。另據陳守忠的考證，抹邦山其下有抹邦河，即大南川，今訛爲漫巴山、漫巴河。參見陳守忠：〈王安石變法與熙河之役〉，頁122，注2。又瞎藥在熙寧五年十一月癸丑（初八）來降，宋廷賜名包約，授內殿崇班本州蕃部都監。

〔註3〕《宋史‧李憲傳》記李憲奉命「往視師，與韶進取河州」，頗有與王韶地位相當之意。而《東都事略‧李憲傳》則說李憲「從王韶取河州」，卻是說李憲位在王韶之下。參見《東都事略》，卷一百二十〈宦者傳‧李憲〉，葉五下；《宋史》，卷四百六十七〈宦者傳二‧李憲〉，頁13638。

〔註4〕《長編》，卷二百三十七，熙寧五年八月辛卯至癸巳條，頁5768～5771；陳守忠：〈王安石變法與熙河之役〉，頁122。

　　八月丁酉（廿一），李憲再奏上神宗，稱洮河西岸，木征人馬出沒，他建議令秦鳳路就近調發軍馬，以犄角接應，戎人就會畏服。神宗接受他的意見。〔註5〕

　　同月甲辰（廿八），王韶奏報破木征於鞏令城，其弟結吳延征舉其族二千餘人並大首領李楞古、訥芝等出降。九月丙午（初一），宋廷詔以結吳延征為禮賓副使、充鎮洮軍河西一帶蕃部鈐轄，另封其母實疊卒為永安縣太君，賜以器幣。宋廷又在丁未（初二）詔鎮洮軍獻木及運木蕃部，並優與價錢，自今應役使及有所獻的並酬其值。戊申（初三），詔秦鳳路緣邊安撫使曉諭木征，限一月歸降。〔註6〕

　　宋軍正在挺進時，主帥王韶卻與李憲意見不合。神宗覺察二人的分歧，九月癸亥（十八），他對王安石表示，聞知王韶有書與秦鳳帥呂公弼，憂慮麾下諸人「行遣不一」。神宗認為必定是李憲和王中正與王韶有異議。王安石為王韶說話，認為「不知三軍之權，而同三軍之任則軍疑，軍事最惡如此。」他以事權應統一，而有信心若專任王韶可破木征。神宗接受他的意見，表示已召還李憲，而王中正修城畢也會召還。〔註7〕

　　神宗以內臣變相監軍，而李憲偏又多有自己的主張，那自然招王韶之忌。為了讓王韶立功，神宗就放棄以李憲作為西征軍耳目的初衷。關於李憲與王韶失和的原因，孔平仲（？～1102後）所撰《孔氏談苑》認為肇因於熙寧六年（1073）（按：當為七年）木征投降之處置。當木征降於常珂諾城後，王韶奏以部將王君萬（？～1080）及韓存寶（？～1081）負責受降，但李憲奏以其部將燕達（？～1088）受降。孔認為王、李二人爭功，嫌隙由此啓。孔又記神宗曾對呂惠卿（1035～1111）盛稱李憲擒木征之功，因李憲的面奏詳於王韶的條奏，二人即因爭功而致不睦。〔註8〕不過，筆者認為王李相爭，早在擒木征之前。二人都是強悍自信而好立功名的人，神宗要二人共事，卻要李憲獨立奏報軍情，又如何能令他俯首聽命於王韶？二人發生不和是早晚的事。

〔註5〕《長編》，卷二百三十七，熙寧五年八月丁酉條，頁5771。
〔註6〕《長編》，卷二百三十七，熙寧五年八月甲辰條，頁5783；卷二百三十八，熙寧五年九月丙午條，頁5786；丁未條，頁5789，5792；戊申條，頁5793；《宋會要輯稿》，第十六冊，〈蕃夷六・吐蕃〉，頁9911。
〔註7〕《長編》，卷二百三十八，熙寧五年九月癸亥條，頁5799～5800。
〔註8〕楊倩描、徐立群（點校）：《孔氏談苑》（與《丁晉公談錄》等合本）（北京：中華書局，2012年6月），卷二〈熙河之師〉，頁205。

　　十月甲申（初九），宋廷賞收復鎮洮軍之功，高遵裕自橫班副使的引進副使帶御器械超擢爲橫班正使的西上閤門使領榮州刺史，李憲也自入內東頭供奉官越過大使臣，超遷四資爲西班諸司副使最低的第二等的禮賓副使。另西京左藏庫使孫直超擢爲左藏庫使，其餘使臣、選人、蕃官及效用等官減磨勘年，賜銀絹有差。丙申（廿一），比李憲資深的內臣王中正自內藏庫副使爲禮賓使領文州刺史帶御器械，賞他收復鎮洮軍及招降洮西降羌之功。同時宋廷又詔王韶相度鎮洮軍的獻地蕃戶，優給酬獎。〔註9〕

　　值得注意的是，李憲應遷官多少資，王安石便對樞密院之議有所保留。十月壬辰（十七），王安石留身議事時，便向神宗提出李憲論功轉一官，減磨勘三年便足夠。本來樞密院擬定，李憲依諸司副使例更超轉一資，但王認爲未有前例，且是否超轉一官，亦與李憲所繫的利害不多。他問神宗知否樞密院這番安排的理據？他說賞功建議是中書與樞密院同進呈，他既論其不可，樞密院依其議改定後，卻以此爲言，旨在激怒李憲，讓他覺得樞密院欲厚賞其功而中書不肯。王安石進一步說神宗信任李憲等內臣，即有人欲借李憲等人之力沮害正論。他說李憲之類甚多，希望神宗審察，不當使姦臣得計。王安石既批評文彥博、馮京（1021～1094）以下的樞臣爲姦臣，也暗示李憲等內臣不可不察。神宗卻稱「近習亦有忠信者，不皆爲欺，不可以謂皆如恭、顯。」依然認爲李憲等人可靠可用。〔註10〕王安石後來力阻李憲出任副帥征安南，早就有跡可尋。

　　李憲奉召還朝後，上奏神宗，爲鋪兵請命，他稱自鎮洮軍還後，見到從京師發出的銀絹綱甚多，所在的鋪兵轉運不足，皆過期不至。他說每鋪五七十里或百里，鋪兵極爲勞苦。當他們代回後，又無日食，不免淪爲乞丐。神宗准奏，於丁酉（廿二）下詔自京師順天門抵鎮洮軍，運遞鋪兵每人特支錢三百、衲襖或皮裘一件，其闕兵之處，令轉運司及府界提點司增填。〔註11〕從此事觀之，李憲頗體察下情，愛護士卒。

〔註9〕《長編》，卷二百三十九，熙寧五年十月甲申條，頁5809；丙申條，頁5817。
　　　　按禮賓副使爲西班諸司副使次低一階，在供備庫副使之上，下爲大使臣的內殿承制及內殿崇班。李憲由入內東頭供奉官升禮賓副使，共升四資。至於王中正，本來樞密院擬遷他爲東染院使帶御器械，但神宗批示只予轉五資使額，並除遙郡刺史。
〔註10〕《長編》，卷二百三十九，熙寧五年十月壬辰條，頁5814～5815。
〔註11〕《長編》，卷二百三十九，熙寧五年十月丁酉條，頁5818。

　　神宗在王安石的建議下，於十月戊戌（廿三）改鎮洮軍為熙州，仍以鎮洮為節度軍額，分熙州、河州（今甘肅臨夏回族自治州臨夏市）、洮州（今甘肅甘南藏族自治州臨潭縣）、岷州（今甘肅定西市岷縣）、通遠軍為一路，置馬步軍都總管、經略安撫使，獨立於秦鳳路，所一應制置事，由本路經略安撫使司詳具以聞，而以王韶陞任龍圖閣待制、熙河路都總管、經略安撫使兼知熙州，另以高遵裕知通遠軍兼權熙河路總管。宋廷於同月辛丑（廿六），又詔熙河路依陝西緣邊四路之例置橫烽，遇敵兵入境，就遞相接應，其在蕃部地者，就以廂軍守之。另外，宋廷以鎮洮之役，知德順軍景思立率涇原第六將兼第一等弓箭手五千騎助戰，人皆精勇敢戰，所向克捷，以木征餘黨尚在，就特命景思立專以本將軍馬策應熙州。〔註12〕熙河路建立初步規模。

　　宋廷在十一月癸亥（十八）審結王韶被郭逵訟其在市易錢違法受贓一案，一如所料，王韶剛立大功，聖眷正隆，王安石又大力為他辯護，結果只被輕罰銅八斤，郭逵卻被落宣徽南院使，自判渭州改知潞州（今山西長治市）。〔註13〕

　　神宗對李憲也恩寵有加，十二月戊戌（廿四），特批李憲給予磨勘，於原先的寄資禮賓副使轉七資，超遷為寄資的洛苑副使。〔註14〕

　　李憲稍後再被神宗委派從王韶征河州。這時熙河路副都總管高遵裕卻不同意熙州防務未固，兵糧未足時便攻進河州。王韶與李憲因高與他們意見相左，於是留下高守熙州，二人率大軍取河州。熙寧六年（1073）三月丁未（初四），神宗收到王韶捷報，稱宋軍在二月丙申（廿二）克服河州，斬首千餘級，木征遁走，生擒其妻。同日，蕃兵數千犯香子城（後改寧河寨，今甘肅臨夏

〔註12〕《長編》，卷二百三十九，熙寧五年十月丙申至戊戌條，頁 5818～5819；辛丑條，頁 5821；《宋會要輯稿》，第十六冊，〈蕃夷六·吐蕃〉，頁 9911～9912。

〔註13〕《長編》，卷二百四十，熙寧五年十一月癸亥條，頁 5832～5833；卷二百四十一，熙寧五年十二月乙亥條，頁 5874。神宗在十二月乙亥（初一）詔賜王韶御制《攻守圖》、《行軍環珠》、《武經總要》、《神武秘略》、《風角集占》、《四路戰守約束》各一部，並令秦鳳路經略司抄錄。可見神宗對王韶的眷寵。

〔註14〕《長編》，卷二百四十一，熙寧五年十二月丁酉條，頁 5887。關於李憲授寄資諸司副使的問題，曹傑的前引文對宋代內臣寄資制度有很詳盡的考論，他在該文的第二節也引述了李憲多次獲授寄資使臣的事例，以引證此一君主優寵親信內臣的制度，值得參考。參見曹傑：〈品階管理與內外秩序：宋代內臣寄資制度述論〉，頁 176～178。

天回族自洮州和政縣城），掠輜重糧草，宋將田瓊率弓箭手七百餘人救援，至牛精谷與其子皆戰死。王韶於同月丁酉（廿三），先遣部將供備庫副使苗授等領騎至香子城殺退蕃兵。然後率大軍隨後進討牛精諸谷，助擊蕃部，焚蕩族帳，獲千餘級，即日回香子城，修復城池。戊戌（廿四），再遣部將景思立、王君萬通路，斬三千級，復得蕃兵所掠及獲牛羊糧斛等無數。群臣向神宗賀喜，神宗對王安石說，若非得他主謀於內，無以成此功。當宋廷議贈田瓊官及應否賞田瓊所部兵時，王韶奏田瓊部兵雖獲三百餘級，但失主將，請不與賞。樞密副使蔡挺引述李憲的意見，也認爲不應給賞；王安石卻以爲應區別處理：在主將旁而不克救者無賞，不在主將旁而有功者當賞。最後神宗聽從王安石的意見。值得注意的是，蔡挺參考了李憲的意見來建議應否賞田瓊的部兵，顯然神宗依舊授予李憲單獨奏事的權力。另外，這次立下大功的勇將苗授，後來成爲李憲麾下第一猛將。〔註15〕

〔註15〕《長編》，卷二百四十三，熙寧六年三月丁未條，頁5912～5914；《宋史》，卷三百五十〈苗授傳〉，頁11067；卷四百六十四〈外戚傳中‧高遵裕〉，頁13578；卷四百六十七〈宦者傳二‧李憲〉，頁13638。考李憲在熙寧五年十月召還京師後，何時再被派往西邊不詳。王韶攻河州，李憲即與他同行。另《宋史‧李憲傳》便記他「與王韶進收河州」，又記他後來復戰牛精谷，拔珂諾城擒木征。又關於苗授在攻香子城及進拔河州的戰功，新近出土，由林希（1034～1101）所撰的苗授墓誌有較詳細的記載。據〈苗授墓誌銘〉所載，苗授於廿二晚率五百騎連夜馳往香子城，苗授勒所部到帳，令諸軍當於翌晨破敵。苗部皆賈勇聽命，於廿三日晨奮擊，大敗敵軍。據〈苗授墓誌銘〉所載，王韶所奏景思立及王君萬所立之功，苗授大有功焉。稱其部休整兩天後，遇上敵軍在架麻平，矢下如雨，部屬恐懼，他就鼓勵部下不必恐，說援軍五百且至，於是領部下力戰，聲震山谷，敵軍驚走，最後斬首四千級，獲器械等數以萬計。按苗授所部五百騎隸景思立軍麾下，苗授墓誌銘將功勞歸於苗授，而王韶之奏就將功寄於景思立及王君萬名下。可參見本書附錄，林希：〈宋保康軍節度使贈開府儀同三司苗莊敏公墓銘〉（以下簡稱〈苗授墓誌銘〉），載政協輝縣市委員會文史資料委員會（編）：《百泉翰墨》（輝縣市：政協輝縣市委員會文史資料委員會，1996年9月），頁12。按此碑文在書中縮小影印出版，極難閱讀，蒙全相卿博士掃描此碑文並以電郵傳給筆者，筆者透過電腦將影像放大，才能勉強閱讀，並解讀碑文大部份內容，加以錄寫，附於本書後。筆者稍後又透過淘寶網購得此書，該碑文附有苗授及林希簡史。有關此墓誌銘發現及刊出的資料，參見第十章註21。考苗授爲潞州上黨（今山西運城市）人，出身將家，其父苗京曾在仁宗朝在麟州（今陝西榆林市神木縣）擊退入寇的元昊軍。苗授以蔭出身後，曾入太學隨大儒胡瑗（993～1059）。筆者據上述出土的墓誌銘，曾撰文考述他的家世及早年生平事蹟，題爲〈北宋中期西北邊將苗授早年生平事蹟〉。該文及苗授墓誌銘的錄文附於本書之後。

　　木征後來復入河州，王韶以諸羌結集，包圍大軍來往根本重地的香子城，只好回軍解香子城圍，破積慶寺諸羌而還。但神宗對於此役有宋軍貪功殺已降蕃兵來冒功甚爲不滿。〔註16〕

　　宋廷在熙寧六年三月己未（十六）厚賞苗授、王存、王君萬、韓存寶等取河州有功將校十四人。值得注意的是，早在是月辛亥（初八）宋廷在聽取功狀時，樞密副使蔡挺曾向神宗請旨，究竟應只取王韶所奏，還是一併參照李憲所奏。神宗令只下王韶所奏，說他「正立事，必不肯爲私。」王安石即乘機說：「王韶是大帥，自合委韶，何用更委李憲？」王安石不以李憲單獨奏事爲然。神宗從其請。是月丁卯（廿四），王安石再論李憲獨奏邊事及王韶連奏經略司事不合體制，文彥博附和，亦認爲王韶不當如此。神宗於是下指揮令李憲以後不要連署經略司事，也不要獨奏。蔡挺提出若如此，李憲想要奏事都不可得。神宗表示李憲要奏事不妨，但不應獨奏及連署經略司兵事。不過，後來這道指揮並未發給李憲。李憲後來依然單獨奏上神宗。王安石即指責蔡挺作姦迎合神宗之意。〔註17〕

〔註16〕《長編》，卷二百四十三，熙寧六年三月丁未條，頁5912～5913；卷二百四十五，熙寧六年六月丙子條，頁5964。神宗在熙寧六年六月丙子（初四）對執政表示，他聞知在這場戰鬥，宋軍貪功，有斬巴氊角部蕃兵以虛報戰功，造成蕃部極大憤恨，他以此事爲害不細，不可不察。他說應以漢兵爲一隊，蕃兵爲一隊。他又命王韶詳度此事具條約以聞。神宗如何知此事？疑得自李憲的奏報。又據魏泰（1050～1110）所記，有高學究其人，以宗人謁見高遵裕，於是隸名軍中。當王韶攻香子城時，高學究隨行，是日宋軍合戰大勝，至晚旋師。寨中官吏及召募人皆賀，獨不見高學究。留守熙州的高遵裕以爲他戰死。不久士卒準備獻俘羌馘於庭，以燭檢視所殺之敵，卻發現高學究之首在。遵裕大駭，即查究所斬之人，有軍士馬上伏罪，說軍回時正是日暮，看見高學究獨騎，就斬之以冒賞。王韶聞之大怒，即將該軍士磔於轅門。此事可見宋軍常有濫殺蕃部平民以冒功之惡行，這次竟然殺了高遵裕的宗人來冒功，才被揭發先前的罪行。參見魏泰（著），李裕民（點校）：《東軒筆錄》（北京：中華書局，1983年10月），卷七，頁76～77。

〔註17〕《長編》，卷二百四十三，熙寧六年三月己未條，頁5919～5920。宋廷厚賞取河州將校十四人，以苗授爲首，將他自供備庫副使超擢爲西京左藏庫使，另擢同樣有功的内殿崇班閤門祗候王存爲内藏庫副使，西頭供奉官閤門祗候王君萬爲崇儀副使，左侍禁韓存寶爲供備庫副使，左班殿直魏奇爲内殿崇班，三班借職劉普爲左侍禁，披帶班殿侍趙簡爲左班殿直，左班殿直繳順爲東頭供奉官，右班殿直郝貴爲西頭供奉官，三班借職毛政爲右侍禁，三班差使孟志、王維新爲左班殿直，三班借差趙亶、下班殿直古慶並爲右班殿直。他們除了王存及魏奇很快陣亡外，大部份都成爲李憲後來開邊的得力幹將。

　　神宗許李憲單獨奏事的用心很明白，雖然口口聲聲說將取熙河之事託付王安石與王韶，實際上仍要派親信內臣作為耳目，讓他能「將從中御」，直接操控這場軍事大行動。王安石及王韶對李憲分其權，自然心中有刺。後來他們與李憲相爭，就無可避免。

　　值得一問的是，李憲這回有否回朝面奏軍情？群書沒有說得很清楚。考清人武億（1745～1799）所編的《授堂金石文字續跋》卷十收入一則「孫固題名」，正書在汝州（今河南平頂山市汝州市）淨因寺，而稍晚的陸增祥（1816～1882）所撰的《八瓊室金石補正》所錄的〈祔葬陳國公監護等題記〉補充了武億所錄的闕文。該題記云：

> 宋宗室陳國公，以熙寧六年正月甲寅薨。有詔葬於汝州梁縣秦悼王壙之次，及舉諸喪祔焉。以龍圖閣直學士諫議大夫孫固、西作坊使入內副都知王昭明為監護，以入內供奉官梁佐、衛尉寺丞簽書汝州判官劉唐憲專董塋兆之役。自三月庚午經始，迄六月壬午遂克葬。時與執事者凡十三人，**提舉諸司入內供奉李憲**、專管勾諸司入內殿頭蔣良臣，都巡（檢）內殿崇班劉允和、管轄墳園供奉嚴雍、梁魯縣巡檢供奉王翊、按頓供奉曹軫、侍禁王士章、冬官正楊茂先、梁縣尉校書郎吳道。翰林書藝馬士明書，玉冊官陳永宣刻，住持賜紫沙門淨宣立石。〔註18〕

　　考此則題名所記於熙寧六年正月薨的宗室陳國公，武億據《宋史・宗室傳二》，認為是在熙寧三年封陳國公的仲郢（？～1079 後）。按仲郢是太宗（939～997，976～997 在位）長子楚王元佐（966～1027）曾孫，追封密國公允言（？～1029）孫，贈高密郡公宗望之子。他官至陳州觀察使，卒諡良僖。但武億卻失考這位陳國公，其實是太宗弟秦王廷美（947～984）第三子追封潁川郡王德彝（967～1015）的的幼子承錫（？～1073）。據《長編》及《宋會要輯稿》的記載，在熙寧六年正月丙辰（十二）（按題記作正月甲寅（初十））病逝的宗室陳國公是皇叔祖遂州觀察使承錫，神宗追贈他鎮寧軍節度使、同中書門下平章事、陳國公，諡榮僖。神宗於當日還親臨睦親宅臨奠其喪。武億

〔註18〕 武億：《授堂金石文字續跋》（上海：上海古籍出版社，1995 年據上海辭書出版社圖書館藏清道光二十三年（1843）刻授堂遺書本影印），卷十〈宋・孫固題名〉，葉九上至十上；陸增祥（撰）：《八瓊室金石補正》，載國家圖書館善本金石組編：《宋代石刻文獻全編》，第一冊（北京：北京圖書館出版社，2003 年 3 月），卷一百四〈宋二十三・祔葬陳國公監護等題記〉，頁 333。

當時尚未能看到徐松所輯的《宋會要輯稿》，也沒有參考《長編》，故未能考出這次病逝的陳國公其實是承錫。按陸增祥已考出這位陳國公就是承錫。〔註19〕

　　據《長編》所記，負責承錫喪禮的孫固（1016～1090），在熙寧六年九月辛酉（廿一）所帶之帖職正是龍圖閣直學士，與題記名合。至於內臣王昭明（？～1064後），在熙寧七年十二月甲申（廿一）官入內副都知、左騏驥使，也與題記合（王相信後來自西作坊使遷左騏驥使）。按熙寧六年三月庚午即廿七日，六月壬午即初十（按武億訛作壬子）。李憲當時在入內內侍省的職位仍是入內東頭供奉官，也與題記相合。〔註20〕值得一提的是，這次與李憲共事的孫固，後來卻處處針對他。

　　據這則題記，李憲在熙寧六年三月底，曾奉命往汝州參與經辦陳國公承錫的葬事。據此，李憲在熙寧六年三月，顯然已返京師面奏神宗收復熙河詳情，於是獲得厚賞。不過，結合下文所述，他大概沒有等到六月初十葬事畢，便已趕返西邊。

　　四月乙亥（初二），宋廷再次度賞功，王韶自右正言、龍圖閣待制、集賢殿修撰加官晉職為禮部郎中、樞密直學士，李憲則以環慶路勾當公事入內東頭供奉官超遷十六階為東染院使寄資、遙郡刺史勾當御藥院。知德順軍（今寧夏固原市隆德縣城關）如京副使兼閣門通事舍人景思立亦超擢東上閣門使河州刺史。而隨軍回京奏捷的內臣走馬承受入內供奉官李元凱（？～1074）也超授為禮賓副使。王安石請厚賜王韶金錢。剛升了官的李憲又單獨上奏宋廷，稱收復河州，洮西蕃部尚有逃入山林的，請招降他們。神宗從其請，詔熙河經略司示以蕃部恩信，許他們復業。〔註21〕

〔註19〕《授堂金石文字續跋》，卷十〈宋・孫固題名〉，葉九下至十上：《宋史》，卷二百四十一〈宗室傳一・魏王廷美、德彝〉，頁8666～8670，8673：卷二百四十五〈宗室傳二・漢王元佐、允言、宗望、仲郚〉，頁8693～8697，8701：《宋會要輯稿》，第一冊，〈帝系三・宗室追贈・贈節度使使相〉，頁84：〈帝系四・宗室雜錄一〉，頁110：第三冊，〈禮四十一・親臨宗室大臣喪・臨奠〉，頁1644：《長編》，卷二百四十二，熙寧六年正月丙辰條，頁5893。據《宋會要輯稿》所記，仲郚在熙寧三年六月癸酉（十四），自右龍武衛大將軍、果州團練使、齊安郡公晉為陳國公。

〔註20〕《長編》，卷二百四十七，熙寧六年九月辛酉條，頁6014：卷二百五十八，熙寧七年十二月甲申條，頁6302～6303。

〔註21〕《長編》，卷二百四十四，熙寧六年四月乙亥條，頁5930～5931：《宋史》，卷四百六十七〈宦者傳二・李憲〉，頁13638。考御藥院是宋代最重要的內廷機構之一，長官是勾當御藥院，是高級內臣序列之一，僅次於省官的押

　　王韶與李憲的關係越發不洽，因他向神宗奏稱「熙河妨功害能，舉目皆是」。當神宗以王韶與高遵裕等不睦之事，在四月丙子（初三）詢及王安石意見而引述李憲這番批評時，就大招王安石及王韶之忌。〔註22〕

　　王韶返回熙州後，再派部將張守約（1017～1091）渡過洮河，略定南山地，斬首七百級，築康樂城（今甘肅臨夏回族自治州康樂縣北康王城遺址）和劉家川堡（後改名當川堡，今甘肅臨夏回族自治州康樂縣劉家鄉）、結河堡（今甘肅定西市臨洮縣辛甸村）二堡，以通餉道。然後他在四月己亥（廿六）親自率兵破踏白城（今甘肅臨夏市北銀川河谷，現改名銀川鎮），斬首三千級，並城之。〔註23〕

　　五月丙午（初四），宋廷命知德順軍景思立調知河州，因河州仍在羌人手中，故移寧河寨（即香子城）治事。而以苗授代知德順軍，統率涇原路正兵及弓箭手，策應熙河及涇原路，以都監王寧（？～1074）副之。李憲則擔任景思立的河州監軍。六月癸酉（初一），為加強景思立的軍力，宋廷詔永興軍、秦鳳路轉運司發北城兵二千予景思立。〔註24〕七月乙卯（十四），宋廷命景思立率兵前往河州修城前，又陞景思立為四方館使河州團練使，王寧為引進副使帶御器械，以賞他們三月以來破蕩族帳，策應討踏白城及定羌城（即阿納城或河諾城，今甘肅臨夏回族自治州廣河縣城）之功。神宗及王安石也同意

班副都知，常受皇帝指派在宮廷內外，王朝上下、京畿與邊地查察事務，那是非皇帝親信不授的職位，李憲任此職，可見他是神宗心腹親信。關於御藥院的機構與職能，最近期的研究可參見丁義玨：〈宋代御藥院機構與職能考論〉，《中華文史論叢》，2018年第2期（總130期）（2018年6月），頁223～251。另曹傑認為李憲從寄資的洛苑副使超擢為諸司正使的東染院使並帶寄資遙郡官，升遷速度驚人。同時受賞的將校，還有守香子城有功的文思使奚起，優遷皇城使並許三年後除遙郡刺史。參見曹傑前引文，頁176。

〔註22〕《長編》，卷二百四十四，熙寧六年四月丙子條，頁5932。

〔註23〕《長編》，卷二百四十四，熙寧六年四月己亥條，頁5945～5946；卷二百四十五，熙寧六年五月丙午條，頁5949～5950；陳守忠：〈王安石變法與熙河之役〉，頁122～123。

〔註24〕本書附錄二〈苗授墓誌銘〉，頁382；《長編》，卷二百四十五，熙寧六年五月丙午條，頁5949～5950；丁卯條，頁5961；六月癸酉條，頁5964。按神宗一度想用內臣王中正替王寧策應熙河，但王安石提到王中正與王韶不睦，因王去不成熙河，結果事功為李憲所取得。若今番派王中正策應，就會出問題。神宗接納，改差王中正往麟府募弓箭手及點閱蕃兵。又苗授徙知德順軍後，又領兵破郎家族。

王韶的意見，令景思立管勾涇原兵馬，王韶就率熙河路及秦鳳路兵馬為後援。
〔註25〕

王韶率兵以奇襲的方式穿越臨夏露骨山南入洮州界，破木征弟巴氈角（？
～1087後），盡逐南山諸羌。木征震恐，留其部屬守河州，自將精銳尾隨宋軍
伺機攻擊。王韶麾下諸將都請直取河州，但王考慮宋軍兵臨河州城下，會被
木征軍內外夾擊，他密分兵令景思立攻河州，而追尋木征軍而擊走之。八月，
宋軍抵河州城下，蕃軍出降。宋軍卻夜殺降者二千餘人。〔註26〕

九月戊午（十八），王韶再奏上宋廷，稱木征族弟瞎吳叱等以岷州來獻，
神宗賜行營將士特支錢有差。壬戌（廿二），王韶入岷州，瞎吳叱及木令征來
降。二人各獻大麥萬石、牛五百頭、羊二千口并甲五十領。神宗依王安石議
償其價。〔註27〕

王韶隨後分兵破青龍族於綽羅川，打通熙州路，隨即拔取宕州（今甘肅隴
南市岩昌縣）。疊州（今甘肅甘南藏族自治州迭部縣）欽令征、洮州郭廝敦皆相
繼往王韶軍中以城請降，巴氈角亦以其族歸。這一次征戰，王韶大軍共行五十
四日，涉地千八百里，收復五州，闢地自臨江寨至安城鄉，東西千里，共斬首
三千餘級，獲牛羊馬以數萬計。十月庚辰（十一），熙河路走馬承受內臣李元凱
以經略司捷奏抵京。辛巳（十二），王安石領群臣以收復熙州、洮州、岷州、疊
州、宕州，幅員二千餘里，斬獲不順蕃部萬九千餘人，招撫大小蕃族三十餘萬
帳，上表稱賀。神宗大悅，解所服玉帶賜王安石，並令內臣李舜舉諭旨。宋廷
賞功，王韶晉為端明殿學士兼龍圖閣學士左諫議大夫，秦鳳路副都總管張玉（？
～1075）晉宣州觀察使，知通遠軍權熙河路總管高遵裕徙為岷州刺史知岷州，
引進副使張守約代知通遠軍。李憲亦以監景思立軍攻下踏白城之功，賞遙郡團

〔註25〕《長編》，卷二百四十六，熙寧六年七月乙卯條，頁5981；己未條，頁5983；
〔註26〕《長編》，卷二百四十六，熙寧六年八月丙申條，頁5998；卷二百四十七，熙
　　　　寧六年十月庚午條，頁6018；戊戌條，頁6032～6033；《宋史》，卷三百二十
　　　　八〈王韶傳〉，頁10580～10581。宋廷後來知道宋軍在河州殺降的事，在十月
　　　　庚午（初一）詔王韶命王君萬查究。王韶奏報結果後，宋廷詔停景思立賞賜，
　　　　他麾下的趙簡等十三名將官等候處分。十月戊戌（廿九），宋廷貶通判河州太
　　　　常博士李山甫為監當官，坐其遍與執政書，飾言邊事蔽覆，河州官兵違節制
　　　　殺降。又關於王韶穿越的露骨山，據陳守忠的考證，當是臨夏縣的露骨山，
　　　　此山從現在韓集之大黎架山起，向東延伸至康樂縣的蓮麓止，橫亘數百里，
　　　　恰好是今日甘南和臨夏兩自治州的界山。它的主峰在康樂縣的草灘，海拔3908
　　　　米。參見陳守忠：〈王安石變法與熙河之役〉，頁122～123。
〔註27〕《長編》，卷二百四十七，熙寧六年九月戊午至壬戌條，頁6013～6015。

練使寄資，並給全俸。〔註28〕據《宋史·李憲傳》的記載，李憲的戰功還包括戰牛精谷，拔珂諾城。相信他這些戰功是隨景思立取得的。〔註29〕

李憲在十一月庚申（廿一），大概以西邊戰事稍定，奉命往太原府及代州（今山西忻州市代縣）勾當公事。〔註30〕熙寧七年（1074）正月辛酉（廿三），神宗又詔李憲再任熙河路經略安撫司勾當公事，而且繼續兼秦鳳路經略安撫司勾當公事。〔註31〕神宗仍要李憲為他在西邊作耳目，為下一步對付西夏準備。

王韶在熙寧七年一月底自熙州入覲，與二府大臣議西夏事。神宗在二月己巳（初一）加王為資政殿學士兼制置涇原秦鳳路軍馬糧草。王韶請築贊納克城，神宗同意其請，除了命鄜延路差曲珍（1031～1089），環慶路差林廣（1035～1082）各於本路選募三千五百人隨行外。丙子（十四），神宗又特別派李憲往鄜延路按閱諸軍及點檢器甲。壬午（二十），神宗再命李憲往熙河路勾當公事兼照管修贊納克城軍馬，監督此次修城之舉。〔註32〕李憲可說馬不停蹄，奔馳於陝西三路之間。

〔註28〕《長編》，卷二百四十七，熙寧六年十月庚辰至辛巳條，頁6022～6024；《宋會要輯稿》，第八冊，〈職官五十七·俸祿雜錄上〉，頁4580。按：《宋會要輯稿》將李憲遙郡團練使寄資兼給全俸之事繫於十二月庚辰（十二）。又張玉是狄青（1008～1057）麾下猛將，後追隨蔡挺，他是王韶麾下官位最高的戰將，以捧日天武四廂都指揮使、秦鳳路副都總管、昭州防禦使從征，他率秦鳳路軍自熙州深入洮州、岷州之山林深險、糧道難繼之處，最後攻入河州。他後來回任秦鳳路，沒有參預後來的第二波西征行動。他的生平事蹟可參閱何冠環：〈狄青麾下兩虎將——張玉與賈逵〉，載何冠環：《北宋武將研究》（香港：中華書局，2003年6月），頁341～384。

〔註29〕《宋史》，卷四百六十七〈宦者傳二·李憲〉，頁13638。

〔註30〕《長編》，卷二百四十八，熙寧六年十一月庚申條，頁6048。

〔註31〕《長編》，卷二百四十九，熙寧七年正月辛酉條，頁6071。

〔註32〕《長編》，卷二百五十，熙寧七年二月己巳條，頁6080～6081；丙子條，頁6087；壬午條，頁6094；卷二百六十四，熙寧八年五月甲子條，頁6457～6458；范純仁：《范忠宣集》，文淵閣《四庫全書》本，卷十三〈侍衛親軍馬軍都虞候林侯墓誌銘〉，葉十六上。按《長編》熙寧七年二月己巳條，將環慶路從征的將官寫作「林度」，據范純仁（1027～1101）為林廣寫的墓誌銘，從王韶李憲西征的環慶勇將，實在是六宅使環慶路兵馬鈐轄林廣。范純仁記林廣領環慶兵二千五百人從征熙河。林廣的戰績是攻踏白城，斬首五百級遷皇城使果州刺史，攻討洮州，斬首三百級加帶御器械權發遣環慶路馬步軍副總管。宋廷在熙寧八年五月甲子（初四）整編環慶軍，即詔分環慶兵五萬二千六十九，馬六千四百七十六為四將，林廣以副總管為中軍將，都鈐轄梁從古副之。林廣麾下計有鈐轄种古（1024～1093）為第二將，董穎叔副之。都監雷嗣文為第三將，知大順城竇璘副之。都監李孝孫為第四將，慶州北路都監巡檢孫昭諫（1037～1101）副之。

　　宋廷還在籌議築贊納克城之時，河州守將景思立卻中了董氊大將青宜鬼章（1017 前～1091）的詭計，輕率地率蕃漢兵六千攻鬼章於踏白城，而中了鬼章軍二萬的埋伏。二月甲申（廿二），景思立、內臣李元凱及副將王寧、王存、魏奇、趙宣、賈翊、蕃將瞎藥等戰死，僅得部將韓存寶、李崟及其弟景思誼（？～1082）得脫。鬼章後來還把景思立及王寧的首級函載之，時時出之以慴制西域于闐等國，諸國皆畏憚之。董氊亦藉此一戰之勝，得復其國。宋軍暫時不能西向，奪取青唐。〔註 33〕勇將苗授因奉命修城，沒有從征，而得免於難。

　　宋廷尚不知河州慘敗，還繼續調動陝西各路兵馬協助王韶修城。二月己丑（廿七），樞密院上言，以涇原弓箭手屢經熙河路策應，除了已差禁軍一千人替上番弓箭手歸本路外，請求宋廷派內臣往涇原路查察，並商討該行的賑卹事以聞。神宗同意，批示早前已遣李憲按閱鄜延路諸軍，現在可以命他再往涇原路體量商度此事。後來神宗又改變主意，以李憲要往熙河軍前移文取索修城用具，就不必親自往涇原。〔註 34〕

　　誰都看出李憲是神宗在西邊的耳目，地位超然。正如沈琛琤的分析，李憲在熙寧六年前後，以環慶路勾當公事的差遣參預了王韶收復熙河的軍事行動，熙寧七年又任熙河路勾當公事，雖然名為帥司屬官，但李憲得皇帝親信而實權至重，有時「得同三軍之政」，對王韶作為主帥的統一指揮權有可能造成負面影響，甚至侵奪主帥之權。〔註 35〕故此在二月乙酉（廿三），李憲出使

〔註 33〕　《長編》，卷二百五十，熙寧七年二月甲申條，頁 6098；卷四百二，元祐二年六月甲申條，頁 9777。關於景思立敗於踏白城，李燾認為景思立誤信間諜所致。而齊德舜認為宋軍失利的原因是多方面的，一個原因是眾寡不敵，以宋軍六千人對鬼章二萬人，而宋軍還分為三部，不能集中兵力作戰。齊氏認為踏白城之戰是熙河之役以來吐蕃諸部對宋軍作戰取得最大勝利的一場戰役，對唃廝囉政權的存亡有極重要意義，從董氊至阿里骨兩代，宋軍未能插足河湟當與此有關。參見齊德舜：〈《宋史・董氊傳》箋證〉，頁 34。關於鬼章的生平，可參閱祝啓源（1943～1998）：〈唃廝囉政權名將鬼章生平業績考述〉，原載《藏族史論文集》（成都：四川民族出版社，1988 年），現收入祝啓源：《祝啓源藏學研究文集》（北京：中國藏學出版社，2002 年 12 月），頁 79～87。另張向耀近期也有一篇短文略述鬼章生平，參見張向耀：〈北宋時期唃廝囉政權名將鬼章述略〉，載《邊疆經濟與文化》（黑龍江），2017 年第 9 期（2017 年 9 月），頁 57～58。

〔註 34〕　《長編》，卷二百五十，熙寧七年二月己丑條，頁 6100。

〔註 35〕　沈琛琤的研究指出，宋廷對於勾當公事的職事善否，同樣設有監督機構，熙寧九年四月便詔：「應朝省寺監遣官出外安撫、體量、察訪及勾當公事等，

熙河前，王安石與王珪（1019～1085）同奏上神宗，藉著李憲往諭王韶應少留效用人以省浮費的問題上，王安石借題發揮，提出主帥權力的重要。神宗起初只令李憲詣王安石，問還有何事要宣諭王韶。王安石對神宗如此寵信李憲不以爲然。君臣二人在數天後便爲李憲而發生針鋒相對的爭論。辛卯（廿九），當神宗批示王安石，說已差李憲往熙河勾當公事，當王韶等開軍事會議時，李憲的座次可依奉使例行之。王安石反對，認爲李憲這樣等同干預三軍之政，如此任將，恐難責王韶成功。神宗卻說是王韶要求李憲到來。王安石反駁軍中豈會喜歡內臣在其中？只是不得已接受。他又說王韶昨日知道王珪曾反對李憲出使，還多謝王珪一番。現時王韶所謂請李憲到來，不過是防止有人反對修城，而借李憲來促成其事。神宗卻說王韶密奏是執政不想李憲在軍中，而他實在賴其議事。王安石又說河州之行太速，王韶辯稱他被李憲脅迫，故如此倉卒。王安石又引述王珪之言，說他曾質問王韶爲何選擇不佳的出軍日期，王韶的回答是是李憲想他趕快出兵。王安石再引述王韶之言，說李憲不如王中正，只爲李憲厭惡王中正，故王中正不得來。神宗聽後不解，反問王韶爲何前言不對後語，之前說王中正極疏略，不可與計事。又說李憲極可使令。若遣去，有敗事定歸罪於李憲，如此即難遣去。但王安石仍堅持最好不要派李憲前往。神宗這時卻道出他的用人態度，以人亦無方類，如太宗朝內臣王繼恩（？～999）便率軍平蜀，豈可以宦官就不能用？他仍說是王韶主動要求李憲襄助。王安石就指出王韶的用心，不過是要神宗一親信人在軍中，以塞讒訴之口而已。神宗又說高遵裕當初不去武勝軍及河州，宋廷並未怪罪，而今李憲去河州又有何罪？王安石仍指李憲在河州之役，兵未集乃

如有措置乖方及違法等，所在監司、州郡長吏並密具以聞，如有隱庇別致發露，量事輕重取旨。」沈氏再指出緣邊諸路都總管司走馬承受公事與經略安撫司勾當公事這兩個差遣，多是以內臣爲主的皇帝親信，被派往沿邊參與到前線帥府的軍政事務管理中去的。沈氏認爲其設立體現了宋廷一貫的「事爲之防，曲爲之制」的內制與防弊祖訓，一方面有助於拓展信息渠道，擴充皇帝所得消息來源，另一方面則可令前方官員彼此監督和互相制衡，防止前線官員因事權獨大造成措置失誤或奸欺行爲，最終深化中央對沿邊軍政事務的干預與控制。沈氏此論可取，也道出神宗在多次對外軍事行動均以親信內臣出任勾當公事的原因。當然，神宗對不同內臣的信任程度是不同的，他對李憲及李舜舉的信任顯然甚大。而宋廷文臣則普遍對內臣出任此職存保留態度，卻無可奈何。參見沈琛琤：《北宋神宗朝對西北的經略——以戰略決策與信息傳遞爲中心》，第三章第五節〈前線與中央間的通信制度與信息傳遞渠道〉，頁 105。

遽出爲倉卒之過。當神宗怪王韶言語前後矛盾時，王安石又爲他辯護，說王韶沒有別的用心，不過想要李憲在軍中保證其所爲以抗異論，又怕外廷非議他依附宦官，故不想漏其奏請，而更說不欲李憲前往罷了。王安石雖詞鋒凌厲，極力反對李憲出使，但神宗仍派李憲往熙河。不久，王安石問神宗，李憲是否久留熙河？神宗知道王安石不喜李憲，就回答說李憲事畢即還。〔註36〕

王安石尚不知景思立已戰死，仍然重提舊事，堅持說景思立違節制不能治，故士卒無忌憚而有河州殺降之事。而他又不能行法，卻將犯事者大半釋放。王又指責李憲昨日奏稱河州人攻城兩日無功，故殺降是情有可恕，不宜不賞。神宗雖然表示同意他的看法，但仍在二月壬辰（三十），以錄郎家族之功，厚賞景思立等諸將，景自四方館使遷引進使忠州防禦使，皇城使苗授爲西上閣門使，供備庫使韓存寶爲皇城使、文州刺史，引進副使帶御器械王寧爲客省副使減磨勘三年。神宗要到三月乙未（初三）才知景、王二人已戰死。神宗以景思立輕敵致敗，就不肯贈他官職。〔註37〕

王韶等赴京奏事還，至興平縣（今陝西咸陽市興平市）時，知悉河州的變故，馬上疾馳返回西邊前線。他在三月甲辰（初七）奏報宋廷，他已領兵自秦州趕往熙州。他抵熙州後，部屬都在準備守城，他命盡撤城防，選兵二萬人，直撲定羌城。三月丙午（初九）渡過洮河。翌日（丁未，初十），遣王君萬等先破結河川額勒錦族首領耳金，以斷西夏通路，斬千餘級。丁巳（二十）王韶大軍進至寧河寨，討布沁巴勒等蕃族於鋪心、把離等谷，又斬獲千餘級。鬼章等軍三萬餘見黨援既絕，又怕斷南山之路，就拔寨而去，河州圍解。木征逃入南山。甲寅（十七），諸將領兵傍南山焚族帳，斬三百餘級，即日通路至河州。鬼章等餘眾退保踏白城西，枸摩雅克等族就退至河州外百餘里。宋軍勝利在望。〔註38〕

〔註36〕《長編》，卷二百五十，熙寧七年二月辛卯條，頁6102～6104。據《長編》所記，王安石有一次與神宗論及遼人強橫時，他解釋是因憸巧能憑附帝王左右小人者，必得握兵爲用。雖有犯法，必獲遊說之助以免。王安石後來在自敘說：「時景思立憑附李憲干師律，上不肯治，故爲上言此。」亦見王安石對李憲的成見。

〔註37〕《長編》，卷二百五十，熙寧七年二月辛卯至三月乙未條，頁6103～6105；卷二百五十一，熙寧七年三月辛丑條，頁6109。

〔註38〕《長編》，卷二百五十二，熙寧七年四月乙亥條，頁6155；丁酉條，頁6179；《宋會要輯稿》，第十六冊，〈蕃夷六・吐蕃〉，頁9912；《宋史》，卷三百二十八〈王韶傳〉，頁10581。

當王韶大軍節節勝利時，宋廷因邊奏不通，以爲木征及鬼章乘勝攻取岷州，樞密副使吳充竟然請棄岷州，馮京也附和，幸而神宗和王安石均反對。李憲這時正順道按視鄜延軍制，行至蒲中（今山西運城市永濟市），接到景思立敗死的消息，於是奉神宗命疾馳至熙州軍中，據《長編》引《宋國史・李憲傳》及《東都事略・李憲傳》與《宋史・李憲傳》載，宋廷先前已出黃旗書敕諭將士，如用命破賊者倍賞。李憲於是晨起帳中，張開神宗所敕字黃旗告吏士說：「此旗，上所賜也，視此以戰，帝實臨之。」於是宋軍士氣大增，爭相用命。李憲在關鍵時刻做了激勵三軍的事。〔註39〕三月甲寅（十七），他奉王韶之命。督諸將領兵傍南山焚族帳，斬三百餘級，即日通路至河州。鬼章等餘眾退保踏白城西，杓摩雅克等族則退往河州百餘里。〔註40〕然而，正當李憲在西邊殺敵立功時，朝中的王安石仍對李憲心懷偏見，三月戊午（廿一），他向神宗奏事時，仍借題發揮，堅稱「李憲庇景思立數有大罪，陛下不治；皮公弼交結內臣，開河無狀，得罪甚薄。」總之，王安石對神宗寵信的內臣就要一棍打死。〔註41〕

四月庚午（初三），王韶出軍攻河州前，在用人之際，就上言請免勇將韓存寶及李窠失陷主將景思立之罪，因他們在宋軍覆沒後，能先歸保護城池有功。神宗從之，並委王韶密訪韓存寶是否反對景思立出軍。〔註42〕西上閤門使苗授先拔頭籌，一舉取得河州外圍的南撒宗城，並斬首四百級。宋廷在是月甲戌（初七）命苗授知河州兼管勾洮西緣邊安撫司事。宋廷爲鼓勵士氣，

〔註39〕《長編》，卷二百五十一，熙寧七年三月壬寅至甲辰條，頁6110～6112；乙丑條，頁6139～6140。考《長編》記王韶奏上神宗，說在三月甲寅（廿二），是走馬承受公事張佑齎神宗的敕字黃旗付給他，告諭熙河將士：「如能協力一心，用命破賊，廣有斬獲，當比收復河州，倍加酬賞。」於是士皆感奮，軍聲大振。按李燾留意到帶敕字黃旗諭熙河士卒的內臣，就有張佑與李憲二種說法。他不能確定是否同一事。考《宋史・李憲傳》沒有說是李憲齎敕字黃旗至軍中，而是他後來借此曉諭將士。筆者以爲李憲一早離京前往熙河，當沒有齎帶黃旗。帶黃旗的當是走馬承發張佑，但鼓勵士氣卻是李憲。參見《宋史》，卷四百六十七〈宦者傳二・李憲〉，頁13638；《東都事略》，卷一百二十〈宦者傳・李憲〉，葉五下。

〔註40〕《宋史》，卷四百六十七〈宦者傳二・李憲〉，頁13638；《長編》，卷二百五十二，熙寧七年四月丁酉條，頁6179；《宋會要輯稿》，第十六冊，〈蕃夷六・吐蕃〉，頁9912。按《長編》及《宋會要》均未具言破南山蕃族等爲李憲戰功，惟《宋史・李憲傳》具言其功。

〔註41〕《長編》，卷二百五十一，熙寧七年三月戊午條，頁6126。

〔註42〕《長編》，卷二百五十二，熙寧七年四月庚午條，頁6150。

又錄熙河秦鳳路死事之家，分別推恩。只是以景思立輕敵敗事，特卹他死戰而給予子弟二人恩澤。〔註43〕己卯（十二）又以高遵裕及蕃官包順（？～1099後）守護岷州之功，高遵裕自岷州刺史加岷州團練使，包順自西京左藏庫使擢內藏庫使，賜金帶、上好錦袍及絹三百疋。而且依王韶之請，厚卹曾勸景思立勿出兵後來力戰而亡的蕃官瞎藥（即包約）。〔註44〕

王韶做好了準備後，大舉進攻河州。四月己卯（十二）木征遣使往宋軍前乞降。王韶為防有詐，於甲申（十七），命李憲再率軍自河州閭精谷出踏白城，與鬼章戰，斬千餘級。壬午（十五）燕達與苗授進至銀川，破敵堡十餘，燔七千餘帳，斬首七千餘級。癸未（十六），王韶再分兵北至黃河，西至南山，復斬千餘級。又命李憲領兵入踏白城，祭葬陣亡將士。甲申（十七），李回軍到河州。乙酉（十八），進築阿納城（即珂諾城）。宋軍在此役前後斬七千餘級，燒二萬帳，獲牛羊八萬餘口。木征是日率諸酋八十餘人詣軍門降。丙戌（十九），宋軍受降畢。王韶即命李憲奉表回京報捷。據〈苗授墓誌銘〉所記，當木征窮蹙時，他派人見李憲，願請得信使引他歸降。木征可能詐降，李憲便問麾下誰敢出使。苗授即說他雖只有一子苗履，但也不敢惜。李憲嘉其有勇，便遣苗履使木征。苗履到木征所在的趙家山，順利引木征家人來降。〔註45〕

但王韶沒有想到，他在朝中最大支持者王安石卻在翌日（丙戌，十八），因高太后等反對新法和久旱之流言，被迫自請解職。神宗無奈，將他罷相出知江寧府（今江蘇南京市），而以王之同年好友韓絳（1012～1088）代為首相，

〔註43〕 本書附錄二〈苗授墓誌銘〉，頁382；《長編》，卷二百五十二，熙寧七年四月甲戌條，頁6152。據載本來諸將都想直趨河州，但苗授說南撒宗城距甚近，有伏兵，若敵人來犯怎辦？他主張先襲之。眾人依從，宋軍一戰即克之，於是宋軍打通往河州之道而破敵。

〔註44〕 《長編》，卷二百五十二，熙寧七年四月己卯條，頁6156～6157。包順本名俞龍珂，他由王韶親自招降。他的族群、生平事蹟及為宋廷效命所立之功績，香港中文大學歷史系梁若愚2000年呈交的本科畢業論文〈包順事跡鉤沉〉有很不錯的考述，惜該文未正式發表。西北大學王道鵬在2017年10月呈交的博士論文《殊方慕化：宋代西北蕃官的國家認同研究》對包氏家族也略有論述。

〔註45〕 本書附錄二〈苗授墓誌銘〉，頁382；《長編》，卷二百五十二，熙寧七年四月甲申條，頁6160；丁酉條，頁6179；《宋會要輯稿》，第十六冊，〈蕃夷六‧吐番〉，頁9912；《宋史》，卷三百二十八〈王韶傳〉，頁10581；卷四百六十七〈宦者傳二‧李憲〉，頁13638～13639；《東都事略》，卷一百二十〈宦者傳‧李憲〉，葉五下。考《東都事略》記「王韶領兵至進釋河州圍，李憲大破之，回軍古河州，木征降」，點出打通河州後李憲的戰功。

以其黨呂惠卿爲參知政事。神宗又怕王安石罷相，會令王韶不安，稍後又賜王安石手詔，命他慰撫王韶。〔註46〕

四月丁酉（三十），李憲抵京報捷，輔臣皆賀。神宗大喜，下詔木征及母、妻、子，由王韶與李憲發遣，令走馬承受長孫良臣（？～1078後）押引赴闕，令優厚支錢，由緣路供給。王韶覆奏已命閤門祗候麻宗道等管押木征赴闕，並命其子王厚（1054～1116）奉表稱賀。神宗賜詔褒獎王韶一番。稱許他「將在軍，君命有所不受，寧河之行，卿得以矣。」另又下詔曲赦熙河路。〔註47〕

五月庚子（初三），宋廷賞降木征之功，主帥王韶晉爲觀文殿學士禮部侍郎，仍兼端明殿、龍圖閣學士，賜絹三千疋。長子王廓大理評事賜進士出身，次子王厚大理評事。副帥秦鳳路副都總管內園使燕達擢爲西上閤門使英州刺

〔註46〕《長編》，卷二百五十二，熙寧七年四月丙戌條，頁6168～6170。

〔註47〕本書附錄二〈苗授墓誌銘〉，頁382；《長編》，卷二百五十二，熙寧七年四月丁酉條，頁6179～6180；卷二百五十六，熙寧七年六月辛亥條，頁6255；卷二百五十八，熙寧七年十二月丁卯條，頁6295；庚寅條，頁6305；卷二百五十九，熙寧七年正月壬寅條，頁6316；卷二百六十五，熙寧八年六月癸巳條，頁6484；丁未條，頁6488；卷二百八十三，熙寧十年六月壬辰條，頁6924；《宋會要輯稿》，第十六冊，〈蕃夷六・吐蕃〉，頁9912～9914；《宋史》，卷三百五十〈苗授附苗履傳〉，頁11068。據〈苗授墓誌銘〉及《宋史・苗履傳》所記，押送木征至京的，還有苗履。他後來即以此勞授閤門祗候。神宗爲收伏木征等蕃部，採懷柔政策，當木征等在六月底抵京師後，在六月丁亥（廿一），詔賜木征名趙思忠，授榮州團練使，母壽安郡君郭成結賜姓李，封遂寧郡太夫人，月賜脂粉錢三十千，妻俞龍七爲安定郡君，結施卒爲仁和縣君，許她們以蕃服入見。又賜其弟董谷名趙繼忠，結吳延征名趙濟忠，瞎吳叱日趙紹忠，巴氈角曰趙醇忠（？～1085後），巴氈抹曰趙存忠。又賜其長子邦辟勿丁兀名趙懷義（？～1085後），次子蓋兀名趙秉義，並授右侍禁，另授首領結成抹及阿里骨並爲東頭供奉官。宋廷在十二月丁卯（初四）詔以木征爲秦州鈐轄，卻不給他任事。同月己丑（廿六），因入內供奉官李翊之奏，稱木征一行至新安驛，阿里骨毆傷護送官麻宗道。神宗詔追回阿里骨所授官，並拘禁他，仍令熙河路經略司相度處置。阿里骨到達熙河後，爲新知熙州高遵裕所斬殺。（按：這個阿里骨並非董氈的養子）。熙寧八年正月壬寅（初九），神宗召見結吳延征等於延和殿，授延征崇儀副使，餘除官賜袍帶有差。神宗後詔木征居於熙州，二妻居於河州。木征曾請管勾熙河路蕃部，經略司以爲不可。另宋廷在熙寧八年六月癸巳（初三），授巴氈角以崇儀副使爲洮州漢蕃鈐轄，惟免其出巡。同月丁未（十七），又賜木征熙河兩州地五十項，內賜其妻包氏并俞龍氏各五項。木征於熙寧十年（1077）遷合州防禦使，六月壬辰（十四）卒。宋廷贈他鎮洮軍留後，官給葬事，錄其子左侍禁邦辟勿丁兀（趙懷義）爲內殿承制，次子右侍禁蓋兀（趙秉義）爲內殿崇班。

史，而等同監軍的李憲以熙河路照管軍馬事宜、入內東頭供奉官超授寄資昭宣使、嘉州防禦使。這時李憲的官位已超過本來比他資深的另一內臣王中正。〔註48〕

　　宋廷陸續撫卹陣亡將校及陞賞有功將士。五月辛丑（初四），宋廷遣熙河路走馬承受長孫良臣往熙州爲踏白城陣亡將士作浮圖道場七晝夜，命河州收瘞暴骨。癸卯（初六），擢陞守河州有功的內臣文思副使李祥（？～1096 後）爲供備庫使，供備庫副使劉普爲文思副使。又特贈王韶二代，其母封永嘉郡夫人，並召入宮，其子婦從入者都賜命婦服。甲辰（初七），在踏白城陣亡的將校、內臣王存、王寧、李元凱、魏奇、林信、王令安、高知方、李懷素、趙閞、陳俊、劉文秀、張恭均獲贈官有差。壬子（十五），經王韶核實陣亡的蕃官包約亦獲追贈官。甲寅（十七），因王韶之請，皇城使文州刺史韓存寶獲授熙河路都監。六月乙亥（初九），以從王韶兵渡洮河討殺蕃部通道之功，王君萬擢東上閤門使達州團練使，夏元幾（？～1079 後）爲東上閤門使果州刺史，苗授爲四方館使榮州刺史，狄詠（？～1097 後）爲皇城副使依舊閤門通事舍人。到七月甲辰（初八），宋廷再詔熙河路破踏白城蕃部之將官使臣，比再復河州之功倍賞之，於是先鋒王君萬再遷引進使，韓存寶加帶御器械，策先鋒林廣遷皇城使果州刺史，左肋陣右騏驥使盍可道、右肋陣左藏庫使郝進、殿後姚兕（1026～1094）、策殿後姚麟（1038～1105）並遷皇城使，監照管中軍將苗授遷引進使忠州團練使，總管燕達及王君萬、韓存寶、苗授、姚兕、姚麟各官其親屬一人。上述獲得厚賞的宋將，後來大部份成爲李憲後來熙河

〔註48〕《宋會要輯稿》，第十六冊，〈蕃夷六・吐蕃〉，頁 9913；《長編》，卷二百五十三，熙寧七年五月庚子條，頁 6189；甲辰條，頁 6192；《宋史》，卷三百二十八〈王韶傳〉，頁 10581；卷四百六十七〈宦者傳二・李憲〉，頁 13639。按昭宣使在眞宗以後是專授予內臣的「班官」使職。據日僧成尋（1011～1081）所記，他在熙寧六年四月甲戌（初一）來到京師見到王中正，當時王的官位是作坊使文州刺史。惟《長編》卻記王中正在五月甲辰（初七）以在麟州、府州（今陝西榆林市府谷縣）及豐州（今內蒙古準格爾旗五字灣鎮二長渠行政村內，一說在今陝西榆林市府谷縣西北）招弓箭手千四百人及在熙河招千三百六十人之功，自禮賓使文州刺史加領嘉州團練使。按禮賓使是西班諸司正使次低的一階，僅高於供備庫使，而東西作坊使均是位序第七及第八的高階正使，王中正自文州刺史遷嘉州團練使，他所帶的諸司正使應是高階的作坊使。疑《長編》所記有誤。王中正雖然擢領團練使，惟比李憲的昭宣使及所領的防禦使爲低。參見成尋（撰），王麗萍（校注）：《新校參天台五臺山記》（上海：上海古籍出版社，2009 年 11 月），卷八〈參天台五臺山記第八〉，頁 654～658。

兵團的骨幹戰將。〔註49〕

上文曾提到，宋人孔平仲曾記王韶與李憲在降木征之役爭功而生嫌隙，他說王韶在奏中稱是他令王君萬及韓存寶接受木征投降，但李憲卻奏稱是他與燕達納其款。孔氏也稱神宗曾對呂惠卿稱許李憲擒木征之功，因李憲有機會向神宗面奏，所言自然詳於王韶的條奏。〔註50〕李憲本是神宗寵信的內臣，

〔註49〕本書附錄二〈苗授墓誌銘〉，頁382；《長編》，卷二百二十六，熙寧四年九月丙戌條，頁5511；卷二百五十二，熙寧七年四月辛卯條，頁6174；卷二百五十三，熙寧七年五月辛丑條至癸卯條，頁6190；甲辰條，頁6192；壬子條至甲寅條，頁6194～6195；卷二百五十四，熙寧七年六月乙亥條，頁6208；卷二百五十五，熙寧七年八月甲戌條，頁6234；甲申條，頁6239；癸巳條，頁6243；卷二百六十一，熙寧八年三月癸巳條，頁6355；卷二百六十四，熙寧八年五月己卯條，頁6476；《宋史》，卷三百五十〈王君萬傳・李浩傳〉，頁11070，11078～11079；卷四百六十八〈宦者傳三・李祥〉，頁13649；范純仁：《范忠宣集》，卷十三〈侍衛親軍馬軍都虞候林侯墓誌銘〉，葉十六上。據范純仁所記，林廣攻踏白城的戰績是斬首五百級。又狄青次子狄詠在六月乙亥（初九）自如京副使遷皇城副使（按：《長編》當衍「副」字），到八月甲申（十九）又因王韶之奏其戰洮西之功，再授西上閤門副使。又宋廷在八月甲戌（初九），賞討蕩岷州擾邊蕃部之功，擢岷州將官皇城副使劉惟吉、內藏庫使孫真並爲皇城使。到八月癸巳（廿八），宋廷再賜王君萬絹五百足，官其親屬一人，又加他一資。另以討蕩洮州之功，皇城使康從領文州團練使，官其一子，內殿承制張之諫（？～1088後）遷文思副使。宋廷在熙寧八年三月癸巳（初一），詔分熙河路正兵三萬二千，參以弓箭手、寨戶及蕃兵爲四將。以都鈐轄王君萬爲第一將，都監西京左藏庫副使王崇拯（？～1101後）副之；鈐轄韓存寶爲第二將，李浩（？～1095）副之；桑湜（？～1084後）爲第三將，都巡檢王湛副之；鈐轄劉惟吉爲第四將，都監馬忠副之，王湛爲權發遣本路都監。又內臣李祥《宋史》有傳，他是開封人，爲入內黃門，史稱他「資驍銳，善騎射，用材武中選，授涇原儀渭同巡檢」。《長編》記在熙寧四年九月丙戌（初五），內侍省殿頭「李詳」自請試武藝合格，而授緣邊同巡檢。這個「李詳」當是李祥的訛寫。他從景思立於河湟，以功遷內殿崇班，爲河州駐泊兵馬都監。七年五月自文思副使擢供備庫使。這裡值得一提是李浩，他後來成爲李憲取蘭州的麾下猛將。他是將家子，與父李定曾從狄青（1008～1057）破儂智高。初爲廣西路兵馬都監，他曾以西北疆事撰《安邊策》在熙寧四年入謁王安石。王言之神宗，因召對問橫山事，改麟府路勾當公事，未行。當章惇在熙寧七年初察訪荊湖，章薦爲辰州（今湖南懷化市沅陵縣）準備差使。章惇平定懿州（今湖南芷江侗族自治縣）和洽州（即懿州）夷，他功最多。熙寧七年初授太原府路兵馬都監，以南江功遷西京作坊副使，仍知沅州（今湖南芷江侗族自治縣），李浩力辭，復爲太原府路都監，章惇再論其功，四月辛卯（廿四），李以西京左藏庫副使擢供備庫使知沅州。稍後再遷引進副使熙河鈐轄任熙河第二副將。他和王安石與章惇頗有淵源。

〔註50〕孔平仲：《孔氏談苑》，卷二〈熙河之師〉，頁205。考轟麗娜前引文也引用了

神宗當然更相信李憲所言。按《長編》及《宋會要輯稿》引述王韶的奏報，很少道及李憲的具體戰功；反而大概據《宋國史》寫成的《東都事略》及《宋史》李憲本傳才具體交待李憲的戰功。王韶是否不經意的少提李憲的戰功頗值得思考。誠如筆者前面所述，王韶與李憲的關係一開始就非合作無間。〔註51〕王韶對李憲的態度有矛盾的兩方面，誠如王安石所說，王韶一方面要靠李憲作爲助力及擋箭牌，爭取神宗對他的支持並抵消反對他開邊的朝中勢力。另他也不能抹煞李憲的軍事才能及戰功，特別是降服木征一役的戰功。正如《宋會要輯稿》所說，王韶「領洮河安撫司，李憲爲之助」，而降木征，收復洮、河二州，啓地二千里，宋廷就以爲大慶，雖然用兵熙河以來，每年常費四百餘萬緡，即到熙寧七年以後，常費稍減至三百六十萬緡；但神宗仍認爲王韶立下大功，故「王韶由節度推官數年至樞密使，李憲自走馬承受至統帥」，〔註52〕王韶知道沒有李憲的配合，他不能成此大功業。後來其子王厚在徽宗朝開邊，便師承其法，主動請徽宗派親信內臣童貫從征。〔註53〕然而在另一

孔平仲這條記載，不過，她誇大了木征向誰投降的所謂謎團。王韶是主帥，李憲不過是副將，木征向李憲、燕達抑向王君萬或韓存寶投降，都可以說向作爲主帥的王韶投降。不過正如孔平仲所記，李憲有機會向神宗面奏，自然會提到自己迫木征投降的功勞。稱木征向王韶投降自然沒說錯，《宋史·王韶傳》也說木征因「窮蹙乞降」，王韶「俘以獻」。參見聶麗娜：〈北宋中期宦官官僚化一例：論李憲的拓邊禦夏〉，頁32。

〔註51〕聶麗娜：〈北宋中期宦官官僚化一例：論李憲的拓邊禦夏〉，頁33～34。按聶麗娜說王韶與李憲不和的深層次原因是神宗對王韶等邊將並不完全信任，故刻意挑選親信內臣肩負開邊任務，而內臣逐漸蠶食武將職權，終令朝臣不滿和警惕。惟聶氏的說法只對了一半，首先王韶並非武將，他是有武幹的儒臣，可稱得上是儒將。神宗對他是完全信任和支持的，後來還擢他爲樞密副使。聶氏以神宗將王韶家人召入京，似有以之爲人質嫌疑，顯示神宗對王韶的疑忌，未免推論過當，她說神宗誇讚王韶將在外君命有所不受是假話，也不免是捕風捉影的推論。

〔註52〕《宋會要輯稿》，第十六冊，〈蕃夷六·吐蕃〉，頁9914。

〔註53〕關於王厚的事蹟和他在徽宗開邊的經過，特別是他與童貫合作的情況，可參閱羅家祥：〈北宋晚期的政局演變與武將命運——以王厚軍事活動爲例〉，《學術研究》，2011年11期，頁98～106；何冠環：〈北宋綏州高氏蕃官將門研究〉，頁446～460。另近年臺灣青年學者現任教上海師範大學的雷家聖也以王韶、王厚父子的事蹟撰成一文，稱王氏父子及种諤家族爲軍功世家。惟雷氏一文在談到熙豐開邊，卻沒有提到李憲與王韶及种諤的關係。他又以神宗內召王韶爲樞副，是怕他擁兵自重，故收其兵權。此論有值得商榷之處，神宗有李憲作監軍，王韶一介文臣，熙河初復，完全無條件成爲中唐以後的藩鎮。參見雷家聖：〈北宋後期的西北戰爭與軍功世家的興衰——以王韶、种諤家族爲

方面，他和王安石等文臣一樣，基於文臣的自尊。他要李憲完全服從他的指揮，不可有異議，不可向神宗奏報與他不同的軍情和不同的意見。因歧視內臣的偏見，他對內臣領兵有所保留，當李憲與他爭功，與他有異論時，二人的嫌隙就不免了。偏偏神宗喜歡將從中御，委派親信內臣隨軍，讓他知悉軍情以作出最後決定。幸而王韶與李憲的矛盾，並沒有敗事，最後二人仍合作成功收復熙河。至於大部份武將對從征內臣的態度，從來便與文臣並不一樣，若內臣具有武幹，能征善戰而處事待人公允，他們便不會有很大的意見，這點後文將會詳論。

北宋熙河蘭會路

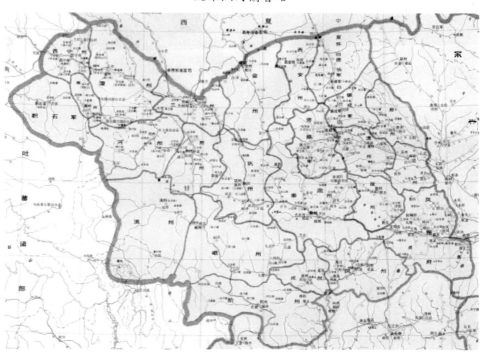

第三章 經略熙河：李憲在熙寧後期的事蹟

　　王韶與李憲之不協，隨著李憲還朝而暫時緩和。熙寧七年八月己卯（十四），神宗又差李憲以勾當御藥院的身份往相州（今河南安陽市）賜元老重臣韓琦詔書與湯藥，撫慰他一番，不允許他再三乞求致仕。這是李憲至少第二次奉神宗之命賜詔書與韓琦。〔註1〕

　　值得一提的是，韓琦的心腹親信強至（1022～1076）曾撰七律〈送傳宣李子範供奉歸闕〉一首贈李憲：

　　　曾共征西幕府來，相逢今日魏王臺。喜情重把論交袂，感淚頻添話
　　　舊杯。

　　　此別情懷無限惡，他時談笑尚容陪。馬蹄歸趁春風急，應有花先禁
　　　苑開。〔註2〕

─────────

〔註1〕考韓琦在熙寧六年二月壬寅（廿八）自大名府移判相州，《安陽集》收有他在熙寧七年（甲寅）秋所撰的三道請致仕札子，分別提到神宗先後派入內東頭供奉官勾當御藥院劉有方（？～1100後）、勾當內東門司劉惟簡（？～1096）及裴昱賜詔書不允其致仕之請，卻沒有提及李憲的到來。也許李憲是在裴昱之後再使相州。參見《長編》，卷二百四十二，熙寧六年二月壬寅條，頁5907；卷二百五十五，熙寧七年八月己卯條，頁6236；《安陽集編年箋注》，下冊，卷三十六〈奏狀四‧甲寅秋乞致仕札子、甲寅秋乞致仕第二札子、甲寅秋乞致仕第三札子〉，頁1104～1108；附錄三：《韓魏公集家傳》，卷十，頁1855，1859～1860。

〔註2〕強至：《祠部集》，文淵閣《四庫全書》本，卷九〈送傳宣李子範供奉歸闕〉，葉十上下。考李憲字子範，熙寧年間官入內供奉官，而詩中言及他歸闕，又言及禁苑，又說曾共征西幕府來，則強至此首七律所贈的當是李憲無疑。詩中記二人相逢於魏王臺，魏王臺即曹操（155～220）在相州（安陽）所建的銅雀、金虎及冰井三臺，則李憲必是在熙寧七年八月奉命賜詔韓琦時與強至

　　九月辛酉（廿六），神宗對於青苗錢的處理，作出批示。他說諸路常平錢穀，近年雖用陝西青苗法而蓄息數目不少，但七分以上散在民間。倘遇上水旱須加救濟，或有緩急朝廷要移用，就會難於徵取。神宗說現時諸路各有災傷，來年的歲計極爲可慮，倘若不從速處置，就怕州縣沒有計算已撥出青苗錢過半，而接續下去不停給散，乃導致儲備錢缺乏。他令中書宜從速下指揮諸路州縣，已支的現錢穀通數，須留下一半，方得給散。神宗所以作出這番批示，據司馬光引述蘇洵的說法，肇因李憲怨王安石反對他領兵南征交趾，於是向神宗言及青苗錢爲民害。神宗原本以內批罷之，王安石堅持不可而止。司馬光又記先前州縣所斂的青苗，使者督之，須散盡方止，於是造成官無餘蓄。到了這時，才由神宗下敕留下一半。他說神宗這項決定，是由李憲上言引發的。李燾對司馬光這條記載做了考異，他說司馬光有誤記，宋廷決定征交趾時王安石已罷相，李憲怨恨王安石，應該爲了當日王安石反對他從征熙州，而非後來征交趾。〔註3〕不過，在司馬光的眼中，神宗聽了李憲的話，糾正青苗法之失，實在是好事。當然，王安石也就非要排去李憲不可。

　　李憲在是年十月又奉命往延州，將神宗悉心新定的結隊法、賞格及置陣形勢賜給鄜延帥趙卨，讓他研究後推及諸路。神宗又下詔趙曰：「陣法之詳，已令憲面諭，今所圖止是一小陣，卿其從容析問，憲必一一有說。然置陣法度，久其失傳，今朕一日據意所得，率爾爲法，恐有未盡，宜無避忌，但具奏來。」稍後又再詔趙曰：「近令李憲齎新定結隊法并賞格付卿，同詳議施行可否，及因以團立將兵，更置陣法。想卿必已深悉朝廷經畫之意，如日近可以了當，宜令李憲齎赴闕。」神宗派李憲傳旨，大概認爲他既有豐富的行陣經驗，又深諳前代的陣法（見下文），又曾與趙卨共事。而神宗這一自詡傑作的陣法，很可能參考了李憲的意見，故派他去宣諭。趙卨接旨後，自然不敢怠慢，馬上詳盡提出他的看法，交李憲覆旨。〔註4〕

相見。關於魏王臺所在，參見樂史（930～1007）撰，王文楚（點校）：《太平寰宇記》（北京：中華書局，2007 年 11 月），卷五十五〈河北道・相州〉，頁 1136，1139。

〔註 3〕《長編》，卷二百五十六，熙寧七年九月辛酉條，頁 6263；司馬光（撰），鄧廣銘（1907～1998）、張希清（校注）：《涑水記聞》（北京：中華書局，1989 年 8 月），卷十六，第 440 條，「李憲言青苗錢爲民害」，頁 316。

〔註 4〕《長編》，卷二百五十七，熙寧七年十月癸巳條，頁 6282～6284；王應麟（1223

　　宋廷在十一月己未（廿五）冬至日合祭天地於圓丘，以太祖配而大赦天下。十二月丁卯（初四），文武百官並以南郊赦書加恩。深爲神宗欣賞的王韶即在是日被召還陞任樞密副使，進入二府擔任執政。因王韶內召，宋廷以知岷州高遵裕加龍神衛四廂都指揮使軍職徙知熙州，而以客省使知通遠軍張守約徙知岷州；另以左藏庫副使河北第十八將楊復兼閤門通事舍人權知通遠軍。〔註5〕

　　已從延州回朝的李憲，也因南郊恩典獲神宗特別予以賞賜，十二月己卯（十六）神宗批示：「李憲見寄昭宣使，所有南郊支賜，緣憲勾當御藥院，三晝夜執事，最爲勤勞，難依散官例。」當樞密院上奏遇南郊，昭宣使以上當支銀絹各四十匹兩時，神宗再批示這只是散官無職事人例，李憲就特賜銀絹各七十五兩。〔註6〕附帶一記，王中正也在是月甲戌（十一）以錄秦鳳等路招弓箭手之功，自崇儀使遷西作坊使，賜銀絹二百。〔註7〕

　　熙寧八年（1075）正月庚子（初七），樞密副使蔡挺以疾罷樞，同日，參知政事馮京亦罷政。二月癸酉（十一）王安石則從江寧府召還復相。〔註8〕神宗在是月要校試他的八軍陣法，委派李憲與樞密院副都承旨張誠一（？～1092後）、樞密院兵房檢詳官王震、管勾國子監丞郭逢原（1040～1099）等審視皇城寬廣處，選派殿前司馬步軍二千八百人教練唐代兵法家李靖（571～649）的營陣法。是月戊寅（十六），神宗又命步軍副都指揮使楊遂（？～1080）爲都大提舉官，而以李憲及張誠一爲同提舉官。神宗還諭李憲等有關八陣法的來歷。神宗沉醉於這神奇的八陣法，他曾派李憲往延州詢問趙卨的意見，他

　　　～1296）：《玉海》（上海：上海書店據光緒九年（1883）浙江書局刊本影印，1988年3月），卷一百四十三〈兵制・陣法・熙寧議隊法　結隊圖〉，葉十七下至十八上：《宋史》，卷一百九十五〈兵志九・訓練之制・陣法〉，頁4863。

〔註5〕《長編》，卷二百五十八，熙寧七年十一月己未至十二月丁卯條，頁6293～6294：卷二百六十，熙寧八年二月丙戌條，頁6346。王韶曾請修建撲南城，神宗詔罷之，只令王修畢熙州及河州二城，減戍省糧，爲久安之計。並詔王韶曰：「冀卿早還朝宣力也。」十二月丙寅（初三），宋廷即從王韶及都轉運使熊本之請，詔省熙河岷三州百四十一員，只留下五十七員。翌日，王韶尚未至京，即下詔拜他爲樞密副使。又高遵裕在熙寧八年二月丙戌（廿四）再陞任捧日天武四廂都指揮使爲熙河路總管，依舊知熙州。

〔註6〕《長編》，卷二百五十八，熙寧七年十二月己巳條，頁6297。

〔註7〕《長編》，卷二百五十八，熙寧七年十二月甲戌條，頁6298。

〔註8〕《長編》，卷二百五十九，熙寧八年正月庚子條，頁6309～6310：卷二百六十，熙寧八年二月癸酉條，頁6336。

這次委派李憲爲同提舉官，是很自然的事。〔註9〕

　　三月癸巳朔（初一），熙河兵團成軍，宋廷詔分熙河路正兵三萬三千，參以弓箭手、寨戶與蕃兵，編爲四將。以熙河路都鈐轄王君萬爲第一將，都監王崇拯副之。鈐轄韓存寶爲第二將，李浩副之。桑湜爲第三將，都巡檢王湛（？～1084 後）副之。鈐轄劉惟吉爲第四將，都監馬忠副之，王湛仍權發遣本路都監。值得注意的是，從王君萬以下，熙河四將的大部份將佐都是後來李憲賴以建功的骨幹。當時尚在京師的李憲，又獲神宗委派，參預宋遼的河東劃界交涉。是月庚子（初八），遼國再派使者蕭禧前來，商議河東地界問題。神宗於翌日（辛丑，初九）召見輔臣後，即命兵部郎中韓縝（1019～1097）與樞密副都承旨張誠一乘驛往河東與遼方會議地界，命他們盡快解決紛爭。神宗諭蕭禧宋廷已有此安排，請他以此歸報遼廷，但蕭禧不受命。神宗再派李憲出示蕭禧那通齎給韓、張的詔書，表明宋廷許以長連城、六蕃嶺爲界，而徙並邊遠探鋪舍於近裡。但蕭禧仍不肯接受宋廷的主張，執議如初，不肯離去。神宗無奈，於是在癸丑（廿一），再命知制誥沈括（1031～1095）及其外戚心腹西上閤門使李評出使遼國面議。沈括奉命後，往樞密院內閱讀檔案，查出對宋廷有利的證據。辛酉（廿九），神宗召見沈括與李評，沈表上所得證據。神宗大喜，親以筆畫於圖內，再令李憲持之往中書和樞密院，切責王安石以下輔臣，並命李憲持圖出示蕭禧，蕭禧於是議屈，四月丙寅（初五）終於離去。神宗特命中貴人（可能又是李憲）賜沈括銀千兩，稱沒有他就無以

〔註9〕《長編》，卷二百六十，熙寧八年二月戊寅條，頁 6339～6342；卷二百六十四，熙寧八年五月甲戌條，頁 6465；《玉海》，卷一百四十三〈兵制‧陣法‧熙寧八軍法〉，葉十九上至二十一上；《宋史》，卷一百九十五〈兵志九‧訓練之制‧陣法〉，頁 4865；卷四百六十七〈宦者傳二‧李憲〉，頁 13638。考李憲擢入內押班的年月，《長編》繫於熙寧八年五月甲戌（十四）。惟《長編》在熙寧八年二月戊寅條，已稱李憲爲入內押班。按《宋史》本傳記他在陞任昭宣使嘉州防禦使後，「還，爲入內內侍省押班、幹當皇城司」。可以理解是他在延州使還後陞任押班，甚有可能在南郊大典加恩時。究竟李憲擢押班在熙寧八年二月前抑五月？待考。又范學輝提到，神宗在這次命李憲等之演練，實在將宋代三衙四廂之制上溯至軒轅黃帝的八陣法，而稱此八陣法又輾轉由諸葛亮（181～234），再由韓擒虎（538～592）傳至李靖。李靖造梅花陣，以變九軍之法。參見范學輝：《宋代三衙管軍制度研究》（北京：中華書局，2015 年 4 月），第一章〈聚兵京師：國依兵而立〉，頁 21～22。又神宗所嚮往的八陣法與陣圖及其果效的討論，亦可參閱王路平：〈宋神宗時期的八陣法與陣圖〉，《長安大學學報》（社會科學版），第 16 卷第 1 期（2014 年 3 月），頁 105～110。

折邊訟。〔註10〕李憲在這次宋遼河東地界爭議中，多次代表神宗傳旨，很有可能神宗也問過他的意見，而他代神宗傳旨責備王安石，無疑加重了王安石對他的惡感。

李憲在熙寧八年五月甲戌（十四），以入內東頭供奉官、寄資昭宣使、嘉州防禦使獲擢爲入內內侍省押班，神宗以當時入內副都知張若水（？～1076）久病在告，入內內侍省闕官，而李憲於洮西有功，於是超授之。是年李憲才三十四歲。按照宋制，內臣正常年過五十，符合資格才授兩省押班。辛巳（廿一），李憲再獲授勾當皇城司的重任。六月戊午（廿八），元老重臣韓琦卒於相州。神宗這次沒有派兩度齎詔韓琦、已陞任入內押班的李憲經理喪事，而派首席內臣入內都知張茂則（1016～1094）管勾葬事。〔註11〕

〔註10〕《長編》，卷二百六十一，熙寧八年三月癸巳朔條，頁6355；庚子至己酉條，頁6358～6361；癸丑至甲寅條，頁6362～6364；辛酉條，頁6367～6369；卷二百六十二，熙寧八年四月丙寅條，頁6376～6377；《宋會要輯稿》，第十六冊，〈蕃夷二・遼下〉，頁9752～9753。關於沈括與李評出使遼國議河東地界的始末，可參閱何冠環：〈北宋中後期外戚子弟李端懿、李端愿、李評事蹟考述〉，頁322～327。

〔註11〕《長編》，卷一百九十四，嘉祐六年八月丙寅至丁卯條，頁4701；卷二百六十四，熙寧八年五月甲戌條，頁6465；辛巳條，頁6476；卷二百六十五，熙寧八年六月乙卯至戊午條，頁6516～6517；卷二百七十六，熙寧九年六月癸巳條，頁6747；《宋史》，卷四百六十六〈宦者傳一・周懷政〉，頁13614～13615；卷四百六十七〈宦者傳二・李憲〉，頁13639；趙抃（1008～1084）：《清獻集》，文淵閣《四庫全書》本，卷七〈奏狀乞罷內臣閣士良帶御器械・七月三日〉，葉二十二上至二十三上；曹傑前引文，頁176。考仁宗至和二年（1055）七月，仁宗要擢用他寵信的內臣閣士良（？～1079後）帶御器械，以便稍後任他爲兩省押班。殿中侍御史趙抃便上言稱：「臣等竊聞內臣閣士良已得指揮帶御器械，伏觀前年，郭申錫上言內臣須經邊任五年，又帶御器械五年，仍限五十歲以上及歷任無贓私罪，方預選充押班。」到嘉祐六年（1061）八月，仁宗要任內臣忠州刺史供備庫使蘇安靜（？～1061後）爲內侍押班，知諫院司馬光等便以蘇未到五十，不應廢格任之，但仁宗不報。可見在正常情況，內臣要年在五十以上才獲選充押班。又張若水於六月乙卯（廿五）以病罷入內副都知，神宗加授他耀州觀察使依舊提舉四園苑。張於熙寧九年六月癸巳（初九）病卒。又曹傑認爲李憲不足三年便從入內東頭供奉官到寄資遙郡官，並在落供奉官後直接成爲高階內臣，成爲入內押班，是神宗朝以前不曾有過的遷轉速度。不過，早在眞宗朝深受眞宗所寵的內臣周懷政（979？～1020），他在大中祥符四年（1011）四月以眞宗祀汾陰，群臣加官而自內西頭供奉官遷東頭供奉官，到大中祥符六年（1013）七月因首席內臣劉承珪（950～1013）卒而得以補爲內殿崇班入內押班。周懷政在兩年多便從入內東頭供奉官擢陞爲入內押班，要比李憲陞遷得更快。曹氏失考而已。

八月戊午（廿九），在步軍副都指揮使楊遂、樞密副都承旨張誠一、入內押班李憲的指揮下，宋軍二千人大閱八軍陣於開封城南荊家陂。到九月乙丑（初六），楊、張、李三將大閱完畢，拆營回軍。宋廷賜楊、張、李三人銀絹各一百，王震、郭逢原、夏元象（？～1082後）、臧景等銀絹特支錢有差。〔註12〕順帶一提的是，後來與李憲齊名的內臣宋用臣，在七月辛未（十一）以入內供奉官加禮賓副使，因其監造諸軍鞍轡一萬五千副，皮殼鞍瓦四十面畢工，他在打造軍器事上創新擘劃，節省官錢貫萬不少，而獲

〔註12〕《長編》，卷二百三十五，熙寧五年七月丙申條，頁5710；丙午條，頁5721～5722；卷二百五十一，熙寧七年三月乙卯條，頁6121；卷二百五十四，熙寧七年七月癸卯條，頁6219～6220；卷二百六十八，熙寧八年九月乙丑條，頁6560；卷二百八十，熙寧十年正月甲戌條，頁6853；卷三百，元豐二年九月丁卯條，頁7297；洪邁（1123～1202）（撰），李昌憲（整理）：《夷堅志補》，收入戴建國（主編）：《全宋筆記》，第九編第七冊（鄭州：大象出版社，2018年3月），卷十三，「皇城役卒」條，頁143。宋用臣在熙寧十年（1077）正月甲戌（廿三），以修內城畢工，自六宅副使遷內藏庫副使寄資。到元豐二年（1079）九月，他已自入內東頭供奉官寄禮賓使遷郡刺史因治河之功，遷寄六宅使遙郡團練使給寄資全俸。據洪邁《夷堅志》所載，宋用臣在元豐中監修皇城，有役卒犯令為宋所誅。但宋不久從該卒所用之箒竿柄發現寫有四十字類似偈文的句子。其字皆入木，削之越清楚。據說宋用臣悼悔無及，命厚葬之。疑洪邁記宋用臣在元豐中修皇城乃熙寧十年之誤。在洪邁筆下，宋用臣並非兇殘不恤下之人。又郭逢原為開封人，其父祖任低級武官。父名郭變宗。他登進士第，歷任地方簿尉。熙寧初年從王安石遊，王器重他，後獲王安石辟掌法書局。他在熙寧五年七月丙申（十九）以前處州縉雲尉（今浙江麗水市縉雲縣）獲薦出行陳州，與當職官排定保甲，同月丙午（廿九）以編修《三司敕令》及《諸司庫務歲計條例》刪定官上疏，請廢樞密院，併歸中書，除補武臣悉出宰相，軍旅之事各責將帥，合文武於一道，歸將相於一職，復兵農於一民。他又說自從神宗心腹外戚樞密都承旨李評罷去後，天下有志之士咸相欣慶。郭逢原這番上奏，教神宗甚為不悅，對王安石批評他輕俊。雖然王安石稱他人才難得，說他曉事，可以試用。熙寧七年三月乙卯（十八），他以縉雲縣尉、制置涇原秦鳳路軍馬糧草司勾當公事獲遷一資，仍堂除其差遣，賞他編修《三司敕令》並《諸司庫務歲計及條例》成。據載他曾參李憲幕，可能始於他擔任制置涇原秦鳳路軍馬糧草司勾當公事時。同年七月癸卯（初七），他又以忠正軍節度推官、管勾國子監丞，充編修司農寺條例刪定官。後來他又獲命校定《李衛公兵法》、元豐敕令格式。神宗召對便殿，問其所修要目，條對明白，又言李靖兵法之要。神宗悅其說，特改大理寺丞，後進《九軍營陣圖》，奉旨按閱，既而再對，除館職。但沮於言者而被徙為國子監丞，屢任內外，並不得志。元祐時期，他被司馬光視為元豐黨人而抑之。他於元符二年（1099）秋卒，年六十。生平參見黃裳（1044～1130）：《演山集》，文淵閣《四庫全書》本，卷三十三〈朝散郭公墓誌銘・元符二年九月〉，葉七下至九下。

神宗優予酬獎。〔註13〕

　　十一月戊寅（二十），宋南疆又起風雲，交趾於是日攻陷欽州（今廣西
欽州市），三天後（庚辰，廿二），又陷廉州（今廣西欽州市浦北縣）。但廣
南西路經略使劉彝（1017～1086）卻不知，還上奏宋廷稱交趾暫不與欽廉
兩州通和博買。十二月丁酉（初十）交趾更急攻邕州（今廣西南寧市）。神
宗於是月丁未（二十）及己酉（廿二）才收到欽州及廉州失陷的消息。宋
廷隨即準備南征事宜，除了改任直昭文館石鑑（？～1076後）代知桂州（今
廣西桂林市），代替劉彝外，又令廣南西路州縣選募壯丁，做好防備。再特
命內侍楊稅、麥文昺（？～1085後）奉命管押安南行營什物器械，先從水
路前去，又以入內供奉官勾當內東門司劉惟簡（？～1096）擔任廣南西路
體量勾當公事。〔註14〕神宗這次更重用李憲。十二月辛亥（廿四），宋廷命
知延州天章閣待制吏部員外郎趙卨爲南征主帥，充安南道行營馬步軍都總
管、經略招討使兼廣南西路安撫使，總領九將軍討之，而由李憲副之。征
熙河之副總管燕達，以龍神衛四廂都指揮使、忠州刺史任副都總管，另以
光祿寺丞溫杲管勾機宜文字，並以寶文閣待制兼樞密都承旨李承之（？～
1091）代知延州。〔註15〕

　　神宗又命王安石撰寫征交趾榜文，值得注意的是，在這道〈敕榜交趾〉
中，李憲的職銜全稱是「昭宣使、嘉州防禦使、入內內侍省**都押班**李憲充副
使」。〔註16〕現存宋人官私文獻中，「都押班」一職甚是罕見。按宋內臣兩省
都知資深的，從眞宗朝的秦翰，到仁宗以後的閻文應（？～1039）、王守忠（？

〔註13〕《長編》，卷二百六十六，熙寧八年七月辛未條，頁6524。

〔註14〕《長編》，卷二百七十，熙寧八年十一月戊寅條，頁6624；甲申條，頁6627
　　　　～6628；卷二百七十一，熙寧八年十二月丁酉條，頁6639～6640；丁未至辛
　　　　亥條，頁6645～6649；《宋史》，卷十五〈神宗紀二〉，頁289。

〔註15〕《長編》，卷二百七十一，熙寧八年十二月辛亥條，頁6649；《宋會要輯稿》，
　　　　第七冊，〈職官四十一·宣撫使〉，頁4007～4008；《宋史》，卷十五〈神宗紀
　　　　二〉，頁289；卷三百三十二〈趙卨傳〉，頁10685。

〔註16〕王安石：《臨川文集》，文淵閣《四庫全書》本，卷四十七〈敕榜交趾〉，葉三
　　　　下；魏齊賢等（？～1190後）（編）：《五百家宋播芳大全文粹》，文淵閣《四
　　　　庫全書》本，卷九十一〈王介甫·敕榜交趾文〉，葉十四下；《涑水記聞》，卷
　　　　十三，第362條，「討交趾敕榜」，頁250～251；《長編》，卷二百七十一，熙
　　　　寧八年十二月癸丑條，頁6650。考司馬光在《涑水記聞》也引述這一篇榜文，
　　　　而記是王正甫所云。惟司馬光所記李憲之職，只是內侍押班，沒有「都」字，
　　　　至於《長編》是條言明此詔是王安石所撰，但所節錄的詔書略去了趙、李、
　　　　燕三人的官職。。

～1054）、張茂則等便曾獲授都都知，惟授都押班的，似乎目前僅有李憲一例。值得研究宋代宦官制度史的學者注意。〔註17〕

神宗以李憲爲南征軍副帥，沿用他以親信內臣實行將從中御的政策，而李憲在開熙河一役有大功，又似乎與王韶合作無間，故神宗以爲用他賞識而似有武幹的趙高，配合西征有功的內臣和武將李憲及燕達，應該是恰當的選擇。當李憲的任命宣佈後，楚州山陽（今江蘇淮安市楚州區）名士徐積（1028～1103）撰詩七律七絕各一首贈李憲以賀之：

> 使臣車用赤帷裳，帝選明侯重嶺陽。後乘未離淮分野，先聲已遍越封疆。
>
> 宜教庶吏心如水，但恐貪夫背有霜。大抵當官須去害，人間所在有豺狼！（其一）
>
> 五船鳴鼓待嚴裝，且赴雙蓮舊燕堂。不用水沉薰紫綬，過梅林後一身香。（其二）〔註18〕

〔註17〕《長編》，卷六十四，景德三年十一月乙卯條，頁1434；卷一百十六，景祐二年六月丁丑條，頁2739；《宋史》，卷四百六十七〈宦者傳二‧王守規、張茂則〉，頁13638，13641。考入內都都知一職是眞宗於景德三年（1006）十一月乙卯（十六）特授予入內都知秦翰以寵之。

〔註18〕徐積：《節孝集》，文淵閣《四庫全書》本，卷十八〈送李憲〉，葉五下至六上；《東都事略》，卷一百十七〈卓行傳‧徐積〉，葉四下至五上；《長編》，卷三百五十七，元豐八年六月庚午條，頁8530；《宋史》，卷四百五十九〈卓行傳‧徐積〉，頁13473～13474。考徐積於《東都事略‧卓行傳》及《宋史‧卓行傳》均有傳，是著名的孝子，他三歲喪父，曾從大儒胡瑗（993～1059）學。他登治平四年（按：《長編》作治平二年）進士第，未調官而母亡，遂不復仕。他在母終後居喪盡禮，在廬墓側十餘年，晨昏奉几筵，事母如生。傳說每年甘露都降於其母墳域必逾月，而木爲連理。楚州守臣迎他入學，甘露又降其直舍。州官就奏上宋廷，元豐八年六月庚午（初八），宋廷就詔賜絹及米各三十四石。值得一提的是，《宋史》記他「中年有贖疾而屏處窮里，但四方事無不知。有客從南越來，徐積與論嶺表山川險易，鎮戍疏密，口誦手畫，若數一二。客嘆曰：不出戶而知天下，徐公是也。」他的集中收有贈李憲的詩兩首，賀李憲之餘又暗批評嶺南官吏之貪劣，頗合上文所述他對嶺南的認識。他與李憲如何認識，文獻無徵。惟他贈詩李憲，加上前述強至的贈詩，也可旁證李憲在士大夫中，並非毫無人緣。另據《三朝名臣言行錄》引徐績行狀所記，稱他於前代名將，特慕三國蜀相諸葛亮（181～234），以其所學之廣，所養之厚。他曾說：「兵者實大賢盛德之事，非小才小智所能用。不獨用之難也，言之亦難。若其所養不至而易言之，鮮不敗事。」究竟徐績心目中，李憲算不算近於諸葛亮的名將，惜文獻無徵，難以確定。參見朱熹（1130～1200）、李幼武（？～1172後）（編），李偉國（校點）：《八朝

不過，從王安石、王韶等文臣宰執到許多言官，都反對李憲的任命。翰林學士楊繪（1027～1088）便在熙寧九年（1076）初上章反對李憲出任南征副帥。他說：

> 臣又睹招討副使李憲，年三十五六，官已爲防禦使，職已爲押班，況聞有才，今仗宗廟之威靈，稟陛下之聖策，功其必成。臣願陛下儲思於他日成功之後也。成功之後，賞爵必崇，年又未高，權又益盛。乞陛下處之得其當而已。伏惟陛下聰聞明覽，其於古今安危之機，歷代興亡之轍，中貴任權之成敗，不假臣縷細而述。謹按唐憲宗命吐突承璀爲行營招討使，於時白居易爲翰林學士，上疏切諫，在其集中。臣非不知陛下聖德神功過憲宗遠甚，今李憲又止是副使，非如承璀之任。然臣遭逢聖恩，忝在白居易之位。……臣不欲使唐憲宗朝獨有翰林學士白居易敢言事，而陛下聖德神功過唐憲宗遠甚，乃無翰林學士白居易者。是敢進其區區。伏望陛下赦其狂僭之罪，而賜之深思遠慮。〔註19〕

楊繪在此奏中並沒有貶低李憲的能力，他只強調李憲尙是三十五精壯之年，已位居要職，他一旦再立新功，神宗賞爵必厚。他恃寵專權就很難制。這正是文臣的憂慮，故以危言希望說服神宗，收回委任李憲爲南征副帥之

名臣言行錄》，《三朝名臣言行錄》，收入朱杰人、嚴佐之、劉永翔（主編）：《朱子全書》，第十二冊（上海：上海古籍出版社，2010 年 9 月），卷十四之四〈節孝徐先生績〉，頁 868。

〔註19〕趙汝愚（1140～1196）（編），北京大學中國中古史研究中心（校點整理）：《宋朝諸臣奏議》（上海：上海古籍出版社，1999 年 12 月），下冊，卷一百四十三〈邊防門·交趾·上神宗論李憲討交趾（楊繪）〉，頁 1619；《長編》，卷二百六十，熙寧八年二月辛未條，頁 6334；卷二百六十二，熙寧八年四月乙亥條，頁 6399；閏四月乙巳條，頁 6440；卷二百七十一，熙寧八年十二月甲辰條，頁 6645；《宋史》，卷三百二十二〈楊繪傳〉，頁 10448～10450。楊繪《宋史》有傳，他字元素，四川綿竹（今四川德陽市綿竹市）人，仁宗朝登進士第。神宗繼位後，召修起居注，歷任知諫院及知制誥。他多次反對派內臣王中正和李舜舉出使陝西。他也與王安石不合，罷爲侍讀學士知亳州（今安徽亳州市）、應天府（即宋州，今河南商邱市）、杭州（今浙江杭州市），然後召入爲翰林學士。他在熙寧八年二月辛未（初九），以翰林學士提舉諸司庫務權發遣開封府。但到四月乙亥（十四），宋廷又改命龍圖閣直學士群牧使李中師（1015～1075）權發遣開封府。李中師在閏四月乙巳（十四）卻卒於任上。但宋廷未有再任楊繪爲權知開封府，只在十二月甲辰（十七），加他兼侍讀。

命。〔註20〕

　　權監察御史裡行蔡承禧（1035～1084）也在九年正月上奏反對李憲的任命，他反對的理由與楊繪不同，他認爲李憲任命不經二府，奏事不經二府，是破壞了朝廷綱紀：

> 臣伏睹近日命趙禼爲安南招討使，李憲爲之副，外議紛紛，皆云不自二府。此雖陛下擇才之明，亦必與大臣商議。又云憲所陳請多不經由二府，徑批聖語下招討司。此果有之乎？是非之間，臣未易以臆決；風傳之事，或難盡信，然若無其由，安得此語？臣職居風憲，義不可隱，苟有聞見，宜悉以陳。……故古之知治之君，不以疑大臣爲嘉言，以擇大臣爲重事。若夫道不足以簡人君之心，行不足以孚天下之眾，所措乖戾，所爲諂邪，則敷告外廷，去之可也，殺之可也。至於使居其職，而不責以所任之事，使充其位，而不責以所行之言，內計定而外言得以轉移，近習進而輔政之語得以侵奪，或文符直行而不領屬於公府，或議論陰進而不關決於樞廷，則滅裂綱紀，何莫由此！〔註21〕

〔註20〕楊繪在熙寧十年三月甲戌（廿四）被御史蔡承禧劾他在京諸司庫務任上，接受監臨官王永年厚禮，到五月甲子（十五），在御史中丞鄧潤甫及知雜事蔡確（1037～1093）的奏劾下，自翰林學士禮部郎中責授爲荊南節度副使，不簽書公事。他在元豐七年起知興國軍。哲宗繼位，改知徐州，復天章閣待制，再知杭州。元祐三年六月卒於任，年六十二。因范氏與楊氏爲世姻，他的家人請得范祖禹爲他寫墓誌銘。值得一提的是，蔡承禧和鄧潤甫都和楊繪奏劾過李憲。關於楊繪的爲人與仕歷，以及他接受王永年厚賄的經過，魏泰有很詳細的描述，魏泰批評楊繪「性少愼，無檢操，居荊南，日事遊宴，往往與小人接」。楊後來因爭風而被鄂州豪民荊南府教授胡師民在宴會中奮拳痛打，幾至委頓。魏泰說他身爲近臣卻不自重，至爲小人凌暴，士論尤鄙之。參見《長編》，卷二百八十一，熙寧十年三月甲戌條，頁6887～6888；卷二百八十二，熙寧十年五月癸亥至甲子條，頁6906～6907；范祖禹：《范太史集》，文淵閣《四庫全書》本，卷三十九〈天章閣待制楊公墓誌銘·元祐四年十一月〉，葉十一上至十三下；魏泰：《東軒筆錄》，卷七，頁77～78。

〔註21〕《宋朝諸臣奏議》，上冊，卷四十七〈百官門·宰執中·上神宗論除授不經二府（蔡承禧）〉，頁499～500；《長編》，卷二百七十一，熙寧八年十二月庚子條，頁6642；《長編》，卷二百七十二，熙寧九年正月乙亥條，頁6670～6672。按蔡承禧之奏，李燾及趙汝愚均不得其時，李燾將之置於熙寧九年正月末。又蘇頌（1020～1101）爲蔡承禧所撰的墓誌銘就只簡略地說：「又論用兵交趾，不可與爭旦夕利，所遣北軍，難以深入，及不宜用中人主兵柄。唐季之事，可用鑒也。」蘇頌稱許他說，「凡此皆近臣之所難言者，人皆爲之危，而上獨

　　蔡承禧反對的是李憲的任命沒經二府大臣，而李憲又直接向神宗稟告軍情，直接將神宗的批示發下招討司，那就不只架空了主帥趙卨，也就架空了二府。內臣變相侵奪他們的權力，這是蔡承禧所代表的文臣集團所不能接受的。

　　趙卨在熙寧九年正月十三（庚午），點將南征。陝西五路、河北路、河東路及京東路，自涇原路鈐轄姚兕、熙河路鈐轄李浩、秦鳳路都監張之諫（？～1088後）、鄜延路都監曲珍、權發遣豐州張世矩（？～1088）等十二員勇將從征。另剛獲重召的种諤（1027～1083）本來獲授署廣南西路鈐轄，但他以與趙卨有嫌隙而不受命，而改知岷州。宋軍仍未出動，邕州已於熙寧九年（1076）正月庚辰（廿三）被攻破，知州蘇緘（1016～1076）戰死。〔註22〕

　　大軍尚未出發前，趙卨與李憲的矛盾已顯露，趙上言神宗請限制李憲的權力，他認為：「朝廷置招討使副，其於軍事並須共議，至於節制號令，即乞歸一。」李憲知道後不滿，恃著神宗的信任，就對趙傳令說邊事止需稟告神宗，不需經過中書和樞密院。趙卨奏上神宗，以朝廷興舉大事，若不經過二府，恐怕類似唐代的墨敕，於事未便。李憲又質問，將來若至軍中，神宗有指揮又當如何處置？趙卨回應說，事若未便，而軍中不聞神宗之詔，才當便宜從事。趙不肯依從李，於是二人交惡，屢次爭辯於神宗前。王安石自然同意蔡承禧及趙卨的意見，他早就不喜李憲任事，就向神宗表示以內臣監軍，是唐代的宿弊，不可重蹈。王韶也與王安石一樣力爭罷去李憲。看到群臣都支持趙卨，神宗無奈，就問趙卨若罷去李憲，誰可代替他。趙推薦老於邊事的郭逵，並且願意退居郭的副手。雖然王安石也不喜郭逵，但在樞密使吳充的力薦下，神宗於是在二月戊子（初二），罷李憲之任，改命宿將宣徽南院使、雄武軍留後判太原府郭逵為主帥，而任趙卨為副帥。另以前宰相、觀文殿大學士知許州（今河南許昌市）韓絳代知太原府。〔註23〕

稱其忠藎，面賜緋衣銀魚，謂曰：聊以旌卿讜直也。」參見蘇頌（撰），王同策、管成學、顏中其（點校）：《蘇魏公集》（北京：中華書局，1988年9月），下冊，卷五十六〈墓誌·承議郎集賢校理蔡公墓誌銘〉，頁853～855。

〔註22〕《長編》，卷二百七十二，熙寧九年正月己未條，頁6656；庚午條，頁6659～6660；庚辰條，頁6664～6665；《宋史》，卷十五〈神宗紀二〉，頁289～290。考蘇緘是蘇頌族叔，為時人奉為儒將，他的生平事蹟及戰死邕州的經過，可參見伍伯常：〈蘇緘仕宦生涯考述：兼論北宋文臣參與軍事的歷史現象〉，《中國文化研究所學報》，第56期（2013年1月），頁101～141。

〔註23〕《范太史集》，卷四十〈檢校司空左武衛上將軍郭公墓誌銘〉，葉十四下至十五上；《長編》，卷二百七十三，熙寧九年二月戊子條，頁6674～6675；《宋史》，

　　誠如上文所說，與李憲曾共事的趙卨與王韶，其實均與李憲心存芥蒂，只是神宗不察。他們都反對李憲以監軍身份奪去他們的權力，即使李憲能征慣戰，也不想受制於他。值得一提的是，有關宋交趾之戰的始末，學者研究甚多，最早有鄧廣銘教授（1907～1998），近期則有首都師範大學年青學者陳朝陽博士以及上海師範大學雷家聖教授兩篇專著。不過，三位學者都沒有注意到這場被雷氏稱為「虎頭蛇尾的十日戰爭」，宋軍正副帥從趙卨、李憲變為郭逵和趙卨背後的鬥爭與妥協。〔註24〕

　　郭逵領兵南征前，於三月庚申（初五）侍宴垂拱殿，神宗賜中軍旗物劍甲以寵之。〔註25〕己卯（廿四），在河州逃脫的蕃酋部鬼章入寇鬼牟谷，為熙河鈐轄韓存寶敗之，宋廷這時又要同時對付西邊的鬼章。神宗對李憲不能參預南征，頗有遺憾，於是考慮派他再返西邊。值得一提，庚辰（廿五），神宗擢兩員資深的內臣高居簡（？～1081）及王中正為內侍押班，王中正和李憲一樣，並勾當皇城司。他們都比李憲資格老，卻比李陛任押班為晚。〔註26〕

　　六月己亥（十五），宋南征交趾的大軍從潭州（今湖南長沙市）出發，直趨桂州。七月大軍抵桂州，郭逵命廣南東路鈐轄和斌（？～1090）及安南道行

卷十五〈神宗紀二〉，頁290；卷三百三十二〈趙卨傳〉，頁10685；卷四百六十七〈宦者傳二‧李憲〉，頁13638；孔平仲：《孔氏談苑》，卷二〈熙河之師〉，頁205；蔡絛（1097～1158後）（撰），馮惠民、沈錫麟（點校）：《鐵圍山叢談》（北京：中華書局，1983年9月），卷二，頁35。據蔡絛的說法，因王安石的極力反對，神宗只好罷李憲之任。而郭逵因吳充的推薦而任南征軍的主帥，他也一直依吳的態度定進退之策。

〔註24〕關於宋與交趾之戰爭，除了鄧廣銘氏一文外，十多年前還有郭振鐸、張笑梅在1999年所撰一篇，以及2006年黃純艷、王小寧合撰的另一篇。參見鄧廣銘：〈論十一世紀七十年代中葉北宋王朝與交趾李朝的戰爭〉（未完成稿），收入《鄧廣銘全集》第七卷（石家莊：河北教育出版社，2005年7月），頁362～385；郭振鐸、張笑梅：〈論宋代儂智高事件和安南李朝與北宋之戰〉，《河南大學學報》，第39卷第5期（1999年9月），頁5～9；黃純艷、王小寧：〈熙寧戰爭與宋越關係〉，《廈門大學學報》，2006年第6期（總178期），頁69～76；陳朝陽：〈熙寧末宋交戰爭考述〉，《中國史研究》，2012年第2期，頁147～159；雷家聖：〈試論宋神宗熙寧時期的宋越戰爭〉，載鄧小南、范立舟（主編）：《宋史會議論文集2014》（北京：中國社會科學出版社，2016年7月），頁293～321。

〔註25〕《長編》，卷二百七十三，熙寧九年三月庚申條，頁6690。

〔註26〕《長編》，卷二百七十三，熙寧九年三月己卯至庚辰條，頁6695；卷二百七十五，熙寧九年五月戊午條，頁6722。按高、王二人均帶御器械，高官西京左藏庫使，而王官西作坊使嘉州團練使。王中正在五月戊午（初三）以狂人孫真夜越皇城及登文德殿為妖言，他身為勾當皇城司失察之過被罰銅三十斤。

營戰棹都監楊從先（？～1088 後）等督水軍涉海自廣東進，諸將率九軍自廣西進。然而，沒有李憲隨軍的南征軍在八月便遇上水土不服的問題，神宗批示，聞南征軍過嶺多疾病，下令宣撫司曉諭宋軍不可食生冷並嚴立酒禁。〔註27〕趙卨曾任郭逵的機宜文字，而郭逵也是他主動推薦的主帥人選，可他和老上司這回卻意見不合，而神宗另一寵信的隨軍內臣李舜舉憤恨趙排斥李憲，也乘機交鬥其間。郭逵要架空趙卨，就分置都總管司，與燕達自為長貳。宋軍進止節制，都不知會身為副使的趙卨。趙本來與郭交好，見此他就日向郭輸情款，希望郭能釋憾，但郭不接受。趙感到不是味兒，就屢次上奏神宗請罷職，但神宗不允。神宗於十月乙巳（廿二）批示郭、趙二人，要他們體認朝寄，各遵職守，凡事從長商議，不可互持偏見，有誤國事。〔註28〕安南之役，一開始便因將帥不和

〔註27〕 《長編》，卷二百七十三，熙寧九年三月癸未條，頁 6697；卷二百七十六，熙寧九年六月己亥至辛丑條，頁 6748～6749；卷二百七十七，熙寧九年七月壬午條，頁 6772；八月戊子條，頁 6775；卷二百八十八，元豐元年二月戊辰條，頁 7046；三月己亥條，頁 7055；卷三百九十四，元祐二年正月乙亥條，頁 9606～9607；卷三百九十八，元祐二年四月癸巳條，頁 9705～9706；卷四百，元祐二年五月乙卯條，頁 9744～9745；卷四百八，元祐三年二月乙巳條，頁 9941；張師正（？～1086 後）（撰），張劍光（整理）：《括異志》，收入戴建國（主編）：《全宋筆記》，第八編第九冊（鄭州：大象出版社，2017 年 7 月），卷四，頁 309，「楊從先」條。據《括異志》的記載，楊從先早年仕途不濟，他在至和初年（1054）以殿直監大名馬監。翌年（1055）卻遇上大雪，監牧使臣數人包括他都責衝替。從仁宗末年到神宗初年他昇陞至諸司副使。他早在熙寧九年三月便上言從海道出兵為便，他請穿越大洋深入交趾西南隅，繞出敵後，擣其空虛，並以兵邀占城和真臘之眾，同力攻討交趾。神宗納其言，三月癸未（廿八），以他自西京左藏庫副使為安南道行營戰棹都監，命他募兵前往。楊從先後來以孤軍深入敵境，大小數十戰，雖無斬獲亦無大損傷。宋軍班師後，他卻被繫獄。神宗在元豐元年（1078）二月戊辰（廿三）詔釋之，並詔赴闕加以恩賞。他在三月己亥（廿五）復職為西京左藏庫副使，並向神宗奏上他在交趾派人聯絡占城出兵之事。神宗於是給有功人員陞賞。楊從先在元祐二年（1087）正月乙亥（廿二），以西染院使廣南東路兵馬鈐轄率募兵平定新州（今廣東雲浮市新興縣）土豪岑探起事，宋廷詔賜錢二百萬。五月乙卯（十六），以他生擒岑探，未嘗殺戮，特遷他一官。宋廷又在元祐三年（1088）二月乙巳（廿八）以楊根究宋將多人擅殺無罪之人之功，再遷他一官。

〔註28〕 《長編》，卷二百七十八，熙寧九年十月乙巳條，頁 6803；《宋史》，卷三百三十二〈趙卨傳〉，頁 10685～10686；卷四百六十七〈宦者傳二·李舜舉〉，頁 13644。據《宋史·趙卨傳》所記，趙卨向郭逵提議應趁敵兵形未動前，先撫輯兩江峒丁，挑選壯勇，誘之以利，使他們招徠敵人，然後才繼之以大軍。郭逵不聽。趙又欲派人齎敕榜入交趾招納敵人，郭逵亦不聽。當燕達破廣源後，趙又以廣源間道距交州十二驛，出其不意地掩擊，而且水陸並進，三路

而埋下失利的種子，並不因罷去李憲而減少將帥的紛爭。

十月丙午（廿三），一直對李憲打壓的王安石，因子王雱之死悲傷不勝，力求解職。神宗已厭惡他所爲，於是不再挽留，將王罷爲鎮南軍節度使出判江寧府。神宗依次由樞密使吳充繼任首相，參知政事王珪陞任爲次相，馮京復任爲知樞密院事。〔註29〕宋廷這番人事的變動，對李憲稍後獲得另一重任是有利的。

十一月癸酉（廿一），內臣王中正以平定茂州（今四川阿壩藏族羌族自治州茂縣）蕃部之功，自西作坊使嘉州團練使內侍押班擢爲昭宣使、內侍副都知，並與一子轉官，名位又在李憲之上。其部將劉昌祚（1027～1094）、狄詠、王光祖（？～1090後）等均獲擢陞。〔註30〕同月壬午（三十），西邊又傳來捷報，蕃官包順及知岷州种諤先後破青唐鬼章於多葉谷及鐵城，斬首一千級。十二月甲午（十二），因洮東安撫司奏，鬼章領兵入斯納家，而不知其營寨所在。神宗爲除後患，就特命李憲乘驛前往，令他計議秦鳳熙河經略司措置邊事。翌日（乙未，十三）又詔兩路守臣，當李憲抵達，軍前一應將官，並聽他的指揮。丁酉（十五），又詔李憲賑衄岷州界爲鬼章所脅的蕃部而被災傷者，令量給他們蓋屋錢。若有被脅迫而能歸順的蕃部，均釋其罪。李憲儼然是全權欽差大臣。〔註31〕

進討，就可擊潰敵軍。他雖力爭，但仍不爲郭逵接受，他與郭逵的用兵主張一直不合。至於李舜舉在征交趾之役，神宗命他爲廣西勾當公事，軍中之政得以講畫，或受命入朝稟受神宗意旨，他其實和李憲從王韶取熙河時一樣，是神宗派在軍中的耳目。

〔註29〕《長編》，卷二百七十八，熙寧九年十月丙午條，頁6803～6805。

〔註30〕《長編》，卷二百五十五，熙寧七年八月己巳條，頁6231～6232；卷二百六十三，熙寧八年閏四月癸卯條，頁6435～6436；卷二百七十八，熙寧九年十一月癸酉條，頁6822～6823。考劉昌祚在熙寧七年時任爲秦鳳路都監，獲知甘谷城（今甘肅定西市通渭縣南襄南鎮），張說奏知階州（今甘肅隴南市武都區）。他在是年八月己巳（初四）以皇城副使兼閤門通事舍人，因討階州峰貼硤隴逋族蕃部之勞，而獲擢爲西京作坊使。到八年閏四月癸卯（十二），秦鳳路分置四將，他以秦鳳路都監爲第四將。

〔註31〕《長編》，卷二百七十九，熙寧九年十一月壬午條，頁6827；甲午條，頁6835；丁酉條，頁6837；十二月庚戌條，頁6846；卷二百八十，熙寧十年二月戊子條，頁6861；《宋會要輯稿》，第十四冊，〈兵九‧出師三‧青唐〉，頁8777。宋廷在十二月庚戌（廿八）再以重賞諭蕃部擒捕鬼章及冷雞朴。到熙寧十年二月戊子（初七），宋廷收到熙河路經略司的捷報。又《宋會要‧兵九》記：「神宗熙寧八年，董氊將青宜結鬼章與冷雞朴大入寇邊，遣內侍省押班李憲捕之。」按李憲使河西在熙寧九年而非八年，《宋會要輯稿》此條有誤。

　　神宗如此重用李憲，可能是補償不能派他南征之憾。孔平仲便記神宗對王安石及王韶反對李憲出征感到不平，於是「使憲舉河西」。〔註32〕神宗卻未料到，李憲的任命一出，馬上招致言官的極力反對。十二月辛丑（十九）權御史中丞鄧潤甫（？～1094）率領其屬侍御史周尹（？～1090 後）、監察御史裡行蔡承禧及彭汝礪（1042～1095）交章上言，反對內臣出任等同大帥的職務：

> 伏見朝廷以熙河路鬼章爲寇，遣內侍省押班李憲往，以秦鳳、熙河路計議措置邊事司爲名。中外之論，皆謂憲雖名爲計議措置邊事，而軍前諸將皆受憲節制，其實大帥。然自詩書以降，迄于秦漢魏晉周隋，上下數千載間，不聞有以中人爲將帥者。此其何故也？勢有所不便也。蓋有功則負驕恣，陵轢公卿，何所忌憚，無功則挫損國威，傳笑四夷，非細事也。………今陛下更易百度，未嘗不以先王爲法，而忽降詔命以中人爲帥，搢紳士大夫皆莫知所謂。夫以陛下之仁聖神武，駕馭豪傑，雖憲百輩，臣等知其無能爲也。然陛下獨不長念卻慮，爲萬世之計乎？使後世沿襲故迹，狃以爲常，進用中人，掌握兵柄，則天下之患，又將有不可勝言者矣。陛下其忍襲開元故迹，而忘天下之患乎？方今雖乏人，然文武之士布滿中外，豈無一人可以任陛下邊事？憲出入近密，荷國寵榮，詔下之日，大臣不敢言，小臣不敢議。臣等待罪憲府，以言爲職，故敢盡其狂愚。……自開元以來，使中人爲將，亦或成功，然其患常在於後。今陛下使憲將兵，功之成否，非臣等所能豫料。然以往事鑒之，其必有害。況陛下所行，皆將爲法於萬世，豈可使國史所書，以中人將兵，自陛下始？藝祖朝中人官不過副使，至於今日，未嘗有專爲將帥，軍前將校皆受其約束者，乞早賜罷。〔註33〕

<hr />

〔註32〕孔平仲：《孔氏談苑》，卷二〈熙河之師〉，頁 205。

〔註33〕《長編》，卷二百七十三，熙寧九年三月辛巳條，頁 6696；卷二百七十九，熙寧九年十二月辛丑條，頁 6839～6841；卷二百八十四，熙寧十年九月癸亥條，頁 6962；《宋朝諸臣奏議》，上冊，卷六十二〈百官門·內侍中·上神宗論遣李憲措置邊事〉（周尹等），頁 691～692；呂祖謙（1137～1181）（編），齊治平（點校）：《宋文鑑》（北京：中華書局，1992 年 3 月），中冊，卷五十八〈奏疏·論李憲〉（鄧潤甫），頁 867～868；《宋史》，卷三百四十三〈鄧潤甫傳〉，頁 10911～10912。考《宋文鑑》將此奏題爲鄧潤甫所撰，而《宋朝諸臣奏議》則作周尹所撰。按周尹於熙寧九年三月辛巳（廿六）自屯田郎中兼侍御史。到十年九月癸亥（十六），出任提點荊湖北路刑獄，他曾上書論四川的茶法與熙河路買馬的關係。

四人見神宗不報，又再上第二奏，痛陳用李憲掌兵而執掌一方的弊害：

> 臣等於十九日奏爲用李憲專措置熙河事宜，乞寢成命，至今未蒙施行。臣等重念古者奄人以典司內事而已，雖漢唐之始，亦未聞任事。至後世始以政機兵柄假於所私，而漢唐自是衰矣。……陛下既數假寵於憲，則其類莫不畏向而服從之，而其情日自侈大。憲功益高，賞不可不進，及其盛而抑之，則其中必不自滿矣。以柔媚之性，日習於侈大，挾不自厭滿之心，得所信向服從之類以事陛下於中，此不可不戒也。臣等知陛下聖智神武，以犬馬用憲，羈紲銜勒，必無狂逸奔蹳之憂，而臣等區區誠知過計。然反復思念，自古未有以兵寄奄人而不亂者。夫天下事忽於其始，則其終也必有害。陛下以一方事宜屬之憲，後執之爲例，則兵權必歸焉。陛下以薛昌朝役於憲，人習以爲常，則士大夫必見摧傷矣。此必然之效也，惟陛下深念之。故臣等以謂鬼章之患小，用憲之患大；憲功不成其禍小，有成其禍大。……今鬼章狗偷鼠盜，非可畏之與國也；祖宗恩德庇覆之久，陛下作成人才之盛，非無可用之忠臣也。陛下何重於憲，而忽忘天下之士，怠功臣之心，兆後世之患哉？……臣等訪聞熙河事宜如漸次衰息，誠如此，憲尤當早賜追還。切恐憲到熙河，復與王中正邀功生事，幸如茂州之賞。〔註34〕

蔡承禧又獨上三奏，反對任用李憲爲封疆大吏，他第一奏云：

> 臣伏睹詔除內侍省押班李憲充秦鳳路計議措置邊事，其一路將領皆取憲約束。……熙州小警，大不過覬幸朝廷之爵祿、歲時之賜與，小不過欲以劫掠本界倉廩牛馬。況封疆之臣，所聚者一路之勇，所用者一路之智也。彼夙夜砥礪，欲以捐軀命而承德音，乃使潛氣屏息，以順適奄尹之指令乎？……今雖委曲傳就，更爲計議措置之名，其實使一路將領出於指麾，乃是行招待經略之職。欲以厚誣議者，安可得乎？況今天下之廣，士民之眾，豈無一憲輩而顧必用之，何示天下以不廣哉？〔註35〕

〔註34〕《宋朝諸臣奏議》，上冊，卷六十二〈百官門・內侍中・上神宗論遣李憲措置邊事第二狀〉（周尹等），頁692～693。

〔註35〕《宋朝諸臣奏議》，上冊，卷六十三〈百官門・內侍下・上神宗論遣李憲措置邊事〉（蔡承禧），頁694。按此奏上於熙寧九年十二月，惟何日不詳，當是在四人聯名上奏之後。

神宗對蔡的上奏沒有反應，於是蔡上第二奏，這次他論李憲爲何得寵：

> 而憲以敏給辨慧，能當陛下之意。臣進見開陳有時，不能盡事情萬一；而憲朝夕得侍清光，詳復巧説。臣孤立無蜉蝣蟻子之助，而憲內外之人觀望稱美，以爲才能。〔註36〕

蔡承禧稍後又上第三奏，他雖然承認李憲有才，但更直率批評神宗用李憲之非：

> 臣自聞詔除內侍省押班李憲充秦鳳、熙河路計議措置邊事，臣兩有論列，未奉聖旨指揮。臣竊以陛下通知古今，明曉治體，非不知中人之出爲害政，中人之柄兵不可示後世，而必欲使之者，非以其便敏能適於旨令歟？非以其捷給能有以應對歟？非以在熙河曾經行伍之間乎？此聖意孜孜，果於用之，欲以救生民一時之患，而至於忘其可慮之遠者。臣故仰服陛下垂意於一世之功矣。然而便敏似才，捷給似智，又曾經行伍，必以爲有功。臣請言便敏之害於政者。夫中人之中，務於集事而不度事之淺深，一概以束下爲能，既居兩路經略使之間，則必以陛下之威氣使兩路經略使不敢議其可否；縱事有未便，則無敢言者矣。無敢言者，雖有害於邊防，陛下無由而聞矣。臣請言捷給之害於事者，陛下深居法宮之中，群臣進見以時，而憲以親侍陛下，言之親莫如憲，日侍左右莫如憲，其爲謀固已易於信從。而有嘗歷熙河，其性慧巧，必能有以投陛下之意，其所言於邊防有害，則陛下雖聖明，能悉知之乎？憲之處熙河謂之有功也，豈憲之獨能然哉！上有大帥，下有偏裨。熙河軍吏以陛下倖親信之出也，有功必推憲；其無功，敢議憲之聞上乎？故憲能累積以至此，豈憲之必能然哉！……至以中人爲專帥而臨制兩路，雖曰計議，又帶措置之名，四夷聞之，豈不輕視中國乎？況今秦鳳熙河之凋散，常俸自已難給，而又一二十旨揮之兵以食之。鬼章者如聞潛已遁去，臣恐憲慮無功，又別生邊事以邀覬。
> 伏望聖慮特回德音，以慰安中外，天下幸甚！

對蔡承禧的上奏，神宗同樣「皆不聽」。〔註37〕蔡承禧等認爲神宗不應開

〔註36〕《宋朝諸臣奏議》，上冊，卷六十三〈百官門・內侍下・上神宗論遣李憲措置邊事第二狀〉（蔡承禧），頁694～695。按此奏亦上於熙寧九年十二月，惟亦不具日。

〔註37〕《長編》，卷二百七十九，熙寧九年十二月辛丑條，頁6841～6843；《宋朝諸臣奏議》，上冊，卷六十三〈百官門・內侍下・上神宗論遣李憲措置邊事第三

創先例派內臣統兵，其實神宗先前早就委任內臣王中正為主帥，討平茂州蕃部之亂。而太宗朝便命內臣王繼恩為主帥平定李順王小波之蜀亂。神宗信任李憲，不想他再受文臣的約束，以李憲為帥，神宗就可將從中御指揮他行事。

十二月癸卯（廿一），宋南征大軍抵富良江（今越南河內市附近一段紅河），大破交趾軍，交趾主李乾德（李仁宗，1066～1127，1072～1127 在位）奉表詣宋軍乞降，納蘇、茂、思琅、門諒、廣源五州之地，歸還所掠子女。郭逵與諸將商議應否率大軍渡江，諸將以糧將盡，而大軍冒暑涉瘴，死亡已過半，存者皆病瘁。郭逵於是決定班師，接受交趾請和，不再進擊交趾老巢。〔註38〕

郭逵這次勞師動眾南征，並未直搗交趾，在神宗眼中是失利的。宋人筆記也認為本來宋軍可以渡過富良江，攻破交趾；卻因郭逵墨守吳充的指示而致失機。〔註39〕

熙寧十年（1077）二月戊子（初七），熙河路經略司奏上知岷州种諤及蕃官包順等於九年十一月於鐵城擊敗鬼章之功，宋廷分別賞功有差。同時又將熙河路一眾文武官員，包括熙河路副總管王君萬、原知熙州高遵裕、原知河州鮮于師中、權發遣秦鳳路轉運副使張穆之、通判岷州黃察，以違法結糴及回易公用之過，分別責降處分。神宗又詔李憲於甲午（十三）以秦鳳熙河路計議措置邊事的身份畫定岷州界。〔註40〕這次熙河秦鳳路官員的陞降，神宗

狀〉（蔡承禧），頁 695～696。按此奏亦上於熙寧九年十二月，惟亦不具日子。

〔註38〕《長編》，卷二百七十九，熙寧九年十二月癸卯條，頁 6843～6844。

〔註39〕蔡絛：《鐵圍山叢談》，卷二，頁 35；《長編》，卷三百三，元豐三年三月乙丑條，頁 7364；四月乙未條，頁 7374。據《長編》所記，言官曾劾吳充給郭逵書，止其進兵。然查考吳充的信，只是勸郭逵以「經久省便」，並非阻止其進兵。雖然吳未為此坐罪，但屢為同列所攻擊，他素來病瘤，積累憂畏而病益增。元豐二年（1079）十月曹太后病逝，他為首相而不能臨喪，於是力辭相位。章七上而以疾歸第，到元豐三年（1080）乙丑（初二），神宗終許他罷相。他在四月乙未（初二）病卒。

〔註40〕《長編》，卷二百八十，熙寧十年二月戊子至甲午條，頁 6861～6863；卷二百八十九，元豐元年五月丙戌條，頁 7076。宋廷賞擊敗鬼章之功，种諤遷一官為引進副使，東頭供奉官走馬承受康識（？～1093 後）遷一官加閤門祗候，包順遷康州刺史，馬忠遷達州刺史，各與兩子恩典。木征二子瞎吳叱（趙紹忠）、巴氈角（趙醇忠）分別授內藏庫副使及六宅副使。文思副使魏慶為左藏庫副使，包誠為供備庫使。至於責降方面，王君萬降為引進使，從遙領達州團練使降領英州刺史，依舊熙河路副總管，高遵裕落捧日天武四廂都指揮使軍職改知潁州（今安徽阜陽市），鮮于師中落集賢校理職貶監閬州

很有可能參考了已獨當一面的李憲報告而作出裁決。

　　當李憲尚在西疆措置攻討蕃部鬼章及冷雞朴時，他當年在熙河的搭檔，而在南征交趾事上反對他為副帥的王韶，卻在二月己亥（十八）罷樞密副使出知洪州（今江西南昌市）。王韶上奏求退時，提到他反對用兵交趾，執政（指王安石）等卻不滿他有異議，當他舉出反對理由是為了欲寬省民力和財用時，同僚就必定以他當年為建功立業而大費財力開熙河之事來折難他。他又說以前屢與王安石爭議熙河之劾獄，現在再以交趾決里隘（按：決里隘是交趾軍阻擊宋軍主力之處）之事與執政有異論，他若不求退，他日必致不容於朝。他又批評李憲意欲聚兵六萬為攻討鬼章之計，但他認為「用眾不如用寡，兵多則與糧競，兵少則與敵競，願悔安南之舉，懲艾於河西」。王韶既反對用兵交趾，又反對用兵洮西，但他本人卻是靠王安石的支持，不惜財力人力開邊熙河而獲得高位的，這番話開罪了幾乎所有人，神宗不悅，於是將他罷樞出守洪州。十月壬午（初五）王又為侍御史蔡確（1037～1093）劾他怨望，神宗於是再將他落職移知鄂州（今湖北武漢市）。〔註41〕

<hr>

　　（今四川南充市閬中市）商稅，張穆之及黃察均追兩官勒停。瞎吳叱（趙紹忠）在元豐元年五月丙戌（十三）被告發陰與董氈有文字往來，被押赴秦州經略司監管。

〔註41〕《長編》，卷二百八十，熙寧十年二月己亥條，頁6865～6866；卷二百八十五，熙寧十年十月壬午條，頁6972～6973；卷二百九十七，元豐二年五月己卯條，頁7244；《宋史》，卷三百二十八〈王韶傳〉，頁10581～10582；沈琛玶：《北宋神宗朝對西北的經略——以戰略決策與信息傳遞為中心》，第三章第三節〈中央對軍事情報的采訪與核查〉，頁72。王韶在熙寧十年反對神宗命李憲聚兵六萬準備攻討，沈琛玶認為神宗所以不接受王韶的諫言，因神宗對戰事樂觀，求戰與求勝心切所致。沈氏也得出結論，臣僚所提供的軍事戰略規劃，最後仍是由神宗一人決定的，此說可取。又王韶所言熙河劾獄的事，指本路轉運判官馬瑊（？～1079後）檢拾官吏細故，而王韶以熙河名為一路，而實無租，軍食都要仰給他道，官吏故此要從他途取得收入。他要罷免馬瑊，但王安石卻護佑馬，於是二人意見相左，他屢次以母老乞罷，但神宗一直挽留他。王安石罷相後，他卻開罪了神宗和吳充等而被罷。他失寵後，被蔡確劾他謝到任洪州表滿懷怨憤，有指斥神宗之詞。蔡又說王所為，不過阿庇舊日將校。王自罷樞後，言行頗不尋常，曾上〈法身三門〉一篇，且云發明自身之學：一曰鴻樞獨化之門，二曰萬靈朝正之門，三曰金剛巨力之門。又將之摹印遍寄宰執，人都說他病狂。元豐二年五月己卯（十二），神宗顧念王韶開熙河之功，將他復職為觀文殿學士，自鄂州徙知洪州。據南宋沙門釋普濟（？～1252後）的記載，王韶到洪州後，忽而信佛，還延請臨濟宗的黃龍祖心禪師問道，有所感而述《投機頌》曰：「晝曾忘食夜忘眠，捧得驪珠欲上天。卻向自身都放下，四稜塌地恰團圓。」據說他呈給祖心禪師後，大師深肯之。

二月丙午（廿五），郭逵的捷報到，首相吳充等上表賀平安南，神宗下詔曲赦廣南西路諸州軍官吏等過犯，並罷安南道經略招討都總管司及荊湖南路宣撫司。又改廣源州爲順州，以驍將皇城使知邕州陶弼（1015～1078）爲西上閤門使知順州。並詔李乾德許依舊入貢，而送還所掠省地人口。神宗以戰事告終，就徙南征軍主帥郭逵判潭州，副使趙卨知桂州。此時神宗尚不清楚交趾之役宋軍的傷亡得失。〔註42〕

李憲在是年三月成功組織了六逋宗之役，大破蕃部冷雞朴十萬餘人。據曾瑞龍的考證，李憲將熙河路九將編爲前左右中後五軍約六萬人：中軍將王君萬、苗授，副將張若訥（？～1100後）領熙州兵，前軍將姚麟（？～1105）、副將孫咸寧（？～1100後）領涇原兵，左軍將种諤、副將楊萬領岷州兵，右軍將韓存寶，副將李浩領河州兵，後軍將劉昌祚，副將夏元象領秦鳳兵。可說是精銳盡出，當時的勇將盡在李憲的麾下。戰鬥之初，數量眾多的敵軍猛攻宋右軍，韓存寶幾不能支，馳報李憲的中軍求援。因右翼軍失利，前軍也受到猛攻，令中軍也受到波及，中軍將王君萬甚至也在戰鬥中受重傷。這時李憲見形勢危急，就當機立斷，拋開成見，急召他素來不喜的种諤，以左軍加上姚麟前軍的騎兵發動反擊，一舉反敗爲勝。其中种諤左軍的戰功最高，他的副將楊萬和從征的蕃部包順與姚麟的前軍合擊破敵，斬首七千級。據載這時從征的蕃部木征也請戰，眾將不放心，以爲不可。但李憲認爲不妨，說羌戎天性畏服貴種，由木征帶隊有利。果然當木征盛裝以出，諸羌聳視，更

這裡似是說王韶有悔當年志切功名。不過，魏泰的《東軒筆錄》卻記他一日拜問祖心說：「昔未聞道，罪障固多，今聞道矣，罪障滅乎？」祖心卻回答說：「今有人貧，日負債，及貴而遇債主，其債償乎，否也。」王韶回答說：「必還。」祖心仍說：「然則雖聞道矣，奈債主不相放耶！」據載王韶聽後怏然不悅，未幾，疽發於腦而卒。魏泰即以這是王韶在熙河多殺伐之報，雖信佛仍不可解。南宋人也因襲此說，洪邁（1123～1202）記王韶長子王厚晚年歸京師，一日家集，菜碟的蘿蔔數十莖忽然起立而行於案上。據說王厚怒形於色，將這些怪蘿蔔吃掉，卻立時嘔吐，明日便死去。而他的幼弟王寀在宣和初年爲兵部侍郎，卻坐天神降其家而被殺。洪邁以王韶二子均不得其死，人以爲是王韶用兵多殺之報。參見釋普濟（撰），蘇淵雷（1908～1995）（點校）：《五燈會元》（北京：中華書局，1984年10月），卷十七〈南嶽下十三世上‧黃龍心禪師法嗣‧觀文王韶居士〉，頁1139；魏泰：《東軒筆錄》，卷十五，頁172；洪邁（撰），李昌憲（整理）：《夷堅志‧丁志》，收入戴建國（主編）：《全宋筆記》，第九輯第四冊，卷七，「王厚蘿蔔」，頁269。

〔註42〕《長編》，卷二百八十，熙寧十年二月丙午條，頁6867～6868；己酉條，頁6877。

無鬥志。宋軍此役共獲首級及生降羌人以萬計，而右軍副將李浩擒斬蕃酋冷雞朴及李密撒。董氈見此大懼，李憲作書諭之，於是董遣使入貢。〔註43〕五月庚申（十一），李憲奏上攻討山後生羌並擒獲冷雞朴的功狀。神宗大喜，熙河秦鳳路的文武官員自熙河經略使張詵（1016～1087）、中軍將王君萬、蕃官包順以下均獲陞賞，而李憲也在壬戌（十三）自昭宣使嘉州防禦使入內押班擢為宣政使、宣州防禦使、入內副都知，名位上又超過王中正。這大批獲得李憲推功陞賞的文武官員將校成為李憲熙河兵團的骨幹。他們受益於李憲的指揮與推薦，對李憲並不存有言官文官那種不信任或偏見。好像种諤本不為李憲所喜，但李仍重用他，當他立功後，又公道大方地推薦他越級陞遷。〔註44〕值得

〔註43〕　參見本書附錄二〈苗授墓誌銘〉，頁382～383；《宋史》，卷三百三十五〈种世衡傳附种諤傳〉，頁10746；卷三百四十九〈姚麟傳〉，頁11058；卷三百五十〈苗授傳、李浩傳〉，頁11068，11079。此場戰役的始末，曾瑞龍據罕見的《种太尉傳》作了極精闢的考證。參見曾瑞龍：《拓邊西北：北宋中後期對夏戰爭研究》，第三章〈被遺忘的拓邊戰役：趙起《种太尉傳》所見的六逋宗之役〉，頁79～123，作戰過程見頁93～102。又《种太尉傳》全文可參閱湯開建：〈熙豐時期宋夏橫山之爭的三份重要文獻〉，載湯著：《唐宋元間西北史地叢稿》（北京：商務印書館，2013年12月），頁325～334。關於李憲指揮的六逋宗之役的記述，見頁328。考《長編》漏了苗授參戰之記載，但《种太尉傳》就明確記「苗授、王君萬以熙州兵穎中軍」，另新出土的苗授墓誌銘，也同樣記苗授「副李憲為中軍總管，擊生羌露骨山，斬萬餘級，獲吐蕃大首領冷雞朴等，蕃族十萬七千餘帳來附。憲表公功居右」。《宋史·苗授傳》似乎沿襲苗授墓誌銘所記，說苗授「副李憲討生羌於露骨山，斬首萬級，獲其大酋冷雞朴，羌族十萬七千帳內附，威震洮西」。

〔註44〕　本書附錄二〈苗授墓誌銘〉，頁382～383；《長編》，卷二百五十五，熙寧七年八月己巳條，頁6231；卷二百八十一，熙寧十年三月甲寅條，頁6881；戊午條，頁6883；卷二百八十二，熙寧十年五月戊午至壬戌條，頁6903～6904；卷二百八十四，熙寧十年九月癸丑條，頁6960；卷二百八十六，熙寧十年十二月甲申條，頁6996；卷三百，元豐二年九月己丑條，頁7303；《宋史》，卷三百四十九〈姚麟傳〉，頁11058；卷三百五十〈苗授傳、李浩傳〉，頁11068，11079；四百六十七〈宦官傳二·李憲〉，頁13639；《宋會要輯稿》，第十四冊，〈兵九·出師三·青唐〉，頁8777。獲賞的文武官員包括熙河路經略使張詵，自司封郎中天章閣待制擢右諫議大夫，權發遣秦鳳路轉運副使趙濟復為太子中允遷一資，權轉運判官太子中舍孫迥減磨勘二年，權提點刑獄主客郎中鄭民憲降敕獎諭。中軍將引進使英州刺史王君萬勇戰重傷，復客省使達州團練使，賜絹二百，苗授拜昌州團練使擢龍神衛四廂都指揮使，副將崇儀使張若訥遷內藏庫使；前軍將皇城使姚麟擢西上閤門使英州刺史，副將內殿承制孫咸寧（？～1096後）為禮賓副使兼閤門通事舍人；左軍將引進副使种諤為東上閤門使文州刺史，副將西京作坊使楊萬（？～1079後）為宮苑使；右軍將皇城使文州刺史韓存寶為西上閤門使忠州團練使，副將引進副使李浩為東上

一提的是，此役獲勝，誠如曾瑞龍在該文的結論所言：「六逋宗之役是宦官李
憲措置熙河邊事的主戰役。經此一役，宋軍大致上穩定了熙河路南部洮岷一
帶的統治，而唃廝囉王朝與宋廷的關係也由對抗重新傾向和好，爲元豐靈夏
之役的軍事合作打下基礎。」曾氏也指出，李憲和种諤都是很有才幹的人，
他們的戰功所以被史臣低調處理，因李憲以宦者帥熙河，种諤被認爲開邊生
事，都很有爭論性。〔註45〕當然，李憲的卓著戰功及優秀的指揮能力是被神
宗所肯定的。

　　李憲立功西邊，可言官仍然針對他統兵。監察御史裡行彭汝礪又帶著對
內臣的偏見與岐視上奏，既痛陳入內都知張茂則之權，也對李憲統一路之權
表示異議：

> 臣昔者論不當付寺人以兵，陛下以爲非是，及李憲師出，果獲鬼章，
> 自洮以西，遂至無事，而臣言絀矣。而臣之言，非以憲爲不足以成
> 功，其慮亦不在憲，故臣言自絀，於疑猶信。天下之事，固有趣時
> 而爲之者，然其大綱，亦不可以一概言也。……彼其類非無聰明賢
> 者，無故使以刑徒失身，廢絕其類，至踰千百焉，此非先王以仁愛

閤門使果州團練使，後軍副將左藏庫使夏元象爲皇城使康州刺史。左軍內臣
西京左藏庫副使徐禹臣（？～1077後）、右軍內臣內殿崇班黃承鑑（？～1100
後）等七人轉官減磨勘年及循資有差。另蕃官皇城使康州刺史包順二子各獲
轉一資。其子東頭供奉官結逋腳再在九月癸丑（初六）獲遷內殿崇班。神宗
對包順最爲優寵，元豐二年九月己丑（廿四），因洮西安撫司言，包順請用南
郊赦書封贈父母，神宗批示包順自熙河開拓之初，率眾來附，又秉心忠義，
前後戰功爲一路屬羌之最，雖無舊例仍許其請。另殿前虎翼軍都指揮使張崇，
於十二月甲申（初八）又獲論功換文思使。曾瑞龍認爲諸將中因种諤斬級最
多，而李浩擒殺冷雞朴，故二人賞功最高，自引進副使越過客省副使及西上
閤門使逕陞東上閤門使（按：〈苗授墓誌銘〉、《宋史·姚麟傳、苗授傳》則分
別說是姚麟及苗授擒獲冷雞朴）。又王中正在熙寧十年三月戊午（初八）自內
侍副都知徙爲入內副都知，職位與李憲相同，但李憲的班官及散官比他高。
又原內侍右班副都知王守規（1011～1077）及入內都知藍元震（？～1077）
於是年初去世，兩省都知闕人，故李憲得以戰功補爲入內副都知。參見曾瑞
龍：《拓邊西北：北宋中後期對夏戰爭研究》（香港：中華書局，2006年5月），
第三章〈被遺忘的拓邊戰役：趙起《种太尉傳》所見的六逋宗之役〉，頁95
～98。又徐禹臣及張承鑑均爲內臣，徐禹臣早在熙寧七年（1074）八月己巳
（初四），因討階州峰貼硤隴逋送蕃部之勞，以走馬承受內供奉官擢爲供備庫
副使寄資。至於張承鑑爲內臣，以及他後來的事蹟，可參考第七章註14。

〔註45〕曾瑞龍：《拓邊西北：北宋中後期對夏戰爭研究》，第三章〈被遺忘的拓邊戰
　　　　役：趙起《种太尉傳》所見的六逋宗之役〉，頁115～116。

人之道也。古人惟酒漿、醢醯、司服、守祧而已，其他莫與焉。今以一道之權予之，此非先王以義制事之意也。憲辟薛昌朝不聽，切齒扼腕，以謂爲腐儒所賣，自是不復回顧士人矣。張茂則以河事頡頑作氣，官屬罕見其面，雖達官大吏，俯首不敢與抗，而姦詐之人稍後趨附，以僥倖萬一之利。陛下以是觀之，使其有可以輕士之勢，其心如何也？且朝廷比年之役，其最貽陛下憂者，洮西、閩、蜀，其最繫議論者，惟瀘川之役。今日之役最爲大者，洮河之役。數者皆在寺人，是陛下所愛親尊寵之，士大夫無一可屬任者矣。且彼其初非無敏健精悍可用之力，及稍任事者，則窺覬玩弄，藉蹈士大夫矣。……陛下試取漢唐以來宦官之事觀之，亦足以知矣。

彭汝礪如此不識時務也並不公正的批評剛立大功的李憲，據曾肇（1047～1107）所記，神宗初時不懌，出語詰責；但彭拱立不動，伺間又再說，神宗終爲之改容。據說當日在殿庭旁觀的人都爲彭擔心，然後又皆嘆服。〔註46〕

另一監察御史裡行蔡承禧稍後又上奏，這次他以李憲之任熙河出於二府之進擬爲憂：

向者，熙河出兵，用內臣李憲爲熙、秦處置，人皆以爲出於聖斷，二府不得已而從命，及推原其因，乃自二府進擬。夫中人之進，自古人主有便於一己之指令，遂屈群議而用之者有矣。今二府乃自進擬，固非所宜。夫登對之人，欲以備不次之用，而進無可稱述之人；宮寺之官，本以充人主給使之職，而乃以大臣所進擬。臣慮庸庸之人，汲引漸滿中外，而人主動作，則左右小臣皆爲大臣窺察，啟臣下表裡邪惡之漸。惟幸陛下考察之。〔註47〕

神宗對李憲寵信有加，當然不會爲言官的話動搖，而繼續將西邊之事委託他。五月辛未（廿二），又令李憲等候董氊有消息，及措置鬼章有眉目，就將之發來赴闕。神宗以上次未能制二人死，今日他們歸順之期難以久等，令李憲推賞有功部屬後，就將最新情況報上。六月壬辰（十四），李憲上奏爲蕃官包順等表功。另又奏請五軍諸軍幷弓箭手、將校及兵級等獲首級及輕重傷

〔註46〕《長編》，卷二百七十九，熙寧九年十二月辛丑條小注，頁6843；卷二百八十二，熙寧十年五月壬戌條，頁6904～6905；《宋朝諸臣奏議》，上冊，卷六十三〈百官門‧內侍下‧上神宗論遣李憲措置邊事〉（彭汝礪），頁696～697；《宋史》，卷三百四十六〈彭汝礪傳〉，頁10974。

〔註47〕《長編》，卷二百八十二，熙寧十年五月丙寅條，頁6908～6910。

敵之功。神宗詔授包順榮州團練使，又與一子轉資，包誠（？～1097）授文思使，趙紹忠（睒吳叱）授崇儀使，而將校等均以功轉資及賜絹有差。〔註48〕

宋廷在五月開始也陸續賞南征之功，副總管燕達是月丁卯（十八）以收復廣源州之功，自忠州刺史超擢榮州防禦使權領步軍司。六月己卯（初一），隨軍的三名內臣入內東頭供奉官勾當御藥院、安南行營勾當公事李舜舉、走馬承受東頭供奉官劉惟簡、韓永式（？～1086 後）並轉兩官寄資。但到七月乙亥（廿七），宋廷終於追究南征不畢全功之過，侍御史知雜事蔡確劾奏郭逵經制安南，以疾先還，而趙卨措置糧草乖方，以致糧草不繼，不能平敵。宋廷貶郭逵自宣徽南院使、雄武軍留後為左衛將軍、西京（即洛陽）安置。趙卨則自吏部員外郎、天章閣待制貶為左正言直龍圖閣依舊知桂州。八月辛巳（初四），李舜舉以正副帥郭逵、趙卨均被責，自請黜降。神宗於是收回先前所加其兩官及奪資一官，劉惟簡及韓永式亦追回一官。癸未（初六）燕達也請收回他的陞賞，惟神宗以責在郭逵，而燕達攻取廣源州、決里隘、富良江各有戰功，就不許他辭去所陞授的官職。〔註49〕

神宗看到李憲在西邊的成功，卻見到征安南之失利。據宋人所記，議者歸咎於王安石用郭逵而不用李憲，神宗以為然，更加以李憲可用。不過，據說以王安石為代表的文臣卻不這樣看，王笑稱：「使逵無功，勝憲有功，使宦者得志，吾屬異日受禍矣。」考王安石這時罷相在外，不在朝中，他有否這樣說實有疑問；不過，他對李憲深存偏見卻是不爭的事。文臣用人不以國家利益的態度，實在不能教人信服。〔註50〕

神宗已毫無懸念地將西邊的開拓任務交予李憲，由於當時熙河路用度不足，為了讓熙河路不必全仰賴外州供應財用，大概是李的建議，就成立經制

〔註48〕《長編》，卷二百八十二，熙寧十年五月辛未條，頁 6918；卷二百八十三，熙寧十年六月壬辰條，頁 6924～6925。

〔註49〕《長編》，卷二百八十二，熙寧十年五月丁卯條，頁 6910；卷二百八十三，熙寧十年六月己卯條，頁 6921；乙亥條，頁 6940；卷二百八十四，熙寧十年八月辛巳條，頁 6946；癸未條，頁 6949。

〔註50〕孔平仲：《孔氏談苑》，卷二〈熙河之師〉，頁 205；孫升（1037～1099）（撰），楊描倩、徐立群（點校）：《孫公談圃》（與《丁晉公談錄》等兩種合本）（北京：中華書局，2012 年 6 月），卷下，頁 140。按孫升在同一條記，一日有朝士在中書稱李憲名字，王安石屬聲叱責是何人作此語，接著王將此朝士貶出朝為監臨官。考王安石在安南之役結束前已罷相出判江寧府，所謂在中書叱朝士之事大有疑問。

熙河路邊防財用司，而由李憲領之。〔註51〕

　　神宗特別挑選了富有財賦經驗而支持新政的能臣趙濟（？～1088 後）充當李憲熙河的主要助手。趙濟字畏之，開封封丘（今河南新鄉市封丘縣）人，他系出名門，祖趙賀是仁宗朝名臣，官至給事中判宗正寺贈司空，《宋史》有傳，父趙宗道（字子淵，999～1071），亦爲仁宗至英宗時的理財治郡的能臣，官至祠部郎中集賢校理。熙寧四年七月壬子（廿九）趙宗道卒時，其四子大理寺丞趙咸（？～1082 後）請得其父的友婿、時任大名府留守的韓琦爲亡父撰寫墓誌銘。（按：趙宗道妻安平縣君崔氏（998～1066）是韓琦妻父崔立女）。趙濟是趙宗道的幼子（趙宗道共有五子三女），其母在熙寧二年十一月下葬時（按崔氏卒於治平三年十月十三日）任著作佐郎，到父於熙寧四年七月亡時已任太子中允權發遣淮南同提點刑獄公事。他也是宋初治蜀名臣張詠（946～1015）的孫婿。韓琦稱譽他兄弟都「謹蹈門法，以材自奮。」又筆者在《中華石刻數據庫》找到趙濟目前僅見所撰的一篇〈林倩墓誌銘〉，趙濟自述在嘉祐丁酉歲（即嘉祐二年，1057）「初試吏於蔡」，這當是趙濟在仁宗朝出仕任職於蔡州的最早記載，他說後來擔任左侍禁前高郵軍兵馬監押的林觀與他有同僚之誼，而他「後八年卜居洛陽」（當爲治平二年，1065），又與林觀長兄、時任右侍禁勾當西京洛陽監的林規同郡過從，乃知道林氏世次歷史，故後來在熙寧六年爲二人之父、眞宗朝三司使林特（？～1026）之從子林倩（989～1072）撰寫墓誌銘。據此，我們可以知道趙濟在嘉祐二年已出仕，而在治平二年或三年卜居洛陽（按趙母卒於治平三年，趙在治平二年卜居洛陽未知是否辭官奉母，還是他在治平三年才卜居洛陽，待考）。〔註52〕據《萍洲可談》

〔註51〕關於經制財用司的設置，葉適（1150～1223）提到當年李憲經營熙河，才有所謂經制財用者，後來童貫繼之，亦稱爲經制。他說經制財用司所措畫的，以足一方之用，而不是南宋時所謂經制之義。稍後的黃震（1213～1280）亦主葉適之說。參見葉適（撰）、劉公純等（點校）：《葉適集》（北京：中華書局，1961年 12 月），第三冊《水心別集》，卷十一〈經制總錢〉，頁 774；黃震（撰）、王廷洽（整理）：《黃氏日抄》，收入戴建國（主編）：《全宋筆記》第十編第十冊（鄭州：大象出版社，2018 年 4 月），卷六十八〈經總制錢〉，頁 482～483。

〔註52〕考趙濟早年的仕歷不詳，據《金石萃編》所載，由時任通判永興軍的張子定所撰的「興慶池禊宴詩序」，曾記在慶曆壬午歲（即二年，1042）由時任知永興軍的資政殿大學士尚書左丞范雍（981～1046）領頭在清明節舉行興慶池禊宴，與會賦詩的永興軍府路屬僚中就有大理寺丞知萬年縣事趙濟其人。這個趙濟是否就是趙宗道的幼子趙濟？若這個在慶曆二年官大理寺丞知萬年縣的趙濟是同一人，則他在熙寧二年（1069）經二十七年才遷至著作佐郎，實在有點不合

的記載，因王安石推行新法，欲用人材，就擢用選人爲監司。神宗在熙寧二

理，雖然從年齡上，慶曆二年知萬年縣的趙濟也可能在年過半百之齡擔任李憲之副手。參見趙濟（撰）：〈宋故銀青光祿大夫檢校太子賓客左驍衛將軍兼御史大夫致仕上騎都尉河南郡開國侯食邑一千七百戶林公墓誌銘并序〉（以下簡稱〈林倩墓誌銘〉，載李偉國（點校）：《中華石刻數據庫》，熙寧 213（李偉國稱此拓本錄自上海市哲學社會規劃重大課題《全宋石刻文獻（墓誌銘之部）；此墓誌亦見載《中華林氏（浙南）源流網・宋朝墓誌》http://www.znls.net.；王昶（1724～1806）（撰）：《金石萃編》（清嘉慶十年經訓堂刻本），載國家圖書館善本金石組編：《宋代石刻文獻全編》，第三冊，卷一百三十三〈宋十一・興慶池禊宴詩〉，頁 207～208；《安陽集編年箋注》，下冊，卷四十九〈墓誌四・故尚書祠部郎中集賢校理致仕趙君墓誌銘〉，頁 1521～1530；卷五十〈墓誌五・故樞密直學士禮部尚書贈左僕射張公神道碑銘〉，頁 1559～1577；王得臣（1036～1116）（撰），俞宗憲（點校）：《麈史》（上海：上海古籍出版社，1986 年 10月），〈點校説明〉，頁 1～2；卷中〈度量〉，頁 28；〈論文〉，頁 56；江少虞（？～1145 後）：《宋朝事實類苑》（上海：上海古籍出版社，1981 年 7 月），卷十四〈德量智識・張乖崖・九〉，頁 165；《長編》，卷三百九十五，元祐二年二月乙未條，頁 9632；《宋史》，卷三百一〈趙賀傳〉，頁 9999～10001；郭茂育、劉繼保（編著）：《宋代墓誌輯釋》（鄭州：中州古籍出版社，2016 年 2 月），第一零三篇〈宋故朝奉郎守尚書祠部郎中充集賢校理致仕柱國賜緋魚袋趙君（宗道）墓誌銘并序〉，頁 234～236。陸增祥（撰）：《八瓊室金石補正》，載國家圖書館善本金石組編：《宋代石刻文獻全編》，第一冊，卷一百三〈宋二十二・祠部郎中趙宗道妻崔氏墓誌〉，頁 326～328；〈尚書祠部郎中趙宗道墓誌〉，頁 329～332。按：趙宗道之墓誌於洛陽出土，誌文 47 行，滿行 46 字，正書。誌石長寬均 94 釐米，清陸增祥的《八瓊室金石補正》卷一百三，既收錄趙宗道的墓誌，也收錄其妻崔氏的墓誌。郭茂育之書既載錄趙宗道墓誌拓片，又附有錄文，可與《安陽集》校勘。按崔氏的墓誌由崔氏的姨甥都官員外郎張吉甫撰，權陝州觀察推官張曜書寫並篆蓋。據趙宗道夫婦二人的墓誌，趙宗道女婿三人，分別是屯田員外郎張仲松、比部員外郎呂昌暉、贊善大夫張德源。趙宗道有孫二十四人。趙家是當時有名的士族，族人姻親多人任顯官。趙濟是張詠孫婿，以及其家與韓家交好之事，始見載於王得臣的《麈史》。然後《宋朝事實類苑》沿襲其説。據俞宗憲的考證，王得臣字彥輔，安州安陸（今湖北孝感市安陸市）人。嘉祐四年（1059）進士及第，歷任地方，曾任管幹京西漕司文字，可能曾在此任上與趙濟同事。另他在元祐丁卯（二年）知唐州（今河南南陽市唐河縣），而趙濟在同年二月被貶監唐州酒稅，二人甚有可能在這時會面並談及張詠之事。王得臣到紹聖四年（1097）致仕，政和六年（1116）卒。本書是他晚年所編寫的。他與趙濟是同時代人，而且有交。據王得臣所記，趙濟親口告訴他，當年張詠守成都，檢閱士卒時，竟然有人向張山呼萬歲三聲，幸而張機智地立即下馬向東北山呼萬歲，才攬轡前行，眾人皆不敢言。趙濟又對王得臣説，他也將張詠這一件險事，告訴後來爲張詠寫神道碑銘的韓琦。韓表示，若他是張詠，也不知如何措置。又張詠的孫子張堯夫曾爲韓琦守大名府的屬僚，來書求韓爲其祖寫神道碑銘，張堯夫與趙濟大概也是世交相識。

年（1069）於諸路置提舉常平廣惠倉，趙濟與劉誼當時只是雄州（今河北保定市雄縣）防禦推官，就被特擢爲常平官，趙即以著作佐郎同管勾淮南常平等事。不過，趙濟卻敢於在四年（1071）二月劾奏屬於淮南東路管轄的判亳州（今安徽亳州市）、武寧軍節度使同平章事元老重臣富弼（1004～1083），說他不肯在部內推行青苗法，以大臣而格新法，認爲法行當自貴近者開始，若朝廷置之不問，就無以令天下。神宗詔江淮發運司遣官劾亳州屬縣官吏阻遏願請青苗錢人戶事狀以聞。富弼隨即上奏，願獨領罪責。當此案仍在審理時，神宗嘉許趙濟敢言事，賜緋章服。三月庚戌（廿五），又擢他爲太子中允權發遣淮南同提點刑獄公事。一向秉承王安石行事的侍御史鄧綰（1028～1086）在四月上奏，請付有司鞫治富弼以下官員。神宗只令案結後將富弼之過以聞。六月甲戌（廿一），此案審結，神宗顧及富弼的面子，只罷在五月已請假就洛陽養病的富弼的同平章事，改左僕射，徙知京西北路的汝州，惟其屬下官員自通判亳州唐諲以下均受責。而趙濟在六月丁丑（廿四）又兼提舉本路鹽事，成爲此案的受益人。〔註53〕趙濟劾奏富弼，反對新法的人自然對

〔註53〕《宋朝諸臣奏議》，下冊，卷一百十五〈財賦門・新法七・上神宗論亳州青苗獄乞獨降責・熙寧四年二月上〉，頁1257；《蘇軾文集》，第二冊，卷十八〈碑・富鄭公神道碑〉，頁535，537；邵伯溫（1056～1134）（撰），李劍雄、劉德權（點校）：《邵氏聞見錄》（北京：中華書局，1983年8月），卷九，頁93；《長編》，卷二百二十，熙寧四年二月辛酉條，頁5341；卷二百二十一，熙寧四年三月庚戌條，頁5393；卷二百二十三，熙寧四年五月辛亥條，頁5437；卷二百二十四，熙寧四年六月甲戌條，頁5454～5455；丁丑條，頁5462；卷二百三十一，熙寧五年三月戊戌條注，頁5616；吳曾：《能改齋漫錄》（上海：上海古籍出版社，1979年11月），下冊，卷十三〈記事・置天下常平倉〉，頁392；朱彧（？～1148後）（撰），李偉國（點校）：《萍洲可談》（與《後山談叢》合本）（北京：中華書局，2007年11月），卷三，頁165；王應麟（1223～1296）：《玉海》（上海：上海書店據清光緒九年浙江書本刊本影印，1988年3月），卷一百八十一〈食貨・鹽鐵茶法・天聖詳定鹽法〉，葉三十一上（頁3333）；《宋史》，卷十四〈神宗紀一〉，頁272；卷十五〈神宗紀二〉，頁280；卷三百十三〈富弼傳〉，頁10256。據《能改齋漫錄》所記，神宗在熙寧二年（1069）始命諸路各置提舉常平廣惠倉，負責相度農田水利差役利害二員，以朝官爲之；管幹一員，以京官爲之。小路共置二員，而開封府界一員，共置四十一人。趙濟當是在熙寧二年後以京官的著作佐郎獲委爲同管勾（幹）淮南常平等事。又按《長編》在四年三月庚戌條只簡略地記趙濟「先劾奏亳州官吏不行新法」，沒點富弼的名字。到六月甲戌條，就詳細記載富弼被罷使相，以及其屬官通判亳州職方郎中唐諲、簽書判官都員外郎蕭傅、屯田員外郎徐公袞、節度支使石夷庚、永城等七縣令佐等十八人均衝替，坐不行新法之過。另《邵氏聞見錄》記富弼在熙寧二年判亳州，爲提舉常平倉趙濟言

他多有微詞，說他迎合神宗與王安石，南宋人筆記還記富弼對張方平（1007～1091）說，是王安石指使趙濟劾奏他的。〔註54〕但以趙濟的家世與門風，其家又與元老重臣韓琦有舊，他又不似那些新進的人要靠投機而求晉陞。他累任地方要職，農田水利常平刑獄與鹽政均有經驗。據他在熙寧六年二月底為林觀、林規之父林倩撰墓誌銘所署職銜，是「前權發遣淮南路提點諸州軍刑獄公事兼本路勸農事、提舉河渠及常平倉、管勾農田水利、差役、專切提舉本路鹽事、將仕郎、守太子中允賜緋魚袋借紫」。到熙寧七年八月己丑（廿四），宋廷命他以權發遣京東轉運副使提舉招兵。同年十月丁卯（初三）他上奏宋廷，以連接京師與山東的廣濟河通流貨財，但為利甚薄，朝廷昨以河水淺澀而滯留，綱運遂廢。他說輦運司以上供糧六十二萬石，令認折斛錢三十六萬緡，自此造成民間物賤而傷農，又急速虧損沿河課利。他請求重行修濬，以便公私。宋廷納其議，詔知定陶縣張士澄與同勾當修內司楊琰相度修廣濟

<hr>

其沮革新法而被罷使相，以左僕射判汝州。大概邵伯溫把富弼在熙寧二年十月丙申（初三）罷為武寧軍節度使同平章事判亳州，然後給趙濟劾奏，再在四年六月罷使相判汝州三事弄為一事，以致後人誤會趙濟在熙寧二年即奏劾富弼。另《長編》在熙寧五年三月戊戌條，記富弼以司空同平章事武寧軍節度使致仕時，小注引《林希野史》，記富弼判亳州翌年，青苗法方行，使者四出，但富弼尤不樂，於是亳州諸縣不敢散青苗錢。這時管勾官趙濟路過永城，民遮道請趙濟給青苗錢，趙即馳入京師請對，面陳富弼廢格詔命。據載神宗聞奏喜，面賜趙濟緋魚，除趙濟本路提刑。

〔註54〕據朱弁（？～1144）的記載，富弼被劾不行新法而被貶知汝州，他路過陳州，與當時知陳州的另一元老重臣張方平見面。富感嘆說他三次舉薦王安石，稱許他才可大用，沒想到今日竟然如此。言下之意，就是說他被貶與王安石有關。據載張方平回答說富弼不識人，說他當年曾知貢舉，特辟王安石為點檢試卷官，王每向他議事時，然整個試院中無一人中其意。張於是從此不再與他來往。據說富弼聽到張這番話後，不語久之。朱弁說當時富弼的孫兒和張方平的子弟都在照壁後，親聞二人之言。照朱弁的說法，富弼之貶，是王安石指使趙濟為之。另外蘇轍孫蘇籀（1090～1164）也有相近的記載，只是誤記富弼罷政過南京（應天府）。而特別記張方平以南音對富弼說，問他王安石這樣對付他，富不惡惶嗎？當富問張如何看王安石時，張就說當初見王讀書，也屬意於他，但在試院見王議論乖僻，就自此疏遠他。參見朱弁（撰），張劍光（整理）：《曲洧舊聞》，收入戴建國（主編）：《全宋筆記》，第三編第七冊（鄭州：大象出版社，2008年1月），卷七，頁20；蘇籀：《欒城先生遺言》，載《全宋筆記》，第三編第七冊，頁155。關於富弼對熙豐變法的負面態度，特別是對青苗法的抗拒，余中星在他的碩士論文《富弼研究》有所討論，也提及趙濟彈劾富的事。參見張其凡（1949～2016）（主編）：《北宋中後期政治探索》（香港：華夏文化藝術出版社，2005年7月），卷一〈富弼研究〉，頁41～51。

河。〔註 55〕從此事看出趙濟是肯辦實事的能吏，並且長於糧運工作。他到熙寧十年前已任權發遣秦鳳等路轉運副使。據劉安世（1048～1125）在元祐四年（1089）三月所憶述，在熙寧中，知相州安陽縣路昌衡（？～1103）行為不檢，本路監司將行按劾，路即請尋醫治病，而得免被劾。他懷疑是相州指使劉龜年發其陰事，後來陝西用兵，劉龜年剛好派往秦州夕陽鎮為監押，路昌衡就指名劉負責抽差其部押運糧草，想藉軍法來陷死他，以泄其怨。劉知道路的用心，就告知時任秦鳳路轉運副使的趙濟，趙濟將他留下不遣，救了他一命。劉安世說此事喧騰，無人不知。從此一小事看到，趙濟是保護下屬的好上司，屬於舊黨的劉安世事隔多年，還言及趙濟的善舉，可見趙的官聲當時不錯，才被神宗委以重任。趙濟在熙寧八年（1075）五月丁丑（十七），以失察宗室趙世居謀叛，自京東西路轉運副使太常丞上降一官，不過，並沒有影響神宗對他的信任。〔註 56〕

　　熙寧十年八月癸未（初六），神宗詔李憲與趙濟同經制熙河邊防財利，許他們薦舉勾當公事的文武官五員，如果事干涉經略安撫司，就連名上書以聞。值得注意的是，之前被貶知潁州（今安徽阜陽市潁州區）的高遵裕，相信是在李憲的保奏下，調回西邊復知慶州。十一月辛亥（初四），李憲又保奏奉職劉戒、屈萬寧、吳猛有戰功與武藝。神宗引試延和殿，屈、吳二人不應格，但神宗仍以他們有戰功而各遷一官。乙卯（初八），李憲又奏上知岷州种諤、熙河路鈐轄韓存寶、莊宅使郝貴（？～1087 後）於南川寨禦敵之功，三將獲賜銀絹及減磨勘之獎賞。癸亥（十六），李憲本人也以招降董氈及鬼章之功，

〔註 55〕趙濟：〈林倩墓誌銘〉；《長編》，卷二百五十五，熙寧七年八月己丑條，頁 6241；卷二百五十七，熙寧七年十月丁卯條，頁 6269～6270；《宋史》，卷九十四〈河渠志四·廣濟河〉，頁 2339。考廣濟河接連曹州、鄆州及濟州，屬京東西路所轄。

〔註 56〕《長編》，卷二百六十四，熙寧八年五月丁丑條，頁 6470～6471；二百七十九，熙寧九年十二月庚寅條，頁 6831；卷二百八十六，熙寧十年十二月癸卯條，頁 7001；卷四百二十四，元祐四年三月乙酉條，頁 10248～10249；劉安世：《盡言集》，文淵閣《四庫全書》本，卷八〈論王子韶路昌衡差除不當·第八〉，葉八上下。考路昌衡在何年月對付部屬劉龜年，他當時的官位為何？待考。劉安世言及是時陝西用兵，可能是熙寧六年或七年王韶、李憲開邊時。附帶一談，當趙濟任秦鳳路轉運副使時，其兄趙咸在熙寧九年七月壬午（廿八），以殿中丞任河東經略司上管勾機宜文字，他在十二月奉命根括打量代州界的禁地頃畝數。神宗詔除給起移弓箭手外，餘皆招置弓箭手。到熙寧十年十二月癸卯（廿七），河北東路經略使韓絳上奏，以趙咸任權通判代州根括地畢，請給他推恩。神宗詔遷趙咸一官階一任。趙咸與趙濟兄弟在熙寧時期都是有成績的邊吏，受到王安石與韓絳賞識的人。

賞賜衣帶、鞽馬及與一子（疑即李穀）轉資，麾下的客省使達州團練使熙河
路鈐轄王君萬擢本路都鈐轄，內臣內殿承制張承鑑（？～1100 後）轉兩官，
餘人遷秩有差。庚午（廿三）西蕃邈川大首領董氈與都首領鬼章各授廓州（今
青海黃南藏族自治州尖扎縣北）刺史，董氈養子阿里骨（1040～1095）爲松
州（今四川阿壩藏族羌族自治州東北部的古城松潘縣）刺史。拔藏党令結等
四人並授郎將，小首領與副軍主。本來自踏白城一戰後，神宗深軫鬼章之患，
曾下詔有人獲鬼章，授官諸司正使，金帛各數千，特委李憲等購之十餘年卻
不能得，最後神宗改變主意，以漢官位羈縻之。〔註57〕十二月癸未（初七），
神宗再詔經制熙河路邊防財用司條上利害事中內有可行的，宜先行於下，農
事就可及時規畫，以助邊費。李憲隨即條上可施行的十四事於中書，神宗依
其所奏行之。丁亥（十一），神宗再以秦鳳等路提點刑獄、駕部員外郎霍翔（？
～1086 後）爲李憲的助手，任霍爲同管勾經制熙河路邊防財用事，他所提舉
官莊及營田弓箭手公事並罷，悉歸本司。〔註58〕

〔註57〕 149《長編》，卷二百八十四，熙寧十年八月壬午至癸未條，頁 6948～6949；
卷二百八十五，熙寧十年十一月辛亥至乙卯條，頁 6987～6988；癸亥至庚午
條，頁 6991；卷二百八十六，熙寧十年十二月丁亥條，頁 6997；卷三百四十，
元豐六年十月庚子條，頁 8192；卷四百二，元祐二年六月甲申條，頁 9777；
《宋會要輯稿》，第七冊，〈職官四十四・經制司〉，頁 4225；王鞏（1048～1117）
（撰），張其凡（1949～2016）、張睿（點校）：《清虛雜著三編・甲申雜記》（與
《王文正公遺事》合本）（北京：中華書局，2017 年 7 月），第四條，「阿李國
本不當立」，頁 265～266。考宋廷在十二月戊子（十二）又晉董氈爲西平軍節
度使。阿里骨是青唐唃廝囉政權第三代贊普，他本是于闐人，因其母掌牟瞎
逋（章穆轄卜）嘗侍董氈故，董將他收爲養子。後來董氈得風痺病臥帳內，
委政於阿里骨，甚親信之。阿里骨又得幸於董妻喬氏，內外咸服，於是起奪
位之心。阿里骨又派人暗殺董子奇鼎，除去奪位的障礙。據王鞏引劉昱的說
法，阿李國（即阿里骨）本不當立，因私其國母而得立，其大臣溫溪心一直
不服，曾向宋廷請內附。關於阿里骨的生平事蹟，顧吉辰多年前曾撰其編年
事輯，齊德舜近年又對其生平做了一番考證。可參閱顧吉辰：〈阿里骨編年事
輯〉，《青海師專學報》，1987 年第二期，頁 26～35；齊德舜：〈《宋史・阿里
骨傳》箋證〉，《西藏研究》，2012 年第二期（4 月），頁 28～36。

〔註58〕 《宋會要輯稿》，第七冊，〈職官四十四・經制司〉，頁 4225；《長編》，卷二百
七十七，熙寧九年九月戊午條，頁 6782；卷二百八十，熙寧十年二月丁亥條，
頁 6860～6861；卷二百八十六，熙寧十年十二月甲申條，頁 6996；丁亥條，
頁 6997。考霍翔早在熙寧九年九月戊午（初五）即以駕部員外郎知都水監丞
提舉疏濬汴河。熙寧十年二月他以熙河路相度官莊，上言請先在熙州城下營
田，出租地百十頃置官莊，差現任京官及使臣勾當，與弓箭手共治。宋廷從
之，仍以他提點秦鳳路刑獄，兼提舉官莊。

　　爲了妥善措置熙河的財用，李憲這時回到京師，向神宗面奏他的建議。神宗於十二月甲午（十八），詔以近日發下經制熙河路財用司劃一治田等事宜，聞說所降的指揮已遞入熙州治所，以本司官李憲正在京師，令別錄一本從速抄下，庶令及時可以執行。李憲接詔後上奏解釋他的方案：

> 奉敕差專切經制熙河路經久邊防及財用條陳置司事：一曰，備戰蕃兵春秋逐族番休，勾抽點閱犒設；二曰，弓箭手以萬人，馬以六千匹爲額，以漸減戍兵，於要害處築護耕堡，農隙委官點閱；三曰，熙河、岷州、通遠軍各置榷場，貿易百貨，以來遠人，獲利助邊；四曰，一路城壘依緩急先後興功修築，以簡中保寧指揮充役；五曰，於本路擇水草便利處，約以古法，置監牧養牛羊等。

　　李憲這番切實可行的建議，明顯參照了前人的開邊經驗而按實際環境加以改進。神宗自然嘉納，詔榷場以市易司爲名，其餘各條立法以聞。神宗又在同月辛丑（廿五），命李憲的愛將、熙河路都鈐轄王君萬兼同管勾經制本路邊防財用事。王君萬請推示恩信，誘結董氈等部族首領。宋廷即詔熙河路經略司開諭蕃部首領，有願補漢官的以聞。宋廷又詔經制熙河路邊防財用司兼管秦鳳路財利事，現置市易務，不隸都提舉市易司。爲此，令熙河及秦鳳路市易務並罷。癸卯（廿七），李憲上言稱熙河州軍城寨各有蕃部弓箭手官莊，而營田水利等事務繁多，他請求常平司在每州軍差通判或職官一員，逐城寨選使臣一員充管勾官。神宗從之。事實上神宗對他的建議幾乎言聽計從，給他便宜行事的大權。神宗更晉陞李憲的班官自宣政使爲宣慶使。〔註59〕

　　李憲立功陞官，神宗委以全權經制熙河之任，但文臣卻以此爲憂，擔心神宗進一步用兵西邊。是月甲辰（廿八），元老重臣宣徽南院使張方平上奏論事，他歷數熙寧以來用兵之弊，提醒神宗不要因李憲一時的勝利而再尋求進一步的拓邊與武功：

> 於是王韶作禍於熙河，章惇造釁於橫山，熊本發難於渝瀘。然此等皆殘殺已降，俘纍老弱，困敝腹心，而取空虛無用之地，以爲武功，

〔註59〕本書附錄二〈苗授墓誌銘〉，頁383；《長編》，卷二百八十六，熙寧十年十二月甲午至癸卯條，頁6999～7002。順帶一提是神宗在十二月丁酉（廿一）將勇將苗授自河州徙知雄州，惟據〈苗授墓誌銘〉所記，苗授徙知雄州在元豐元年，另神宗將他的管軍職位遷一級爲捧日天武四廂都指揮使，而以另一驍將西上閤門使秦鳳路鈐轄劉昌祚徙知河州。苗授在元豐二年再遷步軍都虞候，四年前再遷馬軍都虞候。

使陛下受此虛名，而忽於實禍。勉強砥礪，奮於功名，故沈起、劉彝復發於安南，使十餘萬人暴露瘴毒，死者十而五六，道路之人斃於輸送，資糧器械不見敵而盡。以為用兵之意必且少衰，而李憲之師復出於洮州矣。今師徒克捷，銳氣方盛，陛下喜于一勝，必有輕視四夷，陵侮敵國之意。天意難測，臣實畏之。〔註60〕

神宗剛雄心勃勃地開展他的不世大業，張方平所代表的儒家士大夫反對用兵的諍言自然聽不入耳。

神宗在熙寧後期不理朝臣的反對，專任李憲經制熙河秦鳳諸路。在神宗的眼中，李憲忠心可靠而有軍事才能，以前讓他協助文臣王韶及趙卨，卻最終無法衷誠合作。那就不如讓李憲獨當一面，由神宗自己直接指揮他行事。至於文臣那番內臣帶兵必招禍之論，神宗是不認同的。事實上李屢立戰功，不負神宗的重託，除打敗及降服青唐大酋木征、董氈及鬼章，擊殺冷雞朴外，又以領經制熙河路邊防財用司的職位，全面開拓經營發展王韶奪取的熙河諸州，贏得神宗完全的信任。神宗當然並不滿足於此，他在元豐時期交給李憲的下一個任務，便是繼續經營熙河，以之作為基地，謀攻取西夏。

〔註60〕《長編》，卷二百八十六，熙寧十年十二月甲辰條，頁 7005～7009；張方平（撰），鄭涵（點校）：《張方平集》（鄭州：中州出版社，1992 年 10 月），《佚著輯錄》，〈上神宗諫用兵〉，頁 771～775；《宋朝諸臣奏議》，下冊，卷一百二十一〈兵門‧兵議下‧上神宗諫用兵〉（張方平），頁 1331～1333。據李燾及趙汝愚所記，此篇奏章其實是張方平託蘇軾（1037～1101）所作，據說神宗閱後頗為感動，但並不依從。直到後來永樂城之敗，才思其言。另據鄭涵所注，該文本見於四部叢刊影印宋刊《經進東坡文集事略》卷四十。而據《宋朝諸臣奏議》校注者所考，此文亦見《蘇東坡全集‧續集》卷一，題作〈代張方平諫用兵書〉。該文亦見蘇軾（著），孔凡禮（點校）：《蘇軾文集》（北京：中華書局，1986 年 3 月），第三冊，卷三十七〈奏議‧代張方平諫用兵書‧熙寧十年〉，頁 1048～1050。南宋人樓昉（？～1193 後）對蘇軾此奏，評為「蘇軾說利害深切，得老臣諫君之體。」參見樓昉：《崇古文訣》，文淵閣《四庫全書》本，卷二十五〈宋文‧蘇軾‧代張方平諫用兵書〉，葉九上下，十二上下。

第四章　開源節流：元豐初年李憲經營熙河考

　　神宗在翌年（1078）改元元豐。此後八年神宗繼續推行沒有王安石的新政。江小濤最近曾撰文概述元豐政局，指出神宗以乾綱獨斷的從容自信，通過調整中樞人事，深化各項新政，以實現他富國強兵的理想，惟爲了開邊而用兵西北的行動卻遇到困難與挫折。[註1] 關於神宗在元豐時期委任李憲經略西北的始末，本書將分四章加以探討。本章先討論元豐初年神宗命李憲經營熙河、秦鳳兩路，作爲進攻西夏的基地的過程。

　　元豐元年正月辛酉（十五），神宗詔李憲掌管的經制熙河路邊防財用司兼秦鳳路財用司，改爲財利司，旨在開發財源支持即將進行的軍事行動。乙丑（十九），又詔該司根括冒充耕地爲官莊，以年半爲限期許民自陳，而內地的方田之制就不在此處實行。青苗法的舉貸只限支錢，納日計市值，容許以糧折納，只收息二分，願納錢者增一分息。神宗在熙河採用較彈性的經濟政策。戊辰（廿二），宋廷下詔獎勵李憲的得力助手太常博士、秦鳳路轉運副使、同

〔註1〕　江小濤：〈元豐政局述論〉，載中國社會科學院歷史所編：《隋唐遼宋金元史論叢》，第七輯（上海：上海古籍出版社，2017年6月），頁136～157。江氏一文共分四節，分別（1）論元豐年間中樞的人事調整，（2）聚斂色彩愈益濃厚的財政舉措，（3）對官僚體制的調整（即元豐更定官制），（4）西北戰事的艱難與挫折，特別是元豐四年五路伐夏的失敗，以及元豐五年永樂城之敗。江氏在第四節略談到李憲收復蘭州之事，以及李在靈州之役失敗後，請求再從涇原出兵伐夏之議。江氏在該節曾指出「我們無需過份指責宋神宗以宦者主兵事的做法，因爲宦者裡面未必沒有知兵者」。不過，江氏並沒有注意及考究知兵宦者李憲在元豐後期經略西北的角色。

經制熙河路邊防財用趙濟，待經畫就緒，便除他館職。閏正月丁酉（廿二），宋廷又詔廢除提點熙河蕃部司，統一事權。宋廷這兩項詔旨，應該都出於李憲的建議。同月癸卯（廿八），李憲上奏指出本司的同經制官及同管勾經制官分別巡察所至的州軍，均各稱行司官吏，造成上下難以遵稟。他請求神宗，今後同經制官以下凡遇分巡，若事干邊防、蕃部、弓箭手及差移官吏、勾抽役兵及改易措置，都需向本司與長吏從長商議，令上下易於稟從。即是說這些事務都要得到李憲的同意。神宗信任李憲，自然從其議，並且在李憲的經制熙河路邊防財用等事之頭銜前再加「都大」兩字，以重其權，又令本司管勾官並申本路狀。〔註2〕

二月丙午朔（初一），都大提舉市易司俞充（1033～1081）上言，指出永興軍路當兩川、秦鳳、熙河、涇原、環慶之衝要，請求也置市易務，與經制熙河路邊防財用司所置的市易務相為表裡，以助客旅往來，又請許借內藏錢四十萬緡為本錢，等收到秦州等市易錢後歸還。神宗詔李憲所領的財用司提出意見。李覆奏反對，表示擔心該處的市易務由他官典領，而各司錢物本分彼此，往來貨物或有相害。他請與本司經制再研究，而提出設置之次第。神宗從之。李憲明顯不希望其他地方分享其市易利益。他在五月甲戌（初一）又請本路商販依秦鳳路例，以商販販物至極邊，獲利已甚厚，不需減收其關稅。神宗從之，惟免除其入中糧草。〔註3〕

李憲一直留意西夏的動向，這也是神宗交給他的任務。四月庚申（十七），他麾下的入內供奉官、熙河路都總管司走馬承受長孫良臣上奏宋廷，稱聞知夏人於宋界內堀坑，畫上十字，立下草封，恐怕邊臣因循浸成邊事。神宗詔熙河經略司查察，若屬實，就令鄜延路經略司移牒誡約之。大概是李憲的推薦，神宗在五月庚辰（初七），以熙河路鈐轄兼第二將四方館使李浩訓兵精熟，詔許其留任。〔註4〕

李憲在五月壬午（初九）奏上宋廷，報告熙河土田分等情況：近城第一

〔註2〕 《長編》，卷二百八十七，元豐元年正月辛酉條，頁7015；乙丑至戊辰條，頁7017～7018；閏正月丁酉條，頁7033；癸卯條，頁7035。

〔註3〕 《長編》，卷二百八十八，元豐元年二月丙午條，頁7040；卷二百八十九，元豐元年五月甲戌條，頁7073。

〔註4〕 《長編》，卷二百八十九，元豐元年四月庚申條，頁7068；五月庚辰條，頁7074；卷二百九十九，元豐二年八月丙午條，頁7281。李浩以熙寧十年的戰功，在元豐二年八月丙午（十一），自東上閤門使熙河路鈐轄擢為四方館使。

等爲官莊，第二等爲合種，第三等出租，第四等募人耕種，第五年開始起稅。他建議以近城沃土八百頃爲官莊，有餘的就募弓箭手，再有餘的募人合種及出租賦。官莊每五十頃就差派治田使臣一員，立下賞罰格治之。神宗自然接受他切實可行的建議。六月丙辰（十四），因實行中出現問題，李憲馬上修正治田方案。他上奏起初以熙河路弓箭手四人同治官莊一頃，但聞知他們頗困於役使，導致缺少二千人。他請求罷四人治田的命令，到收成時聽暫時應役外，其餘時間都毋得役使。另外，他以秦鳳路轉運使司綱運所的兵級，已詔隸本司。他請查明元額，下陝西轉運使司簡選廂軍替換，以充治田之務。〔註 5〕李憲在新得邊地所採取的軍事屯田方法，與後代的做法甚爲相似。開發熙河，讓該地區能自給自足，宋廷就能進行下一步的軍事行動。

　　爲了守禦熙州，李憲上言指熙州爲一路根本，但漢蕃民居及軍營、寺觀都在城外，無所障護，他請求在熙州西南壁舊羅城基增築，並加建女牆三丈。神宗准奏，六月乙巳（初三），詔熙州增築西南外羅城，並漸置樓櫓。這次築城共役使兵夫四十四萬。〔註 6〕

　　值得注意的是，在六月丙寅（廿四），神宗命太子中允、秘閣校理同知諫院徐禧（1043～1082 後），爲計議環慶等路措置邊防事，籌議攻夏。〔註 7〕可惜事後證明徐禧既不是李憲，也不如王韶，他只是紙上談兵誤己誤國的書生。宰相王珪知神宗打算攻西夏，稍後也推薦太常丞集賢殿修撰俞充爲右正言天章閣待制知慶州，以迎合上意。考俞充在元豐元年八月壬子（十一）便獲擢知慶州出任環慶帥。不幸俞充也是徐禧一類人。〔註 8〕

〔註 5〕　《長編》，卷二百八十九，元豐元年五月壬午條，頁 7075；卷二百九十，元豐元年六月丙辰條，頁 7089。

〔註 6〕　《長編》，卷二百九十，元豐元年六月乙巳條，頁 7086。

〔註 7〕　《長編》，卷二百九十，元豐元年六月丙寅條，頁 7092；卷二百九十七，元豐二年三月丙戌條，頁 7222。徐禧在元豐二年三月丙戌（十七），再加官職爲右正言直龍圖閣、權發遣渭州，賜緋章服，其計議措置邊防事的差遣如舊。

〔註 8〕　《長編》，卷二百五十四，熙寧七年七月乙卯條，頁 6223；卷二百五十八，熙寧七年十二月庚午條，頁 6297；卷二百五十九，熙寧八年正月庚子條，頁 6309～6310；卷二百八十，熙寧十年正月丙子條，頁 6854；卷二百八十三，熙寧十年七月壬申條，頁 6939；卷二百八十四，熙寧十年八月丙戌條，頁 6950；九月乙丑條，頁 6963～6964；壬申至癸酉條，頁 6966；卷二百八十五，熙寧十年十月庚寅條，頁 6977～6979；戊戌條，頁 6981～6982；卷二百八十六，熙寧十年十二月辛巳條，頁 6994；癸卯條，頁 7002；卷二百九十一，元豐元年八月壬子條，頁 7115～7116；卷三百十三，元豐四年六月壬戌條注，頁 7585；

　　八月己酉（初八），李憲再上奏，以奉旨均定熙河、岷州、通遠軍公使錢，他請以轉運司歲所支四州軍公使數並撥付本司均支外，尚少錢二萬緡。他以本司認定帖支數足，請罷逐州軍回易。他奏請定下熙州公使錢四萬五千緡，專犒設蕃部，河州、岷州及通遠軍各一萬二千緡，其中二千緡專犒設蕃部。神宗從其請。值得一提的是，李憲的養子李毅同日以入內高品上言，稱奉命編排賜董氈等的禮物，請下所屬的供應赴資善堂進行編排。神宗從之。命董氈賜詔，鬼章賜敕。〔註9〕這年李憲才三十七歲，卻已許收養兒子，且李毅已出仕，實在是罕有的例子。

　　李憲為了充實他的熙河管治團隊，八月壬子（十一），又奏請讓他得力的

《宋史》，卷三百三十三〈俞充傳〉，頁10702。考俞充早在熙寧七年七月乙卯（十九），即以檢正中書吏房公事太子中允，獲用為權發遣淮南東路轉運副使加集賢校理。十二月庚午（初七），他再授權同判軍器監。到熙寧八年正月庚子（初七），他再授權發遣成都府路轉運副使。熙寧十年正月，因馮京表奏在平定茂州蠻供應軍需有功，再陞一任。三月癸酉（廿三），召充權判都水監。他在成都時，與內臣王中正深相交結，至使妻出拜，又幫助王中正討擊茂州蠻有功。當王中正還京師，就力薦俞充可用，故召入權判都水監。是年七月壬申（廿四），他再自太常丞集賢校理權判都水監擢為直史館檢正中書五房公事仍權判都水監。不過，是年八月，監察御史裏行黃廉（1034～1092）便劾他「結中人，徼幸富貴，不宜使佐具瞻之地。」御史彭汝礪也在九月乙丑（十八）劾他居親喪卻往訪州官擁妓沽醉，又說他依威怙勢，與在位相（指王珪）交結，多售官莊，因怕人攻擊，就託他人姓氏，轉以貿易。彭又劾他強借富人錢不還，鄉人銜之，只爭相以匿名投狀，訴其罪於州，說他巧事中官（指王中正），以盜名譽。神宗詔俞充就指控自辯。俞在是年九月壬申（廿五），仍以權判都水監往治滎澤河，他隨後上言汴口的人員使用問題。十月丙戌（初九）他作出自辯。彭汝礪在庚寅（十三）仍奏稱「充之材行，如陛下知之為詳」，又揭發他以妻拜王中正求媚事，並說俞充不孝，罷運判未幾卻得省判。不過，俞在十月戊戌（廿一）仍獲授兼都大提舉市易司。宋廷到十二月辛巳（初五）才罷他都檢正之職，卻授他集賢殿修撰都大提舉市易司兼在京諸司庫務。是月癸卯（廿七），神宗又詔稱彭汝礪所言俞充事，是聞於虞部員外郎宋均國，神宗下令宋均國分析聞奏，一意維護俞充，臺官始終打不倒他。他是憑新法並交結權貴而獲得晉陞的人。

〔註9〕《長編》，卷二百九十一，元豐元年八月己酉條，頁7114；卷二百九十四，元豐元年十一月甲戌條，頁7163；《宋會要輯稿》，第十六冊，〈蕃夷六·吐蕃〉，頁9915。按李憲在是年十一月甲戌（初四）又上奏，以宋廷有旨許岷州以舊錢本回易，以犒設蕃部。他以河州和岷州已有公使錢及犒設錢，而岷州卻許回易，請求罷之。神宗從其請，罷岷州回易，而河、岷州犒設錢舊定為各二千緡，現令岷州更增加二千緡，河州一千緡，並給經略司錢專犒設蕃部探刺邊事，他人不得挪用。

助手、同管勾經制、提點刑獄霍翔常在熙河，更不分巡別地。神宗從之，詔霍翔免去秦鳳路提點刑獄之差遣，而其序官、服色及俸給仍舊。爲了弄清楚熙河一年來的開支情況，癸丑（十二），神宗命令李憲另一得力助手太常博士、陝西路轉運副使趙濟具實數以聞。甲寅（十三），相信是李憲的推薦，神宗再擢趙濟爲右正言直龍圖閣知熙州，代替張詵。霍翔與趙濟一直是李憲在熙河最得力的文臣助手。〔註10〕

李憲在熙河進一步開拓財源，十一月乙亥（初五），他請移岷州滔山鎮錢監，於岷州置鐵錢監，並在通遠軍威遠鎮錢監改鑄銅錢，比之冶鐵，歲收淨利至十四萬餘緡。李又請求取永興軍華州（今陝西渭南市華縣）鐵監作匠到來教習。神宗詔從之。神宗在乙酉（十五）因聞說熙河路商貨所至州軍，並由市易司榷買，神宗令提舉成都府（今四川成都市）等路茶場司李稷（？～1082）研究是否屬實。李覆奏熙、河、岷州及通遠軍等處商人販賣匹帛，確是由熙河經制司令市易務拘買。神宗於是命李憲具奏其事以聞。神宗對於李憲拓大財源的做法並沒有禁止。〔註11〕

元豐二年（1079）二月辛丑（初二），李憲奏上神宗，蕃官內藏庫使李繭氊訥支（？～1099）等願助築熙州外城。神宗詔日給運土人米一升，不得抑限科定赴役人數。在神宗的首肯下，李憲翌年在河州和岷州築城，也找到蕃官趙醇忠和趙結成瑪以土人襄助。〔註12〕

〔註10〕《長編》，卷二百七十九，熙寧九年十二月庚寅條，頁6831；卷二百八十六，熙寧十年十二月癸卯條，頁7001；卷二百九十一，元豐元年八月壬子條，頁7117；癸丑至甲寅條，頁7119～7120；卷二百九十四，元豐元年十一月己丑條，頁7170。當趙濟獲得重用爲知熙州時，其兄趙咸也在元豐元年十一月時見任提舉河東路常平等事，並專責提舉河東路編排置辦兩九軍兵仗。有兄在河東任職，趙濟在熙河辦事也就多了一番照應。考趙咸早在熙寧九年十二月庚寅（初八）以殿中丞任河東經略司管勾機宜文字，奏上根括打量代州界禁地頃畝數。熙寧十年十二月辛丑（廿五），因韓絳上言，奏他根括地畢之功，於是自殿中丞權通判代州遷一官階一任。

〔註11〕《長編》，卷二百九十四，元豐元年十一月乙亥條，頁7164；乙酉條，頁7166；《宋會要輯稿》，第十一冊，〈食貨三十七・市易〉，頁6820。關於北宋陝西錢監的情況，特別是華州錢監、通遠軍威遠鎮錢監、岷州滔山監、鳳翔府鄠縣斜谷錢監的情況，可參考汪聖鐸：《兩宋貨幣史》（修訂版）（北京：社會科學文獻出版社，2016年3月），上冊，第一編第二章〈錢監的設置與分佈〉，頁52～55，66～68。據汪氏的研究，李憲請將通遠軍威遠鎮錢監改鑄銅錢，到元豐二年二月獲得神宗的准許。

〔註12〕《長編》，卷二百九十六，元豐二年二月辛丑條，頁7204。

李憲再在是月戊辰（廿九），以經制熙河路邊防財用司的名義，奏上改革熙河財政十事：一是請收熙、河、岷州、通遠軍官員職田以募弓箭手，而按官員的所授田多寡，每頃歲折換本司錢十千。第二是已拘收的三州一軍公使醋坊歸本司資助，請以逐處月收課利，約定監官三等食錢，月終計算，於醋坊淨利錢內給納。第三，岷州鹽官鎮、通遠軍鹽川寨兩處鹽場，近日撥屬本司，歲入增利，請求從今年別立界，到歲終較其登耗，以施賞罰。第四，請於鳳翔府（今陝西寶雞市鳳翔縣）增置市易務，與秦州、熙州等五市易務相爲表裡，移用變易。第五，請本路州軍歲遣官置場和糴，遇到穀價貴即出糴收息，若收息錢萬緡以上的官員就減磨勘一年，當中屬選人的就免試與優便差遣，每二萬緡循一資。第六，四處市易務各增加監官一員兼領市糴，而可減罷本司準備差使四人。第七，通遠軍威遠寨錢監改鑄銅錢，罷鳳翔府鄠縣創置之錢監。第八，秦鳳路坑冶如不許本司經制，就請令轉運司撥還已興置的本錢；如許經制，就請發遣陳述坑冶選人楊徽赴本司；其坑冶如係本司創置，就請隸屬本司。第九，岷州麻川、荔川、閭川寨、通遠軍熟羊寨，請置牧養十監，並募兵爲監牧指揮，其營田請依官莊例募永濟卒二百人，其永濟卒通以千人爲額，以十六官莊四營田工役，其請給並從本司自辦。第十，遇急事請依茶場司例，允許權差待闕得替官勾當。最後李憲又請築河州西原北河堡。神宗覽奏後從其議。〔註13〕

在李憲的安排下，已輸誠的董氈派使臣大首領景青宜黨令支來貢方物。神宗在三月庚午（初一）接見並問其來意，景青回答說因董氈蒙恩許貢，故遣使來謝。神宗於癸未（十四）賜董氈進奉馬四百六十三匹價錢一萬一千二百緡，銀綵各千，對衣、金帶、銀器、衣著等。又以李憲所奏景青黨令支之勞，補珍州刺史，副使劉勇丹結吉授扶州（今四川阿壩藏族羌族自治州九寨溝縣）刺史，餘者有官遷一資，未有的補職名有差。另外歲增大首領大綵十七匹，小首領五匹，散茶各十斤。〔註14〕

〔註13〕 《長編》，卷二百九十六，元豐二年二月戊辰條，頁 7213～7214；《宋會要輯稿》，第十一冊，〈食貨二十四‧鹽法三‧鹽法雜錄〉，頁 6521。

〔註14〕 《長編》，卷二百八十，熙寧十年二月戊子條，頁 6861；卷二百九十七，元豐二年三月庚午條，頁 7216；癸未條，頁 7221。卷二百九十八，元豐二年六月甲寅條，頁 7256～7257；卷三百五十，元豐七年十二月癸巳條，頁 8397。考景青宜黨令支在六月甲寅（十七）離京師返青唐前獲神宗召見，慰諭一番，叫他告知董氈，這次他所遣貢奉人甚爲恭恪。宋廷已許他納款，此後他可以多次遣人來自由貿易，又叫他好好守護祖田。景青等皆唯唯奉詔，又乘機奏

　　李憲正在努力經營熙河時，他麾下兩員大將种諤和楊萬卻因與經制邊防財利司數次論辨公事而生嫌隙。李憲怕出事，四月庚子（初二），就請神宗將种諤自岷州徙涇州（今甘肅平涼市涇川縣），以內藏庫使張若訥代知岷州，而以禮賓副使康識（？～1093後）代楊萬知通遠軍。然一波剛平，一波又起。是月乙巳（初七），提舉成都府等路茶場李稷卻劾李憲的經制司擅榷買熙、河、岷州和通遠軍商所入貨。神宗詔李憲具析事情以聞。李憲覆奏說自置經制司以來，除蕃商水銀及鹽川寨、鹽官鎮兩榷場依法禁私販外，市易買賣都任由商販自願交易，未嘗拘攔。他自以識見疏淺，怕最後難逃史議，請只降罪於他，把一切責任攬在身上而保護下屬。神宗覽奏後就召李憲回京師，命令轉運使蔣之奇（1031～1104）根治此案，劾有罪之人。又詔蔣宜以朝廷所定之事目推治此案，不要牽扯別事。首先被治罪的李憲僚屬是熙河路副都總管王君萬和前知熙州高遵裕，他們均以借給羅邊儲錢而違法回易，而王君萬被指教唆蕃官木丹，指控負責審理此案的轉運判官孫迥（？～1091後）曾對他加刑。最後宋廷命李稷審得其實，五月乙未（廿八），王君萬被降一官，改任鳳翔府鈐轄，而已調任知淮陽軍（今江蘇邳州市）的高遵裕展三期敘官。此案在六月戊戌（初一）審結，李憲與屬官馬申（？～1090後）、趙濟、霍翔坐奏事不實，判徒二年。神宗自然護庇李憲等，七月戊辰（初二），李憲的助手同管勾經制熙河路邊防財用駕部員外郎霍翔，首先復職為秦鳳路提點刑獄。壬申（初六），神宗以權陝西轉運判官太常博士葉康直（1028～1091）兼同管勾經制熙河路邊防財用使，代替王君萬。葉後來成為李所信任的重要僚屬。〔註15〕李憲及其屬下這次

　　　本土永寧寨賜蕃僧實寧巴、李錫新等已授紫衣，請再授他們師號，另通遠軍
　　　來遠寨蕃官吳恩又請授本族巡檢，神宗令押伴官具奏以聞，最後皆從其請。
　　　考宋廷在元豐七年十二月癸巳（廿八），詔廢通遠軍來遠寨。考後來成為李憲
　　　麾下得力戰將的康識是河南人，早在熙寧九年十一月辛巳（廿九），以東頭供
　　　奉官走馬承受佐崇儀副使知岷州种諤，在鐵城破鬼章兵，斬首八百級。熙河
　　　經略司在熙寧十年二月戊子（初七）上奏其功，康識改一官為內殿崇班加閤
　　　門祗候，种諤陞引進副使。
〔註15〕《長編》，卷二百三十六，熙寧五年閏七月戊申朔條，頁5725；卷二百四十八，
　　　熙寧六年十二月乙酉條，頁6060；卷二百五十二，熙寧七年四月丙戌條，頁
　　　6171；丙申條，頁6178；卷二百六十四，熙寧八年五月己丑條，頁6481；卷
　　　二百九十七，元豐二年四月庚子至乙巳條，頁7229～7231；卷二百九十八，
　　　元豐二年五月乙未條，頁7252；卷二百九十九，元豐二年七月戊辰條，頁7264；
　　　壬申條，頁7267；《宋史》，卷一百八十六〈食貨志下八‧商稅〉，頁4543；
　　　卷四百二十六〈循吏傳‧葉康直〉，頁12706～12707。宋廷原本委永興軍等路

為了開拓熙河財源，做了違法的事，而給文臣抓住把柄，跌了一交，幸而神宗眷寵不衰，才保住職位。李憲稍後再上奏，申說轉運使常苦無錢，惟有以鹽鈔和糴，於是就給富人收蓄鹽鈔，坐車厚利，而計置司積錢買貨物，又需藉鹽鈔輕便易攜帶，他請宋廷頒下政策。神宗依從李的建議，於七月乙亥（初九），詔陝西轉運司，年額鹽鈔特許熙河路邊防財用司認數收買。庚辰（十四），為了杜絕走私，李憲又上奏指歷來盧甘、丁吳、于闐、西蕃各族以麝香、水銀、硃砂、牛黃、真珠、生金、犀玉、珊瑚、茸褐、駞褐、三雅褐、花藥布、硇砂、阿魏、木香、安息香、黃連、氂牛尾、狨毛、羚羊角、竹牛角、紅綠皮交易，而那些中介的博買牙人見利錢厚，就與蕃部私下交易，抄小路入秦州，避過抽取商稅。他請求宋廷下詔，令秦、熙、河、岷州、通遠軍的五處市易務，募博買牙人，招徠蕃貨往市易務販賣。如有人敢走私，許人告發，每估值一千的就官給賞錢二千。這樣就可招徠遠人，可以好好的穩住遺利，以資助邊計。神宗對李憲詳細無遺的建議自然准奏。〔註16〕

李憲又在七月丁亥（廿一），為他的愛將王君萬請命，請給他差事。神宗命王為專管勾熙河路新置監牧及給散蕃部馬種。以王君萬之前被籍沒家財以償還所貸的結糴錢，尚欠官本萬餘緡，這次給他新的差遣，庶可補助他歸還債務。〔註17〕

提點刑獄主客郎中王孝先（？～1089後）審理王君萬一案，但王孝先大概考慮王君萬背後的李憲因素，「觀望不盡力」。結果他也被降一官。神宗在霍翔復官時批示說，霍翔當初請求免出巡，宋廷怕他職事不專，才罷他所領的提點刑獄。霍這次被貶，聞說他意氣沮喪，無心經營經制司的職務，故復他舊職，讓他安心供職，並令他任滿後不另差人。葉康直是建州（今福建南平市）人，擢進士第，知光化縣（今湖北襄樊市老河口市西北）而有政績，為當地人所歌頌，在熙寧六年十二月乙酉（十七），從判司農寺曾布（1036～1107）辟，任司農寺勾當事，擔任曾的僚屬。他在熙寧八年五月己丑（廿九），又以永興軍等路轉運判官奉詔往鄜延環慶路賑濟饑民。《宋史》將他列入〈循吏傳〉。另蔣之奇早年附和王安石行役法，他在熙寧五年閏七月戊申朔（初一），得以自權淮南轉運判官金部員外郎權發遣轉運副使，到熙寧七年四月丙戌（十九），他以權發遣淮南東路轉運副使、提舉楚州市易司奏劾著作佐郎監楚州市易務王景彰違法事。但蔣不久因丁憂去職，他是神宗信任的人。

〔註16〕《長編》，卷二百九十九，元豐二年七月乙亥條，頁7268；《宋會要輯稿》，第十一冊，〈食貨二十四・鹽法三・鹽法雜錄〉，頁6521；《宋史》，卷一百八十六〈食貨志下八・市易〉，頁4552。按《宋會要輯稿》以此詔繫於七月甲戌（初八）。

〔註17〕《長編》，卷二百九十九，元豐二年七月丁亥條，頁7273；《宋史》，卷三百五十〈王君萬傳附王贍傳〉，頁11070。王君萬被籍沒家財以抵虧空，據說他憤甚，一年不到便死了。他負債三年後才獲免除，相信是李憲的幫助。

　　李憲回到京師，他的家人卻鬧家務，事緣其妻王氏的母親到開封府訟告李憲的婢女（當是李所寵愛的）謀害王氏。時任知開封府的翰林學士、司封員外郎蔡延慶（1029～1090）大概畏懼李憲的權勢，竟避開職責不去接受此訴訟，又說王氏的狀詞涉及外事。曾經上奏反對李憲統軍的開封府推官蔡承禧力爭之，並與蔡延慶更相論奏。神宗於是下審刑院與刑部討論，二司認為應受理。權監察御史裡行舒亶（1041～1103）上言劾開封府官吏觀望畏縮，對於獄辭所言竟置不問。神宗下詔開封府盡理根治，然開封府仍以按御寶所批專勘公事為名追查。神宗再批示，斥開封府官員迴避畏忌，不敢據告發的事施行審訊，下令開封府具析事實以聞，並令左右廳推官及判官同審理外，其餘官員依常事行遣。舒亶又上言劾蔡延慶於審案期間故意避事，是為了脫去別人（指李憲）的怨怒，請將他重譴。八月壬寅（初七），蔡延慶落職知滁州（今安徽滁州市），李憲妻王氏一案移大理寺審理。〔註18〕

　　李憲妻王氏一案讓人看到文臣對他不同的態度：蔡延慶等深知李憲是神宗寵信而輕易惹不起的內臣，然蔡承禧等卻不避權勢，窮究到底。值得一提的是李憲的妻子王氏，她出於何家史所不載。她與當時兩名高級內臣王昭明及王中正尤其後者有何關係待考。

　　神宗在九月戊寅（十三），命前參政、資政殿學士鄜延路經略使呂惠卿兼措置陝西緣邊四路邊防事，詔諸路措置未了之事，各令勾當公事官齊送呂惠卿看詳以聞。八月庚申（廿五）前，李麾下的勇將种諤以東上閤門使文州刺史權鄜延路副都總管。呂惠卿這時成為李憲和种諤的頂頭上司。〔註19〕

　　十月庚戌（十五），以曹太皇太后（1016～1079）病重，神宗頒下赦罪德音詔，稍後便詔李憲等所坐的是公罪，宜依十月十五日的德音恩赦釋之。乙卯（二十），曹太后病逝。剛召回的李憲，除獲赦免先前的罪外，又獲委為曹太后的山陵都大管勾，至於另一員入內副都知王中正就命為山陵案行副使，而另一員神宗寵信的內臣入內東頭供奉官寄六宅使慶州團練使宋用臣，被委為都大提舉修奉皇堂並修梓宮。而首席內臣張茂則主管殿蕆事。〔註20〕

〔註18〕《長編》，卷二百九十九，元豐二年八月壬寅條，頁7279；《宋會要輯稿》，第八冊，〈職官六十六・黜降官三〉，頁4827。

〔註19〕《長編》，卷二百九十九，元豐二年八月庚申條，頁7288；卷三百，元豐二年九月戊寅條，頁7302。

〔註20〕《長編》，卷二百九十七，元豐二年三月乙巳條注，頁7231；卷三百，元豐二年十月庚戌至庚申條，頁7312～7316；卷三百三，元豐三年三月庚寅條，頁

在李憲及熙河路帥臣的經營下，西疆暫得安寧，元豐三年（1080）正月辛卯（廿七），首先是于闐國大首領阿令其頼溫等來貢方物，然後在癸巳（廿九）熙河路經略司奏稱，邈川城主溫訥支郢成派首領阿篤等求贈官職。宋廷詔補溫訥支郢成爲會州（今甘肅白銀市靖遠縣）團練使、邈川蕃部都巡檢使，溫溪心爲內殿崇班、溫聲臘抹爲右班殿直，並邈川蕃部同巡檢，阿篤授本族副軍主，僧祿尊爲祿廝結族都虞候，月給茶帛有差。〔註21〕

四月丙申（初三），李憲的上司、鄜延路經略使兼措置陝西緣邊四路邊防呂惠卿上奏宋廷，已分定熙河路戰守兵馬九將所領兵四萬一千三百八十九，馬萬二千四百十八，輜重八萬三千一百三，州軍、城寨、關堡守城兵五萬一千一百九十四。宋廷從其奏。這是後來李憲所領熙河九軍的總兵力。兩天後（戊戌，初五），相信因李憲保薦，當初獲罪的屬下經制熙河路邊防財用司勾當公事、奉禮郎馬申晉陞爲太子中舍權發遣陝西轉運判官兼同管勾邊防財用。宋廷又詔陝西轉運使，熙河一路的錢帛、芻糧都歸經制司管認，另經制財用職事上舉廢官吏，亦令經制司施行。乙巳（十二），宋廷又委通判熙州秘書丞胡宗哲（？～1099 後）同管勾經制熙河路邊防財用事。胡宗哲也是李憲後來的得力助手。〔註22〕

7373；《宋會要輯稿》，第三冊，〈禮三十二・后喪・慈聖光獻皇后〉，頁 1467～1468；〈禮三十七・后陵・慈聖光獻皇后陵〉，頁 1593～1594。據李燾所考，神宗詔以德音釋李憲等罪，應爲是年的十月庚戌（十五），即爲曹太后的病而頒下的德音詔。又元豐三年三月庚寅（廿七），宋用臣以修皇堂有功，於見寄使額上遷五資。

〔註21〕《長編》，卷三百二，元豐三年正月辛卯至癸巳條，頁 7350～7351；卷三百三，元豐三年三月己丑條，頁 7372；卷三百五，元豐三年六月戊戌條，頁 7417。宋廷在元豐三年三月己丑（廿六），詔于闐國進奉使所賣乳香，要償現錢。其乳香所過地方的官吏有失察，令轉運使劾其罪。宋廷又在六月戊戌（初七），因熙河路言溫訥支郢成歸附，請錄其族人及酋首官職，於是補溫訥支郢成的叔父溪心、弟阿令京爲西頭供奉官，溪心的兒子樂廝波溫，弟阿羅爲右班殿直，族弟溪巴溫爲三班奉職，妹婿搭令波爲借職，月給茶綵有差。

〔註22〕《長編》，卷三百三，元豐三年四月丙申條，頁 7375；戊戌條，頁 7379；乙巳條，頁 7381；卷三百九，元豐三年閏九月辛丑條，頁 7496；卷三百十一，元豐四年三月癸卯條，頁 7551；卷三百十二，元豐四年四月辛酉條，頁 7560；卷三百九十一，元祐元年十一月丙子條，頁 9520；卷四百十三，元祐三年八月辛丑條，頁 10045；卷四百十五，元祐三年十月甲寅條，頁 10072～10074；卷四百五十七，元祐六年四月乙未條，頁 10938；卷四百八十一，元祐八年二月甲戌條，頁 11459；卷五百六，元符二年二月丙戌條，頁 12085；《宋會要輯稿》，第八冊，〈職官六十八・黜降官五〉，頁 4878；朱彧：《萍洲可談》，卷

神宗對李憲的工作很支持，五月癸亥（初一），權管勾熙河路經略司趙濟上言，以熙州雜支錢只有六十餘千，糴買錢只有八百餘千，馬料僅夠支兩月，熙州所轄的其他州軍亦差不多。神宗即批示熙州及轉運司，各以見在倉庫錢對比去年李稷未到任以前的數目奏上。不過，爲了防止經制財用司官員濫職，神宗也在是月辛未（初九），令經制熙河路邊防財用司與其他相近的機構隸御史臺檢察。〔註23〕

趙濟在六月丙午（十五）上奏，稱收到董氈的信，董表示想建一城，請求宋廷給他修城鐵器及援兵。神宗詔趙濟諭董，修城鐵器已令熙河供應，要他先具數量來。到他修城時，當令熙河經略司派兵照應。〔註24〕

一，頁 109；卷三，頁 163，169；《宋史》，卷三百十八〈胡宿傳附胡宗愈胡宗回傳〉，頁 10366〜10372。考馬申在元豐三年閏九月辛丑（十二），給同知諫院蔡卞（1048〜1117）所劾，說他才品素下，神宗就罷他陝西轉運判官之差遣，只委他權發遣同經制熙河路邊防財用事。胡宗哲當是仁宗朝樞密使胡宿（995〜1067）從子，與胡宗愈（1029〜1094）及胡宗回可能是兄弟或族兄弟。據《萍洲可談》的記載，常州胡氏貴盛，自胡宿任樞密使，胡宗愈繼起任尚書右丞，胡宗回、胡宗師（？〜1103 後）、胡宗炎（？〜1104 後）、胡奕修皆至兩制，另胡宗質四子同時出任監司。按朱彧妻父胡宗堯也是胡宿子，另朱亦記也有胡宗甫其人，當是胡氏宗人。據載胡家貴且富，東南稱胡家爲「富貴胡家」。又胡家女婿亦多有名人。惟朱氏一書沒有提及胡宗哲。據《長編》所記，胡宗師在元豐四年三月癸卯（十六）以開封府推官，被劾沒有認眞查究參知政事章惇之父章俞侵占民田一案，而被責衝替。胡宗師似乎是傾向新黨的人，故不受舊黨所用。他到元祐六年（1091）四月乙未（初六）才以江南東路轉運副使爲戶部員外郎，到元祐八年（1093）二月甲戌（廿七）再徙爲成都府路轉運副使。他在元祐時期並未受重用。到哲宗親政，他就得到重用，元符二年二月丙戌（十三），他已擢至朝散大夫光祿卿直龍圖閣權知鄆州。而胡宗炎在元豐四年四月辛酉（初四）則以承議郎上言京師之夷門山爲都城形勝之地，不宜任由人取土。宋廷從其言。考胡宗炎在元祐元年十一月丙子（廿二），自新知大宗正丞獲舊黨重臣平章軍國重事的文彥博推薦，授將作少監。元祐三年八月辛丑（廿八），右正言劉安世攻擊首相呂公著擢用親屬時，就說胡宗炎是呂的姻家而獲擢將作少監，另說他是剛在四月擢爲尚書右丞胡宗愈之弟而近授開封府推官。是年十月甲寅（十二），劉安世再劾胡宗愈時，又稱胡宗愈姪女適呂公著的親孫，又指言官丁騭是他的妻族而獲薦，並再提胡宗愈任右丞，便首擢其弟胡宗炎爲開封府推官。胡宗炎在崇寧三年（1104）十一月最後以直龍圖閣知潁昌府，因被言者劾他庸懦不足當藩翰之任而被罷，宋廷令他提舉南京鴻慶宮休致。胡家兄弟大部份與舊黨宰執有親屬關係而受到擢用。

〔註23〕《長編》，卷三百四，元豐三年五月癸亥條，頁 7392；辛未條，頁 7405〜7406。
〔註24〕《長編》，卷三百五，元豐三年六月丙午條，頁 7425；《宋會要輯稿》，第十六冊，〈蕃夷六‧吐蕃〉，頁 9916。

　　李憲在六月戊申（十七）痛失愛將王君萬，他上奏宋廷爲王求恩典，他以王君萬自開拓熙河以來，功勞爲最，不幸病死，他官司所負的結糴錢已將他的家產沒入。他的兒子王瞻（？～1101）剛授官又被拘收，他請求神宗憐憫，授王瞻熙河路一將副差遣。但侍御史知雜事何正臣（1039～1099）卻劾李憲以內臣越分干請屬下官職，不知忌憚，說他賣恩作福，取媚於人。何又說王君萬是邊地豪強，若依李憲之議，豈不觸動與他同類的人求官？他請寘李憲以典刑。神宗處理得很特別，他當然不會聽何的話將李責降，而只將何正臣之奏，命抄寫給李憲看。〔註25〕

　　李憲這次爲王君萬及其子求恩典，完全是上司對下屬照顧應有之義，何正臣則是基於對內臣的偏見而小題大做，不顧在邊地奮戰的將校士氣。宋廷的文臣對李憲的成見，隨著李的權力增高而擴大。

　　神宗於六月壬子（廿一）終於爲李憲處理了先前的家務，元豐二年發給大理寺處理李憲妻王氏的案件，在是日審結。當初王氏告李憲閨門事，開封府審治李憲子婦時，她曾自誣有罪。神宗察其冤，移大理寺審訊，負責此案的祠部員外郎、權發遣大理少卿楊汲（？～1092後）找到佐證查得事實眞相，但王氏執其說越堅，楊於是取內侍省宿歷檢驗之，證明她誣告，還李憲清白。神宗釋懷，對楊汲說，李憲是他親近之人，若有不得直，刑濫就從此開始。爲獎賞楊的功勞，就特賜他紫章服。〔註26〕

〔註25〕《長編》，卷三百五，元豐三年六月戊申條，頁7426～7427；《宋史》，卷三百五十〈王君萬傳附王瞻傳〉，頁11069～11072。考王君萬的兒子王瞻，《長編》、《曾公遺錄》均訛寫爲「王瞻」，他是哲宗後期開邊有功取得鄯州（今青海西寧市）的主要邊將，他因李憲的提拔而晉身。他的事蹟可參閱何冠環：〈北宋綏州高氏蕃官將門研究〉，頁445～455。

〔註26〕《長編》，卷二百六十四，熙寧八年五月甲戌條，頁6464；二百九十五，元豐元年十二月戊午條，頁7185～7186；卷三百二，元豐三年二月己未條，頁7359；卷三百五，元豐三年六月壬子條，頁7428；卷三百二十九，元豐五年九月辛卯條，頁7929；卷三百九十八，元祐二年四月丙戌條，頁9700～9701；《宋史》，卷三百五十五〈楊汲傳〉，頁11187。考楊汲字潛古，泉州晉江人，《宋史》卷三百五十五有傳。他是呂惠卿的表親。他登進士第便調任趙州司法參軍，後由呂惠卿薦與王安石及韓絳，得以主管開封府界常平，後權都水丞，與侯叔獻行汴水淤田法，熙寧八年五月得到神宗嘉許。他在元豐元年十二月戊午（十八）便以太常博士權判都水監擢爲大理少卿。大理正卿爲權知審刑院度支郎中崔台符（？～1087），另一少卿是屯田郎中直史館權發遣江淮等路發運副使塞周輔（1023～1088）。不過，崔台符及楊汲與權發遣大理寺丞賈種民與權監察御史

神宗幫李憲脫罪，可保不了李的部屬趙濟。是月癸丑（廿二），陝西轉運司劾趙濟私役兵防及用官錢買女口，詔罷其知熙州之任，留在秦州聽旨。乙卯（廿四）改以知滄州（今河北滄州市）屯田郎中、直集賢院張頡（？～1090），加祠部郎中直龍圖閣代知熙州。但御史滿中行（？～1090後）卻認為張天性偏躁，動多猜忌，以前在廣南已計較私忿，而熙河邊要之地，需得有持重有常的人擔任。神宗從之，於七月癸亥（初二），罷張之任，而改以李憲的舊部宿將步軍都虞候、昌州團練使知雄州苗授代知熙州權發遣熙河路經略安撫馬步軍都總管司。戊寅（十七），再命苗授同經制熙河邊防財用事。因王君萬之死，己卯（十八），宋廷接受李憲的提議，命同管勾經制熙河路邊防財用、秘書丞胡宗哲兼管勾新置監牧及給散蕃部馬種事。苗授在上任道中丁母憂，累請辭官終喪，但神宗不許。〔註27〕李憲暫時失去了趙濟，卻得以調回愛將苗授效力，神宗也算得體諒了。

七月壬申（十一），熙河路走馬承受內臣樂士宣（？～1118後）上奏，稱青唐酋鬼章又致書知河州劉昌祚，既出言不遜，又大集兵馬，未知去向。神宗聞奏即命熙河經略司具奏其事並查探鬼章去向。庚寅（廿九），熙河路經略

裡行何正臣，卻在元豐三年二月己未（廿五）以治陳世儒獄時失察，各被罰銅十斤。可見楊汲並不是精於斷獄的人。至於李憲妻王氏告李憲何事？之前的說法是王氏母告李憲婢欲謀害王氏，而蔡延慶以案涉外事而不敢審理，根據《長編》此條的記載，此事涉李憲的子婦以至李憲本人。筆者懷疑王氏訟告李憲私通子婦（不知是否李毅之妻），怕事發而使其婢謀害之。至於楊汲以甚麼證據得到實情，而去內侍省取的宿夜紀錄屬於何人，是李憲的還是李毅的？也沒有說明。筆者懷疑楊汲所取的是李憲在內侍省的宿歷，以證明他沒有私通子婦。顯然，楊汲明白神宗有心保護李憲，於是他的調查方向是為李脫罪。他按神宗的意旨辦事，稍後便被擢為大理卿。他在元豐五年（1082）九月辛卯（十三），便以大理卿上奏言獄空，神宗詔付史館。元祐二年（1087）四月，他卻被言官王覿劾他「治獄不公，高下其手，賊害善良，而世以為酷吏者三人：崔台符、楊汲、王孝先也。」王覿的說法可能有偏頗，但楊汲顯然不是治獄寬大而公正的人，他這次審理事涉李憲的獄事，就不像平素的治獄手法。楊汲治獄種種劣績，在元祐時便被言官痛劾，詳見下文。

〔註27〕本書附錄二〈苗授墓誌銘〉，頁383：《長編》，卷三百五，元豐三年六月癸丑至乙卯條，頁7428～7429；卷三百六，元豐三年七月戊寅至己卯條，頁7442～7443；卷四百四十九，元祐五年十月己亥條，頁 10790：《宋史》，卷三百五十〈苗授傳〉，頁11068。考十年後，在元祐五年十月，御史中丞蘇轍上奏反對張頡知滄州時，就重提及當年臣僚反對張頡知熙州的理由，認為他不可付以邊事。

司又上奏稱收到西界首領禹臧結逋藥和蕃部巴鞠等的情報，說西夏集兵，準備修築撒逋達宗城於河州界，黃河之南和洮河之西。神宗即命熙河路多備兵馬以制止之。〔註28〕

神宗考慮到西邊乏人，於八月癸巳（初三）詔陝西轉運使蔣之奇見勘熙州趙濟之公事已日久，令所干繫的人宜先次釋放。丙申（初六），前提舉熙州市易汲逢，原本坐以前界市易息滾入後界之過，神宗只輕罰贖銅十斤，改勒停爲衝替。總之神宗對熙河的官員的過失，都寬大處理。〔註29〕

神宗在九月壬申（十三），因李憲奏上其經制司屬下收課利之功，將右正言直龍圖閣趙濟擢爲右司諫仍升一任，已故的王君萬遷一子官，駕部員外郎霍翔遷主客郎中，權發遣永興軍等路提點刑獄葉康直減磨勘二年。神宗又特賜仍在京師的李憲北園瑞應坊園宅一區。〔註30〕李憲待下有恩，於此可見一斑。

閏九月辛亥（廿二），內臣李舜舉以侍神宗左右歲久，清謹無過，獲神宗擢爲文思使遙郡刺史帶御器械。〔註31〕神宗稍後即打算用李舜舉幫助李憲進一步拓展西邊。

十一月丙申（初八），以趙濟爲首的一班熙河官員之前被鞫之罪成：剛陞官的趙濟坐遣熙河指使、西頭供奉官張祚、三班借職呂忱以私役禁軍至京師買婢及奏熙州錢數馬料不實之罪，落直龍圖閣並追三官勒停，太常博士前管勾機宜文字許醇和經制熙河路邊防財用司勾當公事趙輝各以搬家人爲名假趙濟踰數，各追一官並勒停。熙河都監第二將西染院使許利見、涇原都監第六將崇儀使張恩等知而故縱，各追一官。〔註32〕

〔註28〕《長編》，卷三百六，元豐三年七月壬申條，頁 7438；庚寅條，頁 7449；《宋會要輯稿》，第十六冊，〈蕃夷六・吐蕃〉，頁 9916。

〔註29〕《長編》，卷三百七，元豐三年八月癸巳條，頁 7452；丙申條，頁 7455。

〔註30〕《長編》，卷三百五，元豐三年六月丙午條，頁 7424；卷三百七，元豐三年八月辛亥條，頁 7467；卷三百八，元豐三年九月壬申條，頁 7482；卷三百十，元豐三年十二月乙酉條，頁 7528。《宋史》，卷四百六十七〈宦者傳二・李憲〉，頁 13639。考葉康直在三月前，即元豐三年六月丙午（十五），便以提點永興軍路刑獄兼提舉本路義勇與保甲。本來陝西路教閱以四年爲限，但他在是年八月辛亥（廿一）建議陝西義勇、節級、保界及中保長，只作三年教閱。神宗從其請，詔河北及陝西路教閱不過三年。從此事可以看到葉是實事求是的人，他這次獲減磨勘二年，當是賞其勞。

〔註31〕《長編》，卷三百九，元豐三年閏九月辛亥條，頁 7498。

〔註32〕《長編》，卷二百九十九，元豐二年八月辛丑條，頁 7278～7279；卷三百十，元豐三年十一月丙申條，頁 7513～7514；卷三百三，元豐三年四月乙未條，

　　李憲屬下不乏以權謀私之輩，神宗可不姑息，然神宗對李憲仍信任不替。神宗在十二月乙酉（廿七）又給李憲一項差事。因修建尚書省需要大量上好的巨材，他頒詔稱方今天下，獨有熙河山林久在羌中，養成最為浩瀚的巨材，可以取足以修建尚書省之數。他令李憲兼專切提舉本路採買木植，令其奏上合需置的官屬及制定約束之法，一體奏上以聞，又以熙河路以東涉歷的路分，應按此是特殊職事，他司不得隨便干預。〔註33〕

　　正如《宋史》所說，李憲自兼熙河的經制財用司後，裁減熙河冗費十之六，當時宋廷用兵連年，度支調度已不繼，李憲卻能在熙河開源節流。他又歲運西山巨木給京師作營繕之用，他治理熙州的成績是有目共睹的。神宗不久又委以攻夏之重任。〔註34〕

頁 7375；卷三百四，元豐三年五月甲申條，頁 7410；《宋會要輯稿》，第八冊，〈職官六十六·黜降官三〉，頁 4830。考涇原在元豐二年八月辛丑（初六），將正兵及漢蕃弓箭手編為十一將，第一第二將駐渭州，第三將駐原州，第四將駐綏寧寨，第五將駐鎮戎軍（治今寧夏回族自治區固原市原州故城），第六將駐彭陽城，第七將駐德順軍，第八將駐水洛城，第九將駐靜邊寨，第十將駐隆德寨，第十一將駐永興軍奉天縣。考當時涇原路總管兼第一將是四方館使忠州團練使韓存寶，第六將是張恩，第七將知德順軍是勇將姚麟。韓在元豐三年五月甲申（廿二）受命為都大經制瀘州蠻賊事，統軍南征。

〔註33〕《長編》，卷三百十，元豐三年十一月乙酉條，頁 7528～7529。
〔註34〕《宋史》，卷四百六十七〈宦者傳二·李憲〉，頁 13639。

第五章　攻取蘭州：元豐四年李憲征西夏事蹟考

　　本章續談李憲在元豐四年（1081）收復蘭州的始末。神宗於元豐四年正月辛卯（初三），因韓存寶征瀘州（今四川瀘州市）蠻乞弟失利，改派步軍都虞候、環慶路副都總管林廣代替韓存寶，又命侍御史知雜事何正臣及入內供奉官、勾當御藥院梁從政（？～1106後）前往瀘州劾韓存寶。丁酉（初九），宋廷下詔以韓存寶不候朝旨，擅自退兵，逗撓怯避，而監軍內臣韓永式同議軍事，竟然同意退兵。令何、梁二人俟林廣至，就於軍前宣諭二韓罪狀，並正典刑。韓存寶是王韶及李憲當日開河州及洮州的部將。近在帝側的李憲大概已知韓凶多吉少。〔註1〕

　　正月庚子（十二），知熙州苗授兼管的經制熙河路邊防財用司上奏，指知岷州張若訥和通判王彭年（？～1084後）及多名將官等違例看妓樂宴會，已查明屬實，請罷二人之任而另差官。李憲為他的部屬申理，稱張若訥等因部將借職郭英訟本轄將官，本司卻奏別差官而不指明所犯情節。他說張若訥所管洮東安撫司，實繫方面人望，若只以部將的指控，輕易令他去職，如何能彈壓轄下漢蕃人等？他請下本路經略司盡理查勘。神宗接受李的求情。張若訥曾是苗授的副將，苗授自然不會違逆他的老上司李憲的意見，最後張等只被輕罰銅。〔註2〕李憲竭力保護他麾下的戰將，大概知道不日便要奉命出師。

　　大概也是李憲的進言，神宗在己酉（廿一）詔經制熙河路邊防財用司，推行優惠便民的政策，容許本路的弓箭手依官價自買及格堪披帶的馬匹，當赴官呈上印信畢，就給赴關買馬場日支價錢，以充買馬司年額之數。〔註3〕

　　從三月開始，神宗已一再收到邊臣有關西夏內亂的諜報。四月庚申（初三）神宗收到熙河路苗授、鄜延路沈括、秦鳳路曾孝寬（1025～1090）、環慶路俞充等四路陝西帥臣，以及河東路王克臣的急奏，稱西夏主惠宗秉常（1061～1086，1067～1086在位）被弒（其實只是被囚），外戚梁氏專權，西夏內部離心。鄜延路副總管兼第一將种諤更在同日上奏，請神宗乘機興兵伐夏，他甚至大言願統鄜延路九將兵，由神宗選內臣監軍，文武將佐由他自辟，只需帶十數日之糧，就可直取興州（即西夏都城興慶府，今寧夏銀川市）與靈州（今寧夏吳忠市利通區古城鎮）。神宗受种諤的大言影響，深信這是討伐西夏的良機。爲策萬全，他在四月壬申（十五），再批示已陞任涇原路經略使的盧秉（？～1092），要他速委邊吏偵查此事是否屬實以聞，並命他將結果通報秦鳳、環慶、熙河及河東各經略司。癸酉（十六），神宗批示已遣內臣王中正往鄜延及環慶路體量經制邊事，並密詔兩路經略司供給王所需要的錢物。甲戌（十七），又批示於陝西及河東五路聚集軍馬，令二府各委官員準備錢糧器械。丙子（十九），种諤再上言請趁西夏國亂發兵取之，他重申不用遠調兵賦，只需發鄜延路九將兵出擊就可直搗西夏巢穴。神宗不再猶豫，即命他與知延州沈括密議點集兵馬並密具出兵計劃以聞。庚辰（廿三），鄜延路經略司又奏上秉常如何爲其母梁太后（？～1085）所殺。五月戊申（廿二），知熙州苗授又引述西界大首領禹臧花麻的文字，稱秉常母子不協而殺其宰相的事。神宗即令苗授遣人向禹臧查探眞相並厚賜他。神宗越發心動時，一直測知神宗打算伐夏的知慶州俞充一再上書，陳述攻取西夏之利，稱既可雪仁宗朝寶元康定之恥，又可以成國家萬世之利，而費用不過賜給秉常五年之數。他要求入朝面奏方略。神宗命他令本路走馬承受或機宜官入奏。不過這個熱中功名的人卻在六月壬戌（初七）暴卒於慶州。〔註4〕

〔註3〕《長編》，卷三百十一，元豐四年正月己酉條，頁7540。

〔註4〕俞充在元豐四年四月乙亥（十八），以坐舉知綿州神泉縣的胡獻犯贓罪，追兩官，自承議郎降授通直郎，但免勒停仍任天章閣待制知慶州充環慶帥如故，以神宗即將伐夏故。關於俞充的人品，時人多以他爲功名之士，爲求進而不惜奉承神宗寵信的內臣。據魏泰所記，俞充（按：魏泰訛寫爲余充）向來交結逢迎王中正，王中正就常在神宗前稱許他。他風涎暴卒，神宗有一次向王

興兵伐夏是頭等大事，神宗自然不會忘記重用李憲。六月丙寅（十一），神宗將留在京師多時的李憲遣還，命他赴熙河路經制司管勾職事，並且調廣勇軍右二十指揮於熙州，由他統率。李憲在出發赴熙州前，於是月辛未（十六）又稱廣勇軍自創置以來，未嘗出征，他請於宣武、神勇及殿前虎翼軍各差一指揮，作爲他的親兵。神宗詔改差殿前司的步軍精銳虎翼右廂第十四指揮作他的親兵，至於他所請的牙隊，待殿前司管軍同意才箚與李憲知悉。〔註5〕此一事具見李憲的細心。

早在是年二月壬戌（初五）已自提舉崇福宮、西上閤門使、榮州刺史復知代州的驍將高遵裕，於六月戊寅（廿三），再晉岷州團練使知慶州，代替暴卒的俞充。神宗命他早日到任。高正是神宗準備使用伐夏的戰將。就在神宗興師之際，開熙河的功臣王韶於己卯（廿四）病卒於洪州，神宗大概爲了鼓舞士氣，就給王很高的恤典：輟視朝，贈金紫光祿大夫諡襄敏，官其子六人，

中正言及俞之死，王中正卻說俞「充素通理性，至其卒時，並無疾痛，焂忽而逝。」另陸游也記王中正稱許俞充不但「吏事過人遠甚，參禪亦超然悟解。今談笑而終，略無疾恙。」據說神宗亦稱歎。神宗後來以王中正之言問於另一內臣劉惟簡（陸游所記此內臣是素來敢言的李舜舉），劉就實說俞充只是猝死，而非王中正所言那樣。不過，有「無爲子」之稱，並以禮學知名的名臣楊傑，卻寫了三首挽詩，既表揚俞充之功，又哀悼他不壽。第一首挽詩稱許俞充「材與時相會，聲華孰可攀。東堂升秘籍，內閣敍清班」。第二首提到他「熙寧治百川，獻議辟民田。平昔不毛地，于今大有年。至忠期報國，上策在安邊。士論追賢業，臨風一泫然。」第三首更說他任邊帥之才能及功績，說他「節制當方面，恩威號令明。點羌知效順，叛俗乞歸耕。」而哀嘆「一夕流星隕，中年逝水傾。祐堂嚴歲享，耆舊致精誠。」可見俞充在時人的評價不盡負面。參見《長編》，卷三百十二，元豐四年四月壬申至丙子條，頁7566～7569；己亥條，頁7571；五月戊申條，頁7578；卷三百十三，元豐四年六月壬戌條，頁7584～7586；《宋史》，卷三百三十三〈俞充傳〉，頁10702；魏泰：《東軒筆錄》，卷十，頁113；楊傑（？～1093後）撰，曹小雲（校箋）：《無爲集校箋》（合肥：黃山書社，2014年12月），卷六〈律詩・天章俞待制挽詩三首〉，頁24～225；陸游（1125～1210）（撰），李劍雄、劉德權（點校）：《老學庵筆記》（北京：中華書局，1979年11月），卷十，頁131～132。

〔註5〕《長編》，卷三百十三，元豐四年六月丙寅條，頁7586；辛未條，頁7590；《宋會要輯稿》，第十四冊，〈刑法七・軍制一〉，頁8585；《宋史》，卷一百八十八〈兵志二・禁軍下・步軍〉，頁4619。據范學輝的考證，神宗派給李憲的親兵，是《宋會要・刑法七》和《宋史・兵志》所記的殿前虎翼軍右廂第十四指揮，而不是《長編》所記的「虎翼右一廂四指揮」。李憲所領的親兵只有一指揮，而非四指揮。又虎翼軍有兩支，分隸殿前司與步軍司。參見范學輝：《宋代三衙管軍制度研究》，第九章〈北宋三衙直轄所部的編制與兵力〉，頁500～501，503。

賜三女冠帔，封其長女為瑞昌縣君。〔註6〕

神宗於六月辛巳（廿六），頒下手詔予李憲等，指示出兵方略。他令熙河路及朝廷所遣的四將漢蕃軍馬，都付都大經制并同經制李憲和苗授，按階級法總領，另照應董氈出兵，等到蕃中所約時日，而斟酌機會調發並隨處駐紮。如董氈想宋軍過界合攻西夏，就選官率本路部份蕃弓箭手，計算足夠人數前往。若夏國母梁太后前來，或只派大兵來，就只派大軍等到董氈軍與敵交鋒，夏人有退敗之勢，有隙可尋時，然後相機與本路諸將出界合力殺敵。若董氈猶豫不肯出兵，就相機移兵討除。神宗以臨敵利害，事干機速，中覆不及的，就許二人隨宜措置施行。至於錢帛糧草，就委李的部屬經制司管勾官馬申及胡宗哲計度應付。神宗允許先以支計案充，如不足就以封樁闕額禁軍衣糧并封樁錢帛充數，再有不足，就以經制司本息充，再不足，就以茶場司錢穀充。〔註7〕

神宗在六月壬午（廿七），又授力主伐夏的种諤為鄜延路經略安撫副使，命他與經略安撫使沈括同議進兵。同時又以內臣昭宣使王中正為同簽書涇原路總管司公事，若宋軍出師，就命他與涇原路總管兼涇原第一將劉昌祚前往。神宗又發開封府界及京東西諸將兵馬分與鄜延與環慶兩路，以東上閤門使姚麟權環慶路總管，若出師，就命姚麟與知慶州高遵裕同往。至於鄜延、環慶及涇原三路招納蕃部的費用，就許支封樁錢。涇原路令王中正候編排本路軍馬畢便赴闕，於京師以七百料錢以下，選募馬步軍萬五千人，開封府界及本路選募義勇、保甲萬人。神宗詔如涇原路五千人不足，就從秦鳳路選募。到癸未（廿八），神宗詔已發遣二十三將軍馬赴鄜延、環慶及熙河，又選募二萬五千人赴涇原，命令各路經略司各具軍器什物闕數以聞。又詔軍器什物可並以舟船載至西京界，令陝西及京西轉運使速增遞鋪人車，以備運送。〔註8〕

〔註6〕《長編》，卷三百十一，元豐四年二月壬戌條，頁7544；卷三百十三，元豐四年六月戊寅至己卯條，頁7592。

〔註7〕《長編》，卷三百十三，元豐四年六月辛巳條，頁7592～7593；《宋會要輯稿》，第十四冊，〈兵八‧出師二‧夏州〉，頁8767；《宋史》，卷四百八十六〈外國傳二‧夏國下〉，頁14010。按《宋會要輯稿》將神宗這批示繫於六月二十五（庚辰）。

〔註8〕《長編》，卷三百十三，元豐四年六月壬午至癸未條，頁7593～7595。考神宗令發開封府界及京東西在營兵馬共十九將往陝西，其中開封府界第一、第三、第五、第六將，京東第一至第五將，京西第三將共十將兵力赴鄜延路；開封府界第七、第九至十一將，京東第六至第九將，京西第六將共九將兵力赴環

　　誠如梁庚堯的研究指出，在軍糧儲備不見得十分充實的情況下，神宗過度樂觀以爲可一舉得勝，就挑起戰火，大舉伐夏。〔註9〕據《長編》及《宋史》所記，神宗興師攻夏，知樞密院事孫固反對，他以「舉兵易，解禍難」，前後論之甚切，但神宗執意甚堅。孫固問神宗誰可任主帥，神宗回答說「吾以屬李憲」。孫固聞之更爲反對，痛陳「伐國大事，而使宦者爲之，士大夫孰肯爲用？」神宗見孫固拂他的意甚爲不悅，孫固請辭職，但神宗不許。孫固稍後又問今舉五路大軍而無大帥，就算成功也兵必爲亂。但神宗不肯另委大帥，同知樞密院事呂公著（1018～1089）進言，說既無大帥就不如不舉兵。神宗不從，卻因孫固等的反對，最終沒有堅持委用李憲爲伐夏的主帥。〔註10〕

　　神宗是否眞的想用李憲爲主帥？當日神宗命李憲爲南征軍副帥，已因文臣反對而作罷，他後來以「計議秦鳳熙河經略司措置邊事」的名義給李憲經略熙河，也招致言官多番反對。神宗若眞的以舉國之師委李憲，恐怕整個二府大臣都會反對。李憲其實甚有帥才，而也很得軍心；但他的內臣身份就是

　　　　慶路。其餘的四將赴熙河路，此四將來自何處及其番號待考。又神宗在李憲赴熙河前，將殿前司的步軍精銳虎翼右一廂四指揮作他的親兵，這應不包括調往熙河的四將。關於各路將數及各將的原駐地，李昌憲有專文考述。參見李昌憲：〈宋代將兵駐地考述〉，載鄧廣銘、王雲海（1924～2000）等（主編）：《宋史研究論文集》（一九九二年年會編刊）（開封：河南大學出版社，1993年12月），頁320～340。

〔註9〕　參見梁庚堯：〈北宋元豐伐夏戰爭的軍糧問題〉，頁59～87。梁氏此文對神宗五路伐夏及永樂築城的經過有詳細的論述。

〔註10〕《長編》，卷三百十三，元豐四年六月甲申條，頁7596；《宋史》，卷三百四十一〈孫固傳〉，頁10875～10876。呂公著字晦叔，是呂公弼弟，王安石的同年進士及好友，但與王安石政見不合。他後來在元祐初年繼司馬光爲首相。他的家世及生平事蹟，許多研究河南呂氏的著作都提及，也有年青學人寫過碩士論文，可以參考；不過，這些著作並未有深入探討呂公著在熙豐時期以及元祐時期的對外政策，特別是他拜相後與舊黨臣僚對西夏政策的異同。最近期研究呂公著在元祐時期的作爲有王化雨一文。王氏認爲呂公著對時局的複雜性有較清楚的認識，主張以相對溫和的方式處理各種矛盾，以維持穩定。惜他本身操守不足，另由於高太后及其他舊黨制肘，呂公著未能做到消弭矛盾，反而令自己陷身黨爭漩渦中。王氏所論合理。參見王章偉：《近代社會的形成——宋代的士族與民間信仰》，上冊，《士族篇》，《宋代新門閥——河南呂氏家族研究》，第二章〈河南呂氏家族之發展〉，頁43～52；方亞蘭：《呂公著研究》，上海師範大學（人文與傳播學院）古代史碩士論文，2011年2月；王化雨：〈呂公著與元祐政局〉，載姜錫東（主編）：《宋史研究論叢》第二十一輯（北京：科學出版社，2017年12月），頁3～23。

一極大的障礙。李憲為此原因而不能肩此重任，實在是無奈的。

神宗在七月己丑（初四）先任命皇城使、康州刺史知保安軍（今陝西延安市志丹縣）的夏元象為權鄜延路副總管，作為种諤的副將。庚寅（初五）再詔鄜延、環慶、涇原及河東路進兵入西夏界，依宋廷所立的各項軍令指揮劃一行事，其中一條是若立功當比王韶李憲開熙河時更賞功三倍，若臨敵不用命就全家誅殺。另又詔環慶及涇原路經略司支封樁錢十萬緡以招納蕃部。神宗又分別於辛卯（初六）及壬辰（初七）批示鄜延路及麟府路的相應行動。癸巳（初八），神宗更特別指示李憲方略，指熙河地形據西夏上游，水陸均可進攻，命李憲等廣募嚮導，多設奇計。雖然李軍現於河州界與董氈準備合力攻取，但仍宜相度置船筏於洮水上游，或運輸軍糧，或載戰士，或備火攻。所用之木材，可於末邦山取辦。至於兵匠，就宜取於鳳翔府船務。若已有兵馬分配不足，可發秦鳳路四將相兼。若部署做好，就即日約董氈一同攻擊西夏界中新修的邀川地內城砦。若夏人赴援，即遵守近日所降的命令，鼓勵將士合力奮擊。若大兵不至，就相度機便，率兵東下，逕取敵巢穴，或北取甘州（治今甘肅張掖市甘州區）、涼州（治今甘肅武威市涼州區），出敵之背，與諸道之師合力攻討。早前命派蕃弓箭手給董氈助戰的指揮現撤回，其他的並依鄜延等路的劃一指揮。丁未（廿二），神宗再詔李憲可乘機取徑道攻取敵巢穴，或北取涼州，與董氈會兵。為此，先前所許的撥兵修寨的命令就撤回，命他告知董氈。神宗又批示，入西蕃撫諭使苗履等回奏，說已約好董氈點集六部族兵馬十三萬，於八月中分三路與宋軍會合。神宗又令李憲將此軍情照會涇原、環慶、鄜延路經略司及王中正。〔註11〕

〔註11〕 《長編》，卷三百十一，元豐四年二月乙酉條，頁7547；三百十四，元豐四年七月己丑至癸巳條，頁7600～7604；丁未條，頁7608；卷三百二十五，元豐五年四月甲寅條，頁7816；卷三百二十八，元豐五年七月甲申條，頁7892～7893；卷三百三十二，元豐六年正月己丑條，頁7998～7999。考夏元象早在元豐四年二月乙酉（廿八），見任知保安軍。他上奏夏國主派姦細招蕃官左藏庫使鄜延路都監劉紹能（？～1083後）及閤門祗候李德平。鄜延經略司請將劉李調往他路。但神宗不允，反而陞劉紹能為本路鈐轄。宋廷卻在元豐五年四月甲寅（初三）以劉紹能涉嫌通敵，命御史宇文昌齡鞫於鄜州。七月甲申（初五），詔移劉環慶路。但十七天後又將他調回鄜延路。元豐六年（1083）正月己丑（十三）獄畢，證明他無罪。已陞任鄜延路經略副使的种諤及原任經略使的沈括等，以輕信管勾機宜汲光誣劉遇敵不戰及與夏人交通，均被責。

　　據陳守忠先生的分析，神宗這次派給李憲的任務，並沒有肯定的目標，如攻取靈州，只是命他「相度機便，率兵東下，逕取敵巢穴，或北取甘州、涼州，出敵之背，與諸道之師合力攻討。」，據陳氏所考，李憲所統率的熙秦七軍號稱十萬，實際的兵力只有約五萬人，只是配合以涇原和環慶軍為主力的一路偏師，〔註12〕李憲從開始就沒有主帥的身份與格局。神宗發動涇原、環慶、鄜延、麟府及熙河五路伐夏，他自己像太宗一樣製訂方略，實行將從中御，卻沒有委任一名統率全軍的主帥，不幸重蹈當年太宗雍熙三路伐遼而不任主帥的覆轍。

　　神宗為了激勵士氣，於七月甲午（初九），厚賜李憲以下的熙河、鄜延、涇原、環慶及麟府各路帥臣以及在麟府路的王中正，各賜金帶十五條，銀帶、錦襖七百和銀器萬兩，另交椅、水罐、手巾筒和水叉五十副，鞍轡纓二十副、象笏三十面。但也在征夏前整頓軍紀，拿瀘州的敗將韓存寶開刀，七月甲辰（十九）詔斬韓存寶於瀘州，照管軍馬的內臣入內東頭供奉官韓永式除名配沙門島（今山東煙臺市長島縣西北廟島）。李憲遠在熙河，這次就救不了他的部將。神宗再在丙午（廿一）批示韓存寶被誅，因其出師逗撓，遇敵不擊，殺戮降附，招縱首惡。並命將此批示箚下鄜延、環慶、涇原路經略司以及熙河路經制司。神宗在七月丁未（廿二）又詔鄜延、環慶、涇原、熙河及麟府路，各給諸司使至內殿崇班敕告，自東頭供奉官至三班奉職、軍頭二百道，鄜延路別給三班借職至殿侍、軍大將箚子一百道，如軍前有效命奮力的，可以激勵眾心者，隨功大小補職，就填寫給付。神宗的用意很清楚，在出師攻夏前，向諸將申明：有功重賞，不用心即嚴懲，甚至按以軍法。〔註13〕

　　就在李憲大軍出發前，他的部將苗履在庚戌（廿五）奏上最新軍情，說西蕃大首領經沁伊達木凌節齎阿里骨所寫的蕃書稱，在七月戊子（初三），斫龍城蕃家守把堡子南宗的西囉谷，有西夏三頭項人設伏，劫掠蕃兵。夏兵斬

〔註12〕陳守忠：〈李憲取蘭會及其所經城寨考〉，頁130。

〔註13〕韓存寶在八月丙寅（十二）伏誅，而韓永式被流配沙門島兩年半後，在元豐六年（1083）十二月壬申（初二）以大赦恩典，自沙門島徙送唐州牢城，特免刺面，後三徙配汝州牢城。到元祐元年（1086）正月乙未（初六），其母引大赦恩典求將他釋放，宋廷准所請，讓他自便居住。參見《長編》，卷三百十四，元豐四年七月甲午條，頁7604；甲辰至丙午條，頁7606～7607；戊申條，頁7609；卷三百十五，元豐四年八月丙寅條，頁7626；卷三百四十一，元豐六年十二月壬申條，頁8205；卷三百六十四，元祐元年正月乙未條，頁8698。

首三百而降百二十三人。〔註14〕

值得一提的是，神宗在癸丑（廿八）詔原本隸种諤的麟府張世矩改隸王中正，另以王中正措置麟府兵馬，兼管鄜延、環慶及涇原三路兵馬。這項命令大大提高了王中正的權力，但王還不是主帥。司馬光《涑水記聞》記「元豐四年秋，朝廷大舉討夏國，命內臣李憲措置秦鳳、熙河，節制環慶涇原，照應河東鄜延路軍馬；昭宣使眉州防禦使王中正措置河東路，節制鄜延，照應環慶等路軍馬。」他的說法似乎是說李憲的權力等同主帥，而王中正就等同副帥。另《東都事略・李憲傳》也記「神宗問罪西夏，命五路出師，憲領熙河兼秦鳳，建大將旗鼓，節制諸軍。」然《長編》、《宋會要輯稿》及《宋史》等書均沒有記載李憲有節制五路的權力，反而王中正有節制四路兵馬（熙河路除外）的權力。如上所言，李憲一軍只是偏師，神宗並沒有以他為主帥的打算。司馬光及王稱所說似不確。〔註15〕

神宗於八月乙卯（初一），在主攻的環慶及涇原兩路，再命兩員勇將統軍：提舉永興秦鳳路保甲的西上閤門使狄詠為權環慶路副總管，東上閤門使秦鳳路副總管姚麟權涇原路副總管。神宗下令：若出兵，狄詠、姚麟隨高遵裕及劉昌祚行。〔註16〕

五路之中，以李憲熙河路之師最早出動，神宗對他這一路的進軍情況甚表關注，八月丙辰（初二），他下詔質問已令李憲約好董氊在八月中出兵，為何李憲至今未奏上措置進兵次第？他嚴令若小有稽緩致誤師期，必正軍法，並詔下李的副手同經制通直郎馬申等。〔註17〕神宗稍後又接到秦鳳路經略使曾孝寬的奏報，曾對先前要秦鳳路抽撥四將兵給李憲，大有保留。他說秦鳳只有五將，一將已差往戍守甘谷城（今甘肅定西市通渭縣南襄南鎮，又名馬家店），若其餘四將調歸李憲熙河，同是極邊的秦州及諸城堡寨就無兵防衛。神宗不滿，命曾等具析事實以聞。〔註18〕大概李憲以秦鳳軍未至，所以他未貿然出兵。他收到神宗嚴旨後，馬上覆奏其軍事佈置。辛酉（初七），神宗給

〔註14〕《長編》，卷三百十四，元豐四年七月庚戌條，頁7611。

〔註15〕《長編》，卷三百十四，元豐四年七月戊申條，頁7609；癸丑條，頁7612；《涑水記聞》，卷十四，第385條，「王中正攻西夏」，頁277；《東都事略》，卷一百二十〈宦者傳・李憲〉，葉六上。

〔註16〕《長編》，卷三百十五，元豐四年八月乙卯條，頁7615。

〔註17〕《長編》，卷三百十五，元豐四年八月丙辰條，頁7617。

〔註18〕《長編》，卷三百十五，元豐四年八月己未條，頁7618。

李憲手詔，滿意他的報告。對他以屯結的漢蕃軍馬分置將佐，部份陣隊，並審定出兵方向，和他計度夏軍所屯重兵之所，以及他所論諸道進兵首尾之勢，大為稱許。神宗進一步表明戰場的事，朝廷既授權將帥，他們就要趨利避害。帝主既難以居中預度，就要李憲臨敵自行決定。神宗認為上策是「奮張威武，鼓勵三軍之士，往指梟巢，與諸將合力，俘執醜類，然後巡視右郡，居要害者，城而守之，是為上策也。」神宗再告誡他若未能討平大敵，而看不到有關地守禦之的方法，若謀算在西夏境內築城，就必會自貽患悔，切宜審慎。神宗又令他提出其他制敵方略，或攻或守，都可以一試，並重申秦鳳軍已有命令歸他指揮，可以便宜施行，而軍中所需，已命有司一一供應。乙丑（十一），神宗再批示，早已命秦鳳一路兵給李憲節制，憂慮秦鳳路猶留軍不發而誤熙河軍出師之期。神宗再下詔李憲的都大經制司，重申朝廷屬任之意，許其節制處分。神宗批示，熙河路既部署好兵馬，必須應董氈所約期出兵。至於蕃中出兵與否無可為據，宜令經略司選使臣一二人入蕃軍照驗，仍約阿里骨派首領一二人與宋軍同出，就不分彼此，不誤大事。丙寅（十二），神宗再詔諸路進討行營的漢蕃兵，只要能出力破敵，就不要令他們費私財。神宗指明由李憲、王中正和高遵裕照管此事，要他們體量行動大小和進兵遠近，量給所費令其足用。總之神宗為打勝仗就不吝賞賜。〔註 19〕為配合李憲出兵，宋廷在八月癸酉（十九），詔其部屬馬申及胡宗哲兼權管勾熙河、秦鳳路轉運判官公事，令其行移文字，並以熙河秦鳳路轉運司為名。神宗對李憲的出師可說是極大的支持及信任。〔註 20〕

　　由种諤指揮的宋軍在八月壬戌（初八），已從鄜延一路發動攻擊，种諤派諸將出夏界，遇夏軍而破之，斬首千級，初戰得勝。〔註 21〕李憲的大軍隨後

〔註19〕　《長編》，卷三百十五，元豐四年八月辛酉條，頁 7621；乙丑至丙寅條，頁 7424～7425；《宋會要輯稿》，第十四冊，〈兵八・出師二・夏州〉，頁 8768；不著撰人（編），司義祖（點校）：《宋大詔令集》（北京：中華書局，1962 年 10 月），卷二百十三〈政事六十六・備禦上〉，〈賜李憲手詔・元豐四年八月辛酉〉，頁 810。

〔註20〕　《長編》，卷三百十五，元豐四年八月癸酉條，頁 7630。沈琛瑩認為神宗給予李憲統率熙河秦鳳兩路兵馬的權力，被賦予了廣乏且自主的便宜指揮之權，較其他各路主帥尤為殊異。惟沈氏沒有注意到其實在戰時，神宗給王中正和高遵裕一樣節制兩路以上的權力，與李憲無異，沈氏在後文仍提到王中正亦暫時被賦予李憲相當的事權。參見沈琛瑩：《北宋神宗朝對西北的經略——以戰略決策與信息傳遞為中心》，第四章第三節〈元豐靈夏之役〉，頁 130～132。

〔註21〕　《長編》，卷三百十五，元豐四年八月壬戌條，頁 7624。

亦出境攻夏。關於李憲的行軍路線及進攻方向，陳守忠指出熙河經制司的帥府設在熙州，李憲若兵渡黃河，越過祁連山之險（烏鞘嶺、古浪峽），以攻打涼州，或青唐董氈所轄地盤（今青海湟水流域），出大斗拔谷（今扁都口）以取甘州。這樣越國襲遠，首先是地形複雜，然後是無法解決的後勤供應問題。以李憲五萬之師去完成如此艱巨的任務，幾乎是不可能的。所以李憲還是選擇了「東上會師」的戰略。當然東上會師要深入夏境作戰。陳氏指出早在慶曆三年（1036）元昊襲取甘州和涼州時，即舉兵攻蘭州諸羌，南侵至馬銜山（亦作馬啣山），以蘭州、龕谷（亦稱康谷，今甘肅蘭州市榆中縣小康營）為據點。王韶在熙寧四、五年開拓熙河，雖從渭水上游推進至洮水流域，但未能越過馬銜山。而宋夏之間形成隔馬銜山而對峙的局面。陳氏分析，李憲要越過馬銜山向西夏發動進攻，選擇好的進軍路線是關係成敗的第一著。假如按神宗前詔所示「相度置船筏於洮水上流」進軍，由洮水入黃河，那要經過現在的劉家峽、鹽鍋峽、八盤峽以達蘭州，但河道狹窄，水勢湍急，不能行船，只能通木排和牛皮筏。陳氏指出運兵打仗豈有用木排和皮筏的道理，那會被敵人在峽中殲滅的。此路不通，李憲只能選擇越過馬銜山口，由陸路進軍的路線。〔註22〕

〔註22〕據陳守忠的考證，馬銜山為祁連山餘脈，東西走向，橫亙在今日甘肅定西市臨洮縣與蘭州市、榆中縣之間。主峰在今蘭州市榆中縣正南方，海拔 3670 米。其支脈興隆山也在 3000 米以上。馬銜山亦寫作馬啣山，張多勇的描述更詳盡，張氏指出西夏佔據蘭州和定西城後，就以馬銜山為界，構築蘭州至定西防區。馬銜山是甘肅蘭州南部的屏障，呈西北至東南走向，長約 120 千米，其山勢走向大體可分為并列的兩支，兩支中間有一河流稱為官灘溝（今雷壇河上游支流），而從阿干鎮至銀山至馬坡至上莊至黃坪，是一條通道。皋蘭山、興隆山均為北部一支的餘脈。主峰在南部一支，西北至劉家峽北部的霧宿山，是洮河與黃河蘭州段支流的分水嶺；東南延伸至定西市安定區與渭源縣、隴西縣之間的胡麻嶺，是祖厲河與渭河的分水嶺。跨越永靖、臨洮、西固、七里河、榆中縣、安定、渭源、隴西等八縣區。其高聳的地勢和嚴寒的氣候，以及獨特的地貌景觀與蘭州周圍的黃土高原區截然不同，而與青藏高原相近。該處剝蝕嚴重，地表破碎，山高谷深，但山頂平坦如川，寬若 8 至 10 千米，長約 40 至 50 千米。在海拔 3500 米以上有冰緣，海拔 2300 米至 3500 米為高山草甸，是歷代甘肅施政官員看重的養馬基地。據張氏所記，這裡現存明朝肅王「牧馬官灘」界碑一通，官灘溝的得名蓋源於此。因受地質運動和外力作用的雙重影響，馬銜山以北地勢較低，河谷寬闊，由黃河及其支泡河谷與黃土高原的丘陵組成的低地，可以稱為定西蘭州盆地。參見陳守忠：〈李憲取蘭會及其所經城寨考〉，頁 130～131；張多勇、龐家偉、李振華、魏建斌：〈西夏在馬啣山設置的兩個軍事關隘考察〉，頁 1～2。

李憲知兵，自然選擇相對安全的陸路路線。據陳氏所考，由臨洮越馬銜山至蘭州和榆中，當時的主要道路有三條：一是由臨洮城向北經中孚，過七道嶺（其上有摩雲關）經西果園溝谷達蘭州（由七道嶺經阿干鎮、東果園溝谷亦通），即現在的公路線，此為西道，但宋時七道嶺仍是大森林，山大溝深，容易被敵據險設伏，掉入口袋陣。二是由臨洮城向北至今的康家崖，折而向東入改河河谷，再穿越馬銜山口直下榆中城，此為中道，最為捷輕，但亦最險，因要從馬銜山主峰右側穿過山口，再穿越其支脈興隆山山口達榆中。三是由臨洮北 30 里墩向東入大柳林溝溝谷，迂迴經站灘、雲谷，達榆中新營鎮至龕谷寨（今蘭州市榆中縣小康營鄉），此為南道，雖然迂迴，但所經已是馬銜山餘脈，車馬大道多半從山梁經過，雖有山口但不甚險。李憲正是選擇此一南道。據陳氏所言，《長編》及《宋史》所記李憲行軍路線雖簡略，但據李憲首戰克西市新城（今甘肅蘭州市榆中縣三角城），然後駐兵汝（女）遮谷，與他們實地調查情況對證是完全可以肯定的。張多勇則認為李憲奪取蘭州，翻越馬啣山（馬銜山），必須經過凡川會（今蘭州榆中縣所在的苑川），但史書未記載李憲在凡川會有戰事。〔註23〕

〔註23〕 據張多勇的說法，古代翻越馬銜山有四個關口，一是從蘭州西固翻越關山，經大嶺至永靖，過黃河古渡——風林渡達河州，亦可沿此路西去青海，與今日通用的道路大體相合。二是從七里河西果園翻越摩雲關，經中孚至臨洮，與今天通臨洮的道路基本相合。三是從榆中縣新營經黃坪、臨洮縣雲谷、站灘至峽口，這條道路宋代稱為汝遮谷，又有一分支龕谷川。第四是從定西安定區的內官營翻越胡麻嶺，至臨洮縣的站灘。張氏指出這些關口都有隧道貫通，原來的關隘已不再起作用。至於汝遮谷，陳守忠認為是今榆中縣宛川河谷由夏官營至桑園峽一段谷地，他認為能駐紮數萬軍隊的地點就只能在今夏官（關）營一帶。惟張多勇在 2014 年 4 月 6 日實地考察，卻以為陳說有誤，汝遮谷應在榆中縣新營鄉的清水河谷地。而不在夏關營。至於三角城，張氏在同日前往考察，三角城古城位於定西市榆中縣三角城鄉三角城村。現僅存北牆 50 米，北城壕與東城壕拐角處明顯。東護城河清晰，寬 38 米，深 1.5 米，南牆東邊現存 50 米，夯層 17～23 厘米。張氏指根據護城河，復原古城南北距 100 米，東西距 170 米。地理坐標：35°53'04.8"N，104°09'02.7"E，海拔 1844 米，附近不見文化遺物，牆體風化嚴重，張氏考定當屬於西夏城牆。至於龕谷寨，陳守忠與張多勇均認為是小康營。張多勇在 2014 年 4 月 6 日曾往小康營考察。該處古城仍然保存，城東有一山谷，今名龕谷峽，峽中有溪流，名龕谷河。古城所在地現名周家村莊，屬榆中縣小康營鄉小康營行政村。龕谷峽地勢險要，扼峽谷之咽喉。入龕谷峽五千米，所見修築一水庫，道路今已不能通行。龕谷寨位於蘭州盆地的南緣，龕谷關位於馬銜山北部山系的一條支脈上，是翻越馬銜山汝遮谷通道的一條分支。參見陳守忠：〈李憲取蘭

　　李憲總領的七軍在八月丁丑（廿三）進至西市新城，遇敵約二萬餘騎，宋軍掩擊敗之，擒首領三人，殺獲首領二十餘人，斬首二千餘級，奪馬五百餘匹，初戰獲勝。神宗因尚未收到捷報，在庚辰（廿六）還下詔，指示李憲等本來約好在八月辛未（十七）與董氈人馬攻討夏軍，現時因鄜延路會師之期尚在九月下旬之初，故命李憲等若出界遇到敵軍並將之擊敗，就引兵深入。若遭到阻遏，不能長驅而進，就選擇可方便控制的地方，並當饋運之所在權立營寨，以待諸路會師之期以首尾相應。神宗又發一詔給李憲，說今次興兵，對付的並非普通敵人。進圖西夏百年之國，絕非細事，若不能上下畢力，將士協力，何能共濟。神宗表示要不惜爵賞，激勵三軍士氣，使之冒鋒摧敵。倘能初戰取勝，則其他就可迎刃而解。他再囑李憲不要吝嗇金帛，旌拊戰士。只要能激發眾心，皆可令李便宜從事。神宗對李憲期許甚大，李憲也沒有讓神宗失望，在神宗發出詔書的同日，已進兵女遮谷，與夏軍相遇並破之，斬獲甚眾。〔註24〕神宗大概沒有想到，李憲行軍迅速，擊敗敵軍，奪取要地，做得比預期的還要好。

　　值得注意的是，關於李憲的進軍路線，尚平最近期的研究卻與陳守忠與張多勇的看法有異。他經考證，指出《長編》、《宋史》所記與汝遮城相關的若干地名如女遮谷、汝遮、努札川其實是同一地方，而非陳守忠所言汝遮與女遮為兩地，以為汝遮為努札的訛化，其地在今定西市附近；而女遮谷在蘭州與榆中之間。他認為女遮谷即為汝遮城（安西城），女遮與汝遮實為一詞。他又考證西市新城即是西使城（後賜名定西城，今甘肅定西市）。西市新城在蘭州以東百五十里，在通遠軍北一百二十里。據此，他認為李憲大軍在元豐

　　　　會及其所經城寨考〉，頁131～132；張多勇、龐家偉、李振華、魏建斌：〈西夏在馬啣山設置的兩個軍事關隘考察〉，頁2～4。至於汝遮谷的所在的考證另參見注36。

〔註24〕　本書附錄二〈苗授墓誌銘〉，頁383；《長編》，卷三百十五，元豐四年八月丁丑至庚辰條，頁7632～7634；《宋會要輯稿》，第十四冊，〈兵八・出師二・夏州〉，頁8768～8769；《宋史》，卷十六〈神宗紀三〉，頁305；卷三百五十〈苗授傳、趙隆傳〉，頁11068，11090；卷四百六十七〈宦者傳二・李憲〉，頁13639。據〈苗授墓誌銘〉和《宋史・苗授傳》所記，苗授與李憲出古渭路，取定西城（即西市城）。苗授是熙河軍的中軍主將，大概由他率軍取得西征頭功，又據《宋史》所載，後來在徽宗朝在西邊一再立功，原屬姚麟麾下的勇將趙隆也參預這場西市之役。趙隆後來官至捧日天武四廂都指揮使溫州防禦使，約辛於政和八年（即重和元年，1118）五月前，宋廷贈鎮潼軍節度使。參見《宋會要輯稿》，第四冊，〈儀制十一・武臣追贈・軍職防禦使〉，頁2541。

四年八月實由通遠軍（即古渭寨，今甘肅定西市隴西縣）出發，向蘭州方向出軍，奪取不遠的西市新城，而非陳守忠所論在熙州出發。按尙氏沒有看到的〈苗授墓誌銘〉曾記「四年秋，王師西討。公與憲出古渭路，取定西城，盡蕩禹藏花麻諸帳。降其眾五萬戶，還城蘭州，號熙河蘭會路。」也旁證李憲大軍實出古渭路，先取不遠的定西城（西市新城改名），而非自熙州出軍。〔註25〕

　　李憲下一步的軍事行動就是約好董氈一同進兵，九月甲申（初一），他上奏神宗，稱已派使臣史誠齎書與鬼章約會兵的地方，但他仍在觀察蕃兵的動向。乙酉（初二），李憲所轄的熙河路經略司再報告董氈派首領李叱納欽（？～1084 後）等入貢，稱董氈已遣首領洛施軍篤喬阿公及親兵首領抹征尊等，於七月辛丑（十六）已部三萬餘人赴黨龍耳江、錢南及隴朱、珂諾等處進擊西夏。然不待董氈兵馬出動，李憲大軍已在九月初二攻入蘭州。神宗因未收到捷報，為怕夏軍併力阻擋李憲軍，還命令王中正及高遵裕移節制的兵馬上近邊下寨，以牽制夏軍。另又將入西蕃撫諭的洛苑使苗履及左侍禁、李憲弟李宇各遷一官。戊子（初五），李憲攻取蘭州後，再乘勝追擊，命蘭州新歸順首領巴令渴等三族，領所部兵攻克夏撒逋宗城，斬獲三十餘級，奪其渡船，敵軍入河死者四五百人，獲老小二百餘口，牛馬孳畜二千餘。是日，神宗收到先前李憲收復西市新城的捷報。神宗大喜，就賜詔嘉許李憲，說當初宋軍尙未出境時，朝廷內外莫不以夏羌鋒銳為憂，深怕宋軍難於輕易取勝。李憲現在出師首遇堅城，就能一鼓破之，可見將帥有略。他囑李憲以漢蕃士卒勇於赴敵，所宜加勞，更要再激勵兵眾，以防止敵軍聞此沮敗而併力來拒宋軍。庚寅（初七），神宗再以李憲軍深入夏境，怕後繼無援，就命留守熙州的胡宗哲於見在熙河路未出界的將兵，調發兩將由乾州路入為後援。〔註26〕李憲是

〔註25〕尚平：〈北宋汝遮城進築中的地理議論（1082～1096）〉，頁283～287；本書附錄二〈苗授墓誌銘〉，頁383。

〔註26〕《長編》，卷三百十六，元豐四年九月甲申至庚寅條，頁7637～7640；辛丑條，頁7646；戊申條，頁7651；《宋會要輯稿》，第十六冊，〈蕃夷六・吐蕃〉，頁9916；《宋史》，卷十六〈神宗紀三〉，頁305；卷四百六十七〈宦者傳二・李憲〉，頁13639。按神宗在九月己酉（廿六）給沈括的詔書稱，他據熙河經制司所奏，所獲夏國首領臥勃哆等述說西夏軍情。他說在夏國日，夏方自聽聞宋軍四出後，就分遣諸監軍司兵馬委諸夏帥統領，以抵抗宋軍，並有戒令，命各分作三處：一以當戰，一以旁伏，一俟宋軍兵營壘未定，伺隙亂之。神宗說現在追驗西市新市之戰，就如其說。據此，李憲所奏取西市新城的捷報，

神宗親點的心腹內臣，他一路的成敗關乎神宗的面子，是故神宗對李軍的行動至為關切。他對李憲初戰得勝，自然喜不自勝。

李憲在乙未（十二）及丙申（十三）再奏上在女遮谷及蘭州兩役的詳細捷報。他報告宋軍在八月庚辰（廿六）駐兵女遮谷，副將苗授率漢蕃軍襲擊夏軍在西市新城潰敗的餘黨於山谷間，斬百級，獲馬牛孳畜甚眾，又降蕃部龕波給家等二十二族首領，共千九百餘戶，他們已剪髮及刺手。李憲給他們歸順旗及錦袍及銀帶賜物。李憲又奏稱大軍過龕谷川，那是夏主秉常御莊之地，極有窖藏，而有敵壘一所，城甚完堅，卻無人戍守，惟有弓箭及鐵杵甚多。他已派每一軍副將分兵打開窖藏的穀物及防城弓箭之類。神宗才在一天前以疾不御殿，收到這番捷報，人逢喜事，當日他便重御垂拱殿。第二天，他再收到李憲收復蘭州的詳細捷報。李憲奏稱宋軍在九月乙酉（初二）收復蘭州，並報告蘭州古城東西約六百餘步，南北約三百餘步。宋軍自西市新城約百五十餘里行軍至金城，有天澗五六重，僅通一人一馬。自夏軍敗走後，所至的部族皆降附。李憲以招納的降羌已多，若不築城蘭州，就無以固降羌之心。為了築蘭州城及通過堡，已派前軍副將苗履、中軍副將王文郁都大管勾修築，而由前軍將李浩專責提舉。李憲再奏請神宗，將蘭州建為熙河路的帥府，以鎮洮軍（即熙州）為列郡，並推薦由李浩出任熙河蘭會路安撫副使兼知蘭州，而以王文郁、苗履為本路鈐轄，並請恢復趙濟的職務，命他兼熙河及秦鳳兩路財利事，負責軍需。神宗對李憲的建議全部接納。並令李憲據軍前的情況事處理蘭州之問題，暫時粗修之為宋軍駐兵之所，不過就不要過度花費。等到宋軍撫定黃河以南諸郡再措置。據曾瑞龍所考，本來李憲初時修築蘭州的規畫宏大，可是王安石弟王安禮（1034～1095）認為宜「省版築之費，使城小而堅，則易為守。」神宗同意，又從李憲之請，將趙濟復為通直郎權管勾熙河路轉運司，李浩、王文郁及苗履權領所請之職任，當李憲行營東上之日，就留守蘭州以固根本。至於李浩需要辦事的人，就命他在軍前權選委勾當。〔註27〕

<hr>

還包括此一西夏降人的情報。又李憲攻取撒逋宗城的捷報，到九月辛丑（十八）才達宋廷。

〔註27〕 曾瑞龍認為宋廷所以省減修建蘭州城的規模，是受到當時宋夏軍事對峙的形勢的制約。他也舉出神宗在元豐五年批示蘭州延緩修建外圍的女遮堡，而全力修濬護城濠，也是出於同樣的考慮。又關於苗授及王文郁的戰功，據〈苗授墓誌銘〉及《宋史·苗授傳》所記，宋軍擊敵於女（汝）遮谷以及焚南牟兩役，都是由苗授指揮的。而李憲率軍討靈武，王文郁從征，並招得羌戶萬餘。按王文郁在熙寧初年從內殿崇班閤門祗候擢為內殿承制依舊閤門祗候。

李憲取蘭州，並佈置長久治理之格局，特別是將熙河路擴大爲熙河蘭會路，而以蘭州爲帥府的建議，是北宋中期拓邊西北其中最重要的一事，也是神宗這次不惜一切出師討西夏，後來惟一的收穫。曾瑞龍指出，李憲進入蘭州之後即修築城牆，「不但具有抵禦外敵的軍事意義，還具有心理保障的作用，對歸附的少數民族極具意義。」李憲爲何要以蘭州爲帥府？曾氏認爲先前以熙州爲帥府，「是取其控制洮水上下游及秦州往河州大路所構成的一個十字路口，進可攻，退可守。以蘭州爲帥府之後，宋軍就進一步控制黃河上游，爲全面往西北拓殖打下基礎。當然，帥府放在前線，擺出全面進攻的姿態，也要考慮戰鬥風險。」〔註28〕此論甚是，也可看到李憲甚有戰略眼光。

神宗當初命李憲從熙河以偏師出兵，並沒有明確指示要李取蘭州。李憲行軍迅速而襲取蘭州，建爲帥府。神宗自然十分滿意。李憲在戊戌（十五）再上言，解釋他爲何不待宋廷之命而取蘭州，他說奉命爲致敵之計，攻取蘭州，內所以自固，外不妨致敵，兼且已精選漢蕃勁兵五七千騎，謀直取敵巢，因恐錯過時機才如此行事。神宗自然不會怪罪他，而詔諭今時宋軍既已城亭鄠，外繫其手足，又爲戰柵，內衝夏人腹心，稱許他於謀攻之術盡於此，希望他能再做得更好。〔註29〕

不過，李憲並無遵神宗的指示，馬上進行下一步的軍事行動。庚子（十

在熙寧元年至熙寧三年五月前任知制誥的蘇頌爲他及其他三人撰寫制詞。他在熙寧四年三月即以麟府部將，率兵出界遇敵立下戰功。王文郁略地至西夏之開光州，擒夏將王勝。他當由內殿承制擢諸司副使。他在熙寧五年八月癸巳（十七）即以西作坊副使閤門通事舍人，任遼國正旦副使。和他一起出使的，還有後來任其上司的皇城副使劉舜卿，擔任遼國母正旦副使。王文郁後來調往鄜延路，在熙寧九年二月前任權知鄜州。參見本書附錄二〈苗授墓誌銘〉，頁383；《長編》，卷二百二十一，熙寧四年三月辛卯條，頁5373；卷二百二十八，熙寧四年十二月戊午條，頁5552；卷二百三十七，熙寧五年八月癸巳條，頁5770；卷二百七十三，熙寧九年二月癸丑條，頁6688；卷三百十六，元豐四年九月甲午至戊戌條，頁7640～7641；蘇頌：《蘇魏公集》，上冊，卷三十一〈左藏庫副使曹繼明可供備庫使西京左藏庫使雍規可文思使內殿崇班閤門祗候王文郁可內殿承制依舊閤門祗候內殿崇班韓見素可內殿承制〉，頁450；下冊，附錄〈蘇頌年表〉（顏中其編）：頁1241～1242；《宋會要輯稿》，第十五冊，〈方域八・修城上・蘭州城〉，頁9438；《宋史》，卷三百五十〈苗授、王文郁傳〉，頁11068，11075；曾瑞龍：《拓邊西北：北宋中後期對夏戰爭研究》，附錄一〈蘭州在十一世紀中國的環境開發及其歷史經驗〉，頁243。

〔註28〕曾瑞龍：《拓邊西北：北宋中後期對夏戰爭研究》，附錄一〈蘭州在十一世紀中國的環境開發及其歷史經驗〉，頁242～243。

〔註29〕《長編》，卷三百十六，元豐四年九月戊戌條，頁7642。

七），李憲上言已按朝議選將領兵照應修建西使新城，他說待船筏稍具，就會募敢死之士，選漢蕃勁騎五七千，謀直趨敵巢之興州及靈州。而蘭州是駐兵之所，待粗修完留兵守之。神宗不滿李憲的動作遲緩，即下詔表示現在諸路兵早晚出師，直趨興州與靈州，以蕩平西夏。兼且據董氈的蕃字書，董也稱會率兵往靈州破夏。神宗批評李憲還說甚麼待船筏稍具，選五七千騎前往，即是說不會全軍進發。他下令李憲等乘此機會與諸路軍協力，撲滅敵巢。假若以興州和靈州道路阻遠，即令全軍過河攻取涼州，不得只派偏裨前往。神宗又賜雜色戰袍、勒巾百副、銀纏桿槍五十條，都是白氂牛尾纓紋，給李憲獎勵行營漢蕃戰士破敵有功及新附降人得力者。辛丑（十八），神宗再催促李憲進軍，說李憲已駐兵蘭州十日，雖說在此興修城池，安置戍壘；但神宗以此事可委官經辦，不需要留下大軍來辦理。神宗批評李憲總兩路蕃漢兵十餘萬，才入夏境百餘里，便想停止，正是犯了畫一拘束之弊，他限令李憲在指揮到時，火速部署諸將，迤邐進軍。神宗要李憲選擇或東上靈州與諸路軍會合，或是北渡河以趨涼州，並要他激勵士氣，乘時奮取，不得遲疑。同日，李憲在九月戊子（初五）攻克撒逋宗城的捷報剛好抵京。神宗就沒怪罪李憲，而按李所請優賞有功將士。〔註30〕

同月甲辰（廿一），神宗再頒詔李憲，說近日據東北諸路的奏報，夏人已舉一國之兵約三四十萬以抗宋軍。現時西南地方完全空虛，若不由本路及董氈之軍深入以分夏軍之勢，就得考慮合兵東向以禦西夏大軍。他命李憲宜依照累次所降命令以處分部勒行營將兵，並認真約好董氈兵馬前去招撫討除敵軍，或至靈州，或往涼州。神宗囑李憲務攻其必救，就可於宋軍攻其首尾之勢有助，而告誡他不得觀望遷延而有誤國事。〔註31〕

神宗在諸路大軍大舉出動之前，在丙午（廿三）又敕榜招諭西夏，以高官厚爵及賞賜招降西夏臣民。是日，王中正軍兵六萬，民夫六萬發麟州（今陝西榆林市神木縣），高遵裕軍蕃漢步騎八萬七千人，民夫九萬五千人發慶州，种諤以鄜延兵五萬四千，畿內七將兵三萬九千，分為七軍方陣而進，自綏德城（今陝西榆林市綏德縣）出塞。翌日（丁未，廿四），种軍攻圍夏要塞米脂寨（今陝西榆林市米脂縣城）。〔註32〕

〔註30〕《長編》，卷三百十六，元豐四年九月庚子至辛丑條，頁7644～7646。
〔註31〕《長編》，卷三百十六，元豐四年九月甲辰條，頁7648。
〔註32〕《長編》，卷三百十六，元豐四年九月丙午至丁未條，頁7650～7651。

　　李憲大軍東上前，爲了鞏固新的帥府蘭州，在庚戌（廿七）上言，指蘭州西使城川原地極肥美，並據邊面，必須多募強壯，以備戍守。又以熙河民兵以北關最得力，且地接皋蘭，歲入特別厚，芻粟充實，人馬驍勇。現在既收復蘭州，就可廣行招募。他請在蘭州留置官莊地，並募弓箭手，每人給田二頃。因初置州城，難得耕牛器具，若募新的農民，必定不能依時種植。他請依熙河路舊例，容許涇原、秦鳳、環慶及熙河路弓箭手到來投換，他們所帶舊戶田耕種二年，即收入官，另外招弓箭手。神宗採納他的建議。並且在壬子（廿九）以熙河行營兵出外暴露多時，特派入內東頭供奉官甘師顏乘傳撫問，並賜李憲以下將官等茶藥銀合，兵員以下給特支錢。值得一提的是，种諤的大軍在前一日攻破米脂寨西夏援軍，殺獲甚眾，打了一場漂亮的大勝仗。到十月丁巳（初四），米脂寨守將出降。〔註33〕

　　李憲在十月乙卯（初二），將後方佈置妥當外，便派大將李浩留守蘭州，他自己就率全軍東上。〔註34〕神宗在己未（初六），因擔憂諸軍糧運不繼，在未知李憲進軍進況下再發一詔，稱聞悉李軍糧草不繼，已將負責糧運的熙河秦鳳轉運判官馬申等下獄。他命令李憲等不得進兵，要等候糧運稍辦才依前詔行動。神宗稍後又再加一詔，慰撫李憲一番，稱從九月辛丑（十八）至甲辰（廿一）御前及朝旨所以相繼督迫進軍者，是怕將帥有當進不進之失，而止於築城數壘而已。他現在聽聞軍中有苦見糧無旬日之備，豈有命宋軍深入之理？神宗表示轉漕之司實有罪，朝廷已遣使按問。因芻糧不辦，致妨礙進軍，這就不是將帥之責任。他撫慰李憲不應太有恐懼，諭他安心措置，不要驚恐而沮士氣。神宗又說，「王師之出，有征無戰，安可自顧有可虞之道，而欲勉副朝命，以希萬一之幸哉？爾其再三審念之。」神宗對李憲可謂體諒備

〔註33〕《長編》，卷三百十六，元豐四年九月庚戌至壬子條，頁7652～7654；卷三百十七，元豐四年十月乙卯至丁卯條，頁7657；曾瑞龍：《拓邊西北：北宋中後期對夏戰爭研究》，附錄一〈蘭州在十一世紀中國的環境開發及其歷史經驗〉，頁244～247。據曾瑞龍的意見，說蘭州土地肥沃的奏報，其實是指蘭州屬下的西使城（後改爲定西城），曾氏又指出西使城外另外兩幅肥美之地是在蘭州東西面的智固與勝如，二地原是西夏御莊所在。曾氏評說李憲建議充份利用弓箭手來開發蘭州，是恰當的做法。李憲恐怕蘭州沒有耕牛和農具，導致耕種失時，而主張盡快從涇原各路原有的弓箭手中選募願意來蘭州開墾，是務實的措施。

〔註34〕《長編》，卷三百十七，元豐四年十月乙卯條，頁7656～7657。李憲出發前，又以宋廷給他賞與來投有功的生羌的空名宣箚爲數已不多，請神宗續給。神宗於是詔給他空名宣箚三百、告身一百。

至，怕他在糧運不繼下急於出軍而招敗師。〔註35〕

　　神宗發出詔書第二天（庚申，初七），李憲大軍已進至汝（女）遮谷（今甘肅蘭州市榆中縣新營鄉清水河谷地），此處夏軍數萬，牛羊駝畜充滿山谷，於二十里外下寨，前據大澗兩重，後倚南山石峽。夏軍迎戰，自午時至酉時，夏軍不敵，退保大澗。李憲用兵謹慎，怕有伏兵，就沒有追襲，而只在夜間與夏軍隔岸互射，夏軍畏懼連夜遁去。宋軍在此役斬獲六百餘級，奪馬數百匹。神宗在壬戌（初九），還頒詔予涇原總管劉昌祚及副總管姚麟，諭他們領兵出界，若前路相去不遠，就與李憲軍會合，結爲一大陣，聽李憲節制。又從李憲之請求，詔負責熙秦大軍糧運的趙濟和胡宗哲從速應辦軍需。神宗還擔心李憲的進軍情況，蓋宋廷要至是月丙子（廿三）才收到李憲高川石峽（即南山石峽，今甘肅定西市魯家溝）的捷報。〔註36〕

〔註35〕《長編》，卷三百十七，元豐四年十月己未條，頁7660；《宋會要輯稿》，第十四冊，〈兵八‧出師二‧夏州〉，頁8769。

〔註36〕《長編》，卷三百十七，元豐四年十月庚申至壬戌條，頁7666～7667；《宋會要輯稿》，第十四冊，〈兵八‧出師二‧夏州〉，頁8769；《宋史》，卷十六〈神宗紀三〉，頁305；卷四百六十七〈宦者傳二‧李憲〉，頁13639。考李憲大軍在八月及十月兩次戰於女遮谷或汝遮谷，據陳守忠的考證，由於吐蕃地名譯音上的混淆。自755年安史之亂後，河西和隴右被吐蕃佔領達九十餘年，吐蕃王國瓦解後部族離散並分居各地，李憲進軍所過，由蘭州至打羅城川（今訛爲打拉池，在今甘肅白銀市靖遠縣共和鄉）沿途降服的一些部族都是爲西夏控制的吐蕃部族而非黨項族。在甘肅境內，吐蕃人所稱的地名至今相沿不改。宋人記載的女遮谷與弩札谷、女遮堡與弩札堡，因譯音相近，遂致相混。陳氏指出他循當日李憲進軍路線實地勘察是完全清楚的。確切的女遮谷，即前面所說李憲由西使新城向蘭州進兵途中駐軍休整的苑川河谷，距蘭州很近，只有四五十華里。而另一個女遮谷，據陳的考證，實是弩札川（谷），即今甘肅定西市關川河谷（祖屬河的支流）。陳氏認爲李憲在十月所戰的汝遮谷就是弩札谷。不過，據張多勇2014年4月6日的實地考察，認爲李憲此時經過的汝遮谷當非陳守忠所認爲的夏關營，而是蘭州市榆中縣新營鄉的清水河谷地，「因地處馬啣山北麓，受苑川河上源清水河侵蝕下切，形成狹窄險要的天然峽谷，控扼馬啣山南北通道之咽喉，形同遮障，故名汝遮谷。」張氏又指出，汝遮谷與龕谷峽是榆中盆地南通馬啣山的兩個通道。而汝遮寨應在今日金崖上古城，控扼汝遮谷下谷口，與上谷口凡川會互成掎角。張氏又認爲李憲在十月與夏人交戰於的汝遮谷是在苑川河的上遊的峽谷，應在今日蘭州市永登縣高崖附近，而尚未進入定西市的關川河。張氏認爲李憲在八月和七月所戰的汝遮谷，肯定不是同一地方，但屬於同一條河流的上下游，這也反證汝遮谷就是苑川河上游的清水河峽谷。參見陳守忠：〈李憲取蘭會及其所經城寨考〉，頁132～134；張多勇、龐家偉、李振華、魏建斌：〈西夏在馬啣山設置的兩個軍事關隘考察〉，頁2～3。

　　李憲熙秦軍節節勝利，而种諤的鄜延軍也不遑多讓，繼奪得米脂寨後，十月癸亥（初十）又取得石州（疑陝西榆林市橫山區石馬洼一帶，今蘆河與無定河交匯處）。而涇原軍在劉昌祚及姚麟指揮下，在乙丑（十二）亦大破由夏統軍外戚梁氏之夏軍於磨臍隘。不過，王中正一路的糧運及行軍便出了嚴重問題。而他與种諤也為爭功而各自為戰。神宗沒有委任能號令全軍的主帥，已隱隱種下後來失利的種子。〔註37〕

　　种諤一軍在十月戊辰（十五）攻入夏州（今陝西榆林市靖邊縣以北 55 公里白城子），己巳（十六），又攻入銀州（今陝西榆林市橫山縣黨岔鄉黨岔村大寨梁，在無定河與榆溪河交匯處的西南岸，城居毛烏素沙漠與黃土高原的分界線上，無定河在其東北 2 公里處接納榆溪河）。王中正在庚午（十七）隨後入夏州，但得不到任何戰利品。癸酉（二十），王中正軍至宥州（今陝西榆林市靖邊縣東與內蒙古鄂托克前旗境內，為西夏左廂軍治所），將城中居民五百餘家盡行屠殺以取其財物牛馬，軍於城東二日，殺所得馬牛以充食。王中正軍這樣做，既失人心也暴露其糧運不繼的問題。同日高遵裕軍至韋州（今寧夏吳忠市同心縣韋州鄉古城）及所在的監軍司，他令將士不要毀官寺民居以示招懷。而李憲一軍在乙亥（廿二）進至屈吳山（今甘肅白銀市靖遠縣東），遇到夏軍，斬獲四百級，生擒百人，獲牛馬羊萬餘，宋軍於打囉川下寨，營打囉城（即會州）。西蕃的禹藏郢成四（亦作裕藏穎沁薩勒，？～1085 後）自夏軍寨派人以蕃首請發兵接應，李憲分遣人招納。禹藏郢成四以汪家等族大首領六人並蕃部及其母妻男等三十餘人來降，並帶來西夏給他們的印信及宣告數道。〔註38〕

　　李憲在十一月丁亥（初五）向宋廷詳述在屈吳山破敵之過程，他並向神宗奏報，稱郢成四於西域一帶世為酋豪，族望最大，今既內附，就依旨授他內殿崇班，其餘六人與右班殿直及三班差使，遣其家屬老小復歸西使城及龕谷堡族帳，而郢成四等就令隨軍。神宗在是日詔李憲軍因分已畫地分開討夏，就不用節制涇原路軍馬，涇原劉昌祚一軍就歸高遵裕節制。〔註39〕

〔註37〕　《長編》，卷三百十七，元豐四年十月癸亥條，頁 7669；乙丑條，頁 7674～7678；卷三百十八，元豐四年十月丙寅至丁卯條，頁 7680～7681；丙子條，頁 7692；《宋會要輯稿》，第十四冊，〈兵八・出師二・夏州〉，頁 8769。

〔註38〕　《長編》，卷三百十八，元豐四年十月戊辰至庚午條，頁 7682～7683；癸酉條，頁 7686；乙亥至丙子條，頁 7691～7692；己卯條，頁 7694；卷三百十九，元豐四年十一月丁亥條，頁 7707；《宋史》，卷十六〈神宗紀三〉，頁 305；卷四百六十七〈宦者傳二・李憲〉，頁 13639。

〔註39〕　《長編》，卷三百十九，元豐四年十一月丁亥條，頁 7706～7707。

　　據畢仲游（1047～1121）的記載，劉昌祚的涇原軍行軍二十日抵達鳴沙（今寧夏中寧縣鳴沙鎮）時，卻遇上缺糧的險境，幸而從征的涇原轉運司屬官令狐俅（1041～1110）看到遠方有野火燒燃，就判斷是夏人想燒毀糧窖而未盡者，於是親率蕃漢部兵，冒險離開大軍數十里，直達火燒處。宋軍把火救熄，果然發現糧窖，內有菽麥八千斛，於是解決了軍糧的問題，而能順利進軍到靈州。〔註40〕

　　高遵裕的環慶軍與劉昌祚的涇原軍在十一月癸未（初一）開始部署攻擊靈州，但二人意見不合，有權節制涇原軍的高遵裕為了爭功，處處排擠劉昌祚，甚至要以軍法處斬劉，因而激起涇原軍憤恨，以致兩軍貌合神離，各自為戰。高本人亦進退無方，軍中並無攻城器具。而王中正一軍卻以糧盡及士卒多病，首先退還延州，還未與夏軍戰鬥，士卒已死亡者近二萬，民夫逃歸大半，死者近三千人。神宗五路伐夏，以王中正一軍表現最差。〔註41〕

　　神宗尚並不知高、劉兩軍的問題，他以李憲一軍的表現最好，就在己丑（初七），詔諸將，以環慶、涇原及熙河軍馬並趨靈州，說他聞知西夏聚重兵抵抗，若靈州堅守，而宋軍深入卻糧運已遠的話，就不必一定要攻下靈州。考慮到勞費日久，神宗令高遵裕和李憲好好計議，當擊敗來援靈州之敵後，應分兵留攻靈州，其餘兵馬就趁著黃河冰合，挑選精兵直攻西夏首都興州。倘攻下興州，靈州就會不攻自破。李憲同日又上奏報告他一軍的進展及戰績，他說大軍至天都山（今寧夏回族自治區中衛市海源縣境）下營，在囉逋川（《長編》作羅逋川）擊敗夏軍。這裡是西夏所稱的南牟內府庫（亦稱南牟會，夏主建有行宮，在今寧夏回族自治區中衛市海原縣境），內有七殿，其府庫、館舍皆已焚之。宋軍到囉逋州捕獲西夏間諜，審問得知夏酋威明和統軍星多哩鼎的人馬輜重，在李軍不遠處。於是李派兵追襲，斬級千餘，生擒百餘人，擄獲牛羊孳畜萬計。李憲又奏離天都山至滿丁川，夏酋威明部眾敗散，他再派兵追襲，又斬獲五百級，生擒二十餘人，奪馬二百餘匹，牛羊孳畜約七千。神宗收到李憲的捷報後大喜，即頒詔嘉獎，說李憲軍過天都山，斬戮甚眾，而趙濟供應糧草辦集，以李軍東去靈州只數舍（即數十里），應該很快就能與涇原和環慶軍會師。他要李憲更加鼓勵將士氣力，與兩路軍同心協謀破敵。

〔註40〕畢仲游（撰），陳斌（校點）：《西臺集》（與《貴耳集》合本）（鄭州：中州古
　　　　籍出版社，2005 年 4 月），卷十二〈奉議郎令狐端夫墓誌銘〉，頁 212～213。
〔註41〕《長編》，卷三百十九，元豐四年十一月癸未至戊子條，頁 7699～7707。

神宗又樂觀地重申前議，若李軍攻靈州兵馬有餘力，宜趁著黃河冰凝結，分勁兵驍將北渡，攻擊興州。若興州能攻陷，靈州雖堅，仍會自潰。〔註42〕

　　當神宗樂觀地以爲破靈州在望時，鄜延路經略使沈括及趙濟兄、提舉河東路常平等事趙咸，卻奏上兩路糧運往靈州前線的嚴重問題。神宗只得嚴令諸路轉運司辦好糧運工作。比較之下，李憲麾下的糧官權管勾熙河秦鳳路轉運司公事趙濟便能幹得多。他在庚寅（初八）上奏，稱他隨大軍至七朱川負責糧運工作，並無闕誤。他報告都大經制司需要一個月的人糧和馬食，他已牒本司，將先差下急夫搬運人馬食三萬，乾糧一百五十萬斤，自通遠軍裝發，赴西寧寨會合，可足夠現時人馬一月之備。現時見糧食存備足五十日支用，大軍要深入進攻，都不會有問題。神宗收到他的奏報後批示，說趙濟雖一面已告知本司，但考慮道路遺墜，怕有不達。他命宋廷可依趙濟所奏，下本司及涇原路經略、轉運司照會，於糧草所經本路城寨地分，催驅發遣。神宗對趙濟轉運糧草的表現是滿意的。據《長編》引《宋國史‧趙濟傳》所記，趙濟隨李憲築定西城，又城建蘭州，由天都山取道涇原路以歸，往返累近百餘日。當時陝西數次調役，曠日持久，民夫且潰。趙濟考慮到難以控制，若民夫自潰，則以後不可能再使他們復役，於是趙濟把民夫都放歸，停止以馬負糧。後來李憲大軍還，便因民夫已遣散，不致兵民爭糧而大軍得以不飢，足見趙濟確是一位辦事得力的良吏。李憲的軍事行動得以成功，負責後勤工作的趙濟功不可沒。附帶一談，趙濟兄趙咸在這次大舉也以河東路轉運判官隨軍，負責轉運河東路的軍儲，可惜他隨的卻是無能的王中正，而他應變能力也不及趙濟，他在是年十一月王中正一軍失利後沒有被嚴究，還能復職已是幸運了。〔註43〕

〔註42〕《長編》，卷三百十九，元豐四年十一月己丑條，頁7709；《東都事略》，卷一百二十八〈附錄六‧夏國傳二〉，葉二上；《宋史》，卷十六〈神宗紀三〉，頁305～306。考《東都事略》記李憲追襲過天都山至囉逋山乃還，取蘭州，城之。這裡作囉逋山。

〔註43〕《長編》，卷二百六十八，熙寧八年九月癸未條，頁6572；卷二百八十，熙寧十年二月己酉條，頁6877；卷三百十七，元豐四年十月乙丑條，頁7674～7676；卷三百十八，元豐四年十月丙寅條，頁7680～7681；卷三百十九，元豐四年十一月甲申條，頁7700～7702；己丑至庚寅條，頁7709～7711。按王中正大軍在元豐四年十月丙寅（十三）進至橫山下的神堆驛，民夫見兵陷沙漠，聽說此去綏德城甚近，在兩日內亡歸者二千餘人。趙咸與另一轉運判官莊公岳（？～1084後）雖斬殺私逃的民夫，仍阻止不了民夫的逃亡潮。宋廷在十一月甲申（初二）下詔，以趙咸和莊公岳原無朝旨令就鄜延糧草通融支用，現既以饋運不繼，又妄加陳奏，而又走失人夫萬數，委趙卨遣官押送二人往就

　　李憲委之留守蘭州的部將李浩也立了新功，他在十一月己亥（十七）上奏，蘭州已招到西使城界歸順的西蕃注丁擦令歸等三族大首領廝多羅潘等三百集戶，千三百餘口，內三百餘人強壯，千餘口老小婦女，他已犒設並給例物，並各令依舊居住。李浩執行了李憲招納蕃部以固守蘭州的政策。〔註44〕

　　當李憲一軍仍順利進軍時，种諤一軍卻以糧運不至而致士卒飢困，行八日至鹽州（治今陝西榆林市定邊縣紅柳溝鎮沙場村沙場古城），遭遇大雪而死者二三。部將劉歸仁率眾南奔，相繼而潰入塞者三萬人。幸而知延州沈括處置得宜，才不致激成更大的兵變。但鄜延軍也隨河東軍之後，失去了戰鬥能力。〔註45〕

　　神宗在十一月辛丑（十九）還發出詔書給李憲，以熙秦軍出師以來，暴露在外已久，現雖駐在涇原路近邊，但慮他們休息不足。為此，命李憲等與涇原路經略使盧秉計議，分遣部隊於近便在糧草州軍城寨歇泊，命將佐存恤士卒，安養士氣。若靈州未攻下，而糧草有備，就從速進兵協助攻取；若靈州已拔，就依從之前的命令，據所分地清蕩敵境。神宗又將此詔發下給盧秉，

近州軍械繫，令沈括選官鞫之。趙咸等後自訴深入敵境，暴露得疾，請求免械繫。神宗批示令在外審問。可能是趙濟為其兄說情乃免械繫之刑。趙、莊二人申訴得直，神宗以過不在他們二人，就只將二人降一官，職事如故。趙咸在是月己丑（初七）以提舉河東路常平等事上奏，認為諸路進攻興州並非上策，他主張於夏州及宥州之間，相地形險阻，量度遠近，修立堡寨，儲蓄糧草，以次修完夏宥兩州，然後移挪兵糧，以為根本，俟其足備，就徐圖進取。按趙咸這番計議接近沈括的意見，卻與後來李憲的不同。又據黃庭堅（1045～1105）為其叔父黃廉所撰的行狀所記，當時任權發遣河東提點刑獄兼提舉義勇保甲的黃廉，一直反對王中正加倍徵發軍糧，也規勸轉運使陳安石不要事事依從王中正。當王中正出師時，趙咸與莊公岳隨軍，而黃廉就在塞內負責接續餽餉。黃廉想派部份的隨軍使臣保護糧道，卻發覺二百員隨軍使臣盡數跟了莊、趙二人，無一人在。當時宋軍已出界百餘里，黃雖移文追之，皆不報。他決定親自往前方取回部份使臣，勾當公事孔仲勸他不要冒險前去，說使臣從軍，責不在他。黃不聽，帶十數騎盡夜追上王中正大軍。王中正等見他前來大驚，黃廉即痛罵趙咸與莊公岳，然後帶回使臣五十餘人。據黃庭堅所記，趙咸在這次出師，只聽令於王中正，而不敢有所違逆。按莊公岳早在熙寧八年九月任知司農寺丞，負責追討祥符縣所欠之青苗錢。他在十年二月己酉（廿八），因坐申請賣廟，在秘書丞上罰展磨勘三年。後來累遷為地方監司官。參見黃庭堅（撰），劉琳、李勇先、王蓉貴（校點）：《黃庭堅全集》（成都：四川大學出版社，2001年5月），第三冊，《宋黃文節公全集‧別集》，卷九〈行狀‧叔父給事行狀‧元祐八年五月日撰〉，頁1651～1652。

〔註44〕《長編》，卷三百十九，元豐四年十一月己亥條，頁7716。
〔註45〕《長編》，卷三百十九，元豐四年十一月丁酉條，頁7715～7716。

若李憲軍有暴露寒凍，就計劃加以供應。按神宗的計劃，是以李憲一軍作爲攻靈州的總預備軍，輔助主攻的涇原和環慶軍。就在同日，留守蘭州的李浩又奏報宋廷，他已陸續招降到在西使城，由夏監軍司所轄的西蕃剗毛鬼、驢耳、金星、囉述等四部族大首領，蕃鈐轄約蘇（藥熟）等二百三十餘戶，二千餘口。李浩已給他們犒設和支給例物，並各令歸回本族，其中有會州人戶，已權給官地居住。他已申報李憲所統的熙河路都大經制司，請按次第給予他們補職名。神宗詔送李憲裁定。〔註46〕

神宗沒有想到，就在同日，進攻靈州已十八天的環慶軍和涇原軍兵敗，被迫退師韋州，宋軍潰死者甚眾。總領兩軍的高遵裕在這次兵敗負最大責任，他嫉賢忌能，指揮無方，料敵不明以致慘敗。〔註47〕神宗尚不知宋軍失利，還在甲辰（廿二）應李憲之請，下詔命他盡快班師回本路，休養生息，並將有功將士按品第上奏，而所有行營的漢蕃將士，給予犒賞，並大開恩信，招

〔註46〕《長編》，卷二百六十四，熙寧八年五月再戌條，頁6478；卷二百六十六，熙寧八年七月己巳條，頁6523；卷二百六十八，熙寧八年九月辛巳條，頁6570～6571；卷二百七十三，熙寧九年三月丁丑條，頁6692～6693；卷二百九十六，元豐二年二月庚申條，頁7213；卷二百九十七，元豐二年三月庚寅條，頁7223；卷二百九十九，元豐二年七月戊辰條，頁7264；八月丙辰條，頁7286；卷三百四，元豐三年五月癸未條，頁7409；卷三百十二，元豐四年四月壬申條，頁7566；卷三百二十，元豐四年十一月辛丑條，頁7719～7720；《宋會要輯稿》，第十六冊，〈蕃夷六・吐蕃〉，頁9916。盧秉是地方能吏，也是懂得迎合權貴的人。他早在熙寧八年五月丙戌（廿六），以提舉兩浙路鹽課增羨，自淮南東路提點刑獄太常博士陞一任爲祠部員外郎。他在同年七月己巳（初九）權江淮等路發運副使。九月，他又按劾秀州通判張若濟贓罪，以攻呂惠卿。熙寧九年三月丁丑（廿二），因判都水監侯叔獻（？～1076）在淮南按督河役感疾，宋廷又命盧秉權管勾真揚通泰等四州開運河。盧秉在元豐二年三月庚寅（廿一）被罷都大提舉導洛入汴，由內臣宋用臣代其職。但仍任權江淮發運副使。八月丙辰（廿一），他再自刑部員外郎加集賢殿修撰。到元豐三年五月辛巳（十九），他以權江淮發運副使上言糧船從黃河入汴河的規模及需用的船工數目，宋廷從其議。他至元豐四年四月前，已陞任涇原經略使。

〔註47〕《長編》，卷三百二十，元豐四年十一月辛丑條，頁7720～7721。關於高遵裕兵敗靈州的經過，以及宋軍退兵受到夏軍追擊的情況，游師雄（1037～1097）爲高遵裕部將，後官至供備庫副使的安念（1043～1095）（按：其父爲仁宗朝步軍都虞候安俊（？～1059））所撰的墓誌銘有頗詳細的記載，似未爲《長編》等書所採用。另此墓銘的書寫者爲熟知邊事的張舜民（？～1101後）。參見郭茂育、劉繼保（編著）：《宋代墓誌輯釋》，第一六零篇，〈宋故供備庫副使新就差提點右廂諸監上輕車都尉安府君（念）墓誌銘并序〉，頁362～363。

納新收土地的生羌，並密定置戍他們之所，又計度版築城寨之具，等待春暖時興作。另據王鞏（1048～1117）所記，神宗還召執政詣天章閣，討論行新官制，並提議任用劉摯（1030～1098）為禮部郎中，著作郎用蘇軾，太常少卿用范純仁。神宗並說，他已與高遵裕約好，於某日下靈武，等到高報捷，就行大慶並行新官制。〔註48〕神宗對取靈州仍充滿信心。

遠在蘭州的李浩自然也不知宋軍慘敗靈州城下之事，他在丙午（廿四）又上奏他經營蘭州的進展，稱蘭州與西使城界連熙河，通遠軍又新收復，它們都多荒閒地，他已依朝旨招弓箭手。然短時間難以足數，他請權許人開耕，等候招到弓箭手然後支撥，務求得廣芻粟，以充實塞下。神宗詔李憲相度施行。〔註49〕

神宗見環慶及涇原兩路攻靈州多時未見捷報（他未收到敗報），又近期沒收到兩軍消息，兼且收到李憲早前奏稱涇原鈐轄彭孫（？～1090 後）所部的涇原兵夫為夏軍抄掠，他怕攻靈州的宋軍有失，在戊申（廿六）又改變主意，以事體至急，雖然李憲屢次奏請欲歸熙河路處理事務，但李軍駐石門子（即平夏城，治今寧夏固原市黃鐸堡平夏故城址）歇泊已多日，而郭茂恂已運糧至本處。神宗命李憲可帶三五百人騎，取近便城寨返本路，分派本路兵馬照管撫定所分地。而命其副將苗授從速領見在的行營將佐兵馬，裹護民夫與糧草直往靈州，協助高遵裕攻取。如高遵裕相度班師，就應抄便路接應。神宗又命一行人馬出發前，就差熙河路走馬承受樂士宣賜將士錢絹等，並命熙河路轉運判官趙濟與張太寧各部押本路民夫糧草，隨軍前往。神宗因剛收到高遵裕請諸路應援之飛奏，又在望日（己酉，廿七）再詔李憲，若熙河所分地有需要措置的事，不可以委將佐辦理。當要事辦妥後，就要他總率苗授以下兵將速往靈州應援。神宗又命他權涇原路經略使方便指揮眾軍。〔註50〕然而，李憲以軍糧不繼，就不肯冒險進軍。熙河一軍始終沒有進軍靈州，應援涇原

〔註48〕《長編》，卷三百二十，元豐四年十一月甲辰條，頁 7725～7726；王鞏（撰），張其凡（1949～2016）、張睿（點校）：《清虛雜著三編·聞見後錄》（與《王文正公遺事》合本）（北京：中華書局，2017 年 7 月），第 74 條，「神宗議官制除目」，頁 244。

〔註49〕《長編》，卷三百二十，元豐四年十一月丙午條，頁 7728。

〔註50〕《長編》，卷三百二十，元豐四年十一月戊申至己酉條，頁 7731～7732。據《括異志》所記，張太寧是宿州人，家富於財，登進士第，他在熙寧六年丁內艱，大概在熙寧末起復，他官至職方郎中。參見張師正：《括異志》，卷二，頁 290，「張職方」條。

及環慶軍。〔註51〕

　　據〈苗授墓誌銘〉所記，神宗在是冬，再詔促苗授率軍趨靈武，增援高遵裕。苗授軍止於通渭寨（今甘肅定西市通渭縣），條上進退利害，其言切至。神宗終於在十二月甲寅（初二）收到靈州兵敗的消息，他以環慶及涇原行營已回師準備返宋境，就命李憲及苗授停止前往靈州，經葫蘆河（今清水河，北流至青銅峽入黃河）返回本路撫定所分之地。丁巳（初五），神宗再詔李憲，以其大軍已西歸，芻糧自可於所在倉場供給，原來跟隨的人夫就不需要。神宗以百姓運糧多時，需要休息以備將來之用。他命李憲相度並牒轉運司，除委用必須的使人外，其他民夫都放散令歸家。〔註52〕上文曾提到，因趙濟先前已釋放民夫歸家，故李憲大軍退師時早已遣散民夫，而沒有出現兵民爭糧的問題。

　　據《宣和畫譜》的記載，神宗本來對這樣退兵心有不甘。他曾下詔說有敢議班師者以軍法從事。由於師老糧乏，宋軍主帥想就此退兵，卻沒有人敢說敢行。只有地位低微的「小行人」（按：即走馬承受）樂士宣自薦於帥府，從邊地乘驛，經七晝夜馳往京師向神宗奏上軍情及諸將請求，終獲神宗接納。這裡沒有記載派樂士宣的宋軍主帥是誰？但此條記載一開始就記神宗「嘗命李憲等以五路之兵進攻靈武，期於一舉成捷。」而樂士宣從元豐三年七月已擔任熙河路走馬承受，派樂士宣請求班師的宋軍主帥很有可能就是李憲，實際上諸將中也只有李憲可以上奏說服神宗班師。〔註53〕

〔註51〕邵伯溫在記靈武之役的始末時，就特別記諸路軍進攻靈州時，李憲的熙河兵不至。意指李憲故意逗留不前。另程頤（1033～1107）在元豐年間對呂大臨（1044～1091）談到元豐四年取興靈事，也認為李憲志在固守蘭會，怕進軍會覆其功，故必不肯向興靈進軍。梁庚堯在考述李憲一路的戰況時，便指出李憲一直遇到糧運不繼問題，就以各種理由藉口，延緩進軍靈州，到後來運糧的役夫潰散，軍隊要繼續前進已無可能，他就下令原地休整。參見邵伯溫：《邵氏聞見錄》，卷十三，頁142；程顥（1032～1085）、程頤（著），王孝魚（校點）：《二程集》（北京：中華書局，1981年7月），《河南程氏遺書》，卷二上，頁45；梁庚堯：〈北宋元豐伐夏戰爭的軍糧問題〉，頁64～65。

〔註52〕本書附錄二〈苗授墓誌銘〉，頁383；《長編》，卷三百二十一，元豐四年十二月甲寅條，頁7736；丁巳條，頁7738；《宋史》，卷四百六十七〈宦者傳二・李憲〉，頁13639；《宋會要輯稿》，第七冊，〈職官四十一・經略使〉，頁4038。

〔註53〕據《宣和畫譜》所記，樂士宣字德臣，開封人，喜愛詩書及丹青，畫花鳥尤其得意。他在徽宗初年任內侍押班，官至西京作坊使，以虔州觀察使致仕，在宣和年間前已卒，贈少保。而據《長編》所記，樂士宣在熙寧八年六月戊午（廿八）任太原府路走馬承受，到元豐三年七月壬申（十一）已調任熙河路走馬承受，到元豐六年五月戊子（十三），一直在李憲麾下。他的主帥顯然

　　李憲知道神宗對這次兵敗心有不甘，在戊午（初六）上奏（按：可能也由樂士宣代奏）請暫赴京師稟奏攻取之策。神宗其實也想聽他的愛將的意見，但馬上再議興師，恐怕招致群臣的反對，於是下詔撫慰他一番，稱現時士卒凍殍之際，需要休養生息，以備敵人報復反擊。神宗命李憲安撫軍心，以待他日之用。又吩咐邊務當稟者，就命走馬承受附遞以聞。乙丑（十三），神宗以李憲自出界討夏，收復土地，皆有功績，特賜他銀絹各二千，並降敕獎諭，稍後再降恩命。據《長編》所記，知樞密院事孫固在神宗表示後悔沒聽他的話出兵時，就乘機對神宗說，兵法期而後至者斬，當初議五路合攻，會於靈州。現只有李憲軍沒有赴靈州，他卻自行開拓蘭州和會州，想以此弭責，實在不可赦，請神宗誅之。李憲進軍蘭州，並作為總後備軍接應攻靈州的宋軍，是神宗所批准的，神宗以李憲有功無過，當然不會聽孫固的話去處分李憲，只令人詰問李憲擅自還師之由。神宗對李憲信任不替，也許他後悔當日沒有堅持以李憲總領全軍。事實上五路大軍只有李憲一路取勝而收復失地，後來並全師而還。據趙滌賢的考證，五路伐夏的宋軍死者總數在八萬左右，但趙氏指出「李憲軍不但充份地利用了西夏的御莊大量窖穀，所向無敵，節節勝利（在因糧於敵和戰功赫赫方面極似劉（昌祚）軍），而且似始終沒有遭受意外災難，它具備的有利條件比劉軍多一個。因此，其死者人數少於（種）諤軍，就更明顯了。」趙氏的論證道出李憲一軍戰功優於諸軍的事實。然而孫固這番偏頗不公之論，後來卻成為元祐時期宋廷文臣清算李憲的理據。〔註54〕

就是李憲，他馳往的帥府，當是蘭州。又神宗在十一月廿六之詔其實已提到高遵裕若想班師，當如何措置。可見神宗那時已不堅持進兵，神宗於十二月初二收到兵敗的報告。從十一月廿六到十二月初二剛好是七天，樂士宣很有可能就是在這七天奉命馳往京師奏告軍情，而教神宗接受退兵的建議。參見佚名（？～1125年後）（撰），俞劍華（注釋）：《宣和畫譜》（南京：江蘇美術出版社，2007年6月），卷十九〈花鳥五‧內臣樂士宣〉，頁401～402；《長編》，卷二百六十五，熙寧八年六月戊午條，頁6517；卷三百六，元豐三年七月壬申條，頁7438；卷三百二十，元豐四年十一月戊申條，頁7731；卷三百二十二，元豐五年正月辛亥條，頁7771；卷三百三十，元豐五年十月己未條，頁7950；卷三百三十五，元豐六年五月戊子條，頁8067。

〔註54〕《長編》，卷三百二十一，元豐四年十二月戊午條，頁7740；乙丑條，頁7743；《宋史》，卷三百四十一〈孫固傳〉，頁10876；卷四百六十七〈宦者傳二‧李憲〉，頁13640。趙滌賢指出李憲軍也曾發生糧餉不繼的問題，又在蘭州以北地區行動，正值隆冬之際，饑寒交迫在一定程度上仍存在，其死者人數不可能太少；不過，趙氏也同意李憲軍無水浸之患，也就大大減輕死亡人數。按趙氏並未考出李憲軍傷亡人數，也沒有留意趙濟等輸糧有效，而且李軍並不

　　李憲爲固守蘭州，在外圍的地方也增加大量軍事設施，其中最重要的是道路的建築，特別是西使城與蘭州的道路。神宗在十二月丙寅（十四），當收到蘭州西使城修葺完畢並供戍守後，便下詔李憲等，以西使城其間有須增置堡寨及通接道路的地方，就命經制司相度施行，其以東地方，以靈州未下，就暫時不要開展，令李憲部休整，別聽朝旨。神宗本來說不用李憲來京師稟奏軍情，但很快又改變主意。同日又詔李憲以現領的職事交割與苗授，叫他量帶官吏隨從，從速乘驛馬，由便道往環慶路博詢將吏，找出宋軍攻不下靈州的原因，並要他提出詳盡的方略，籌策條畫，另經過涇原時，亦可詢問其將吏有關利害，親自帶來京師論奏。〔註55〕

　　宋廷在是月丁卯（十五）開始處分敗軍之將：高遵裕降爲西上閤門使徙知坊州（今陝西延安市黃陵縣東北），劉昌祚及姚麟各降三官，改差爲永興軍路鈐轄，彭孫降爲東頭供奉官責爲熙河路準備差使，不久添差金州（今陝西安康市）監當。彭從此成爲李憲熙河兵團一員。另一方面，攻取米脂寨有功的种諤則在戊辰（十六）獲擢爲鳳州團練使特加龍神衛四廂都指揮使，位列管軍。同時也以李憲麾下的轉運判官馬申及胡宗哲運糧不繼，有妨進軍，詔權發遣秦鳳路提點刑獄杜常（1031〜1109），本來要依前降的朝旨予二人枷項審訊的處分，但今次依趙濟兄趙咸等特例特予免枷，只令他們在外受審，同時罷其職務。神宗可能看在李憲面上就對二人從寬發落。神宗當然不會忘記獎賞李憲，十二月己巳（十九），神宗將李的班官自宣慶使陞爲高一級的景福殿使，而將他的遙郡自宣州觀察使陞爲武信軍節度觀察留後。李憲以敵巢未覆，烽堠未寧，就懇辭神宗先前賞給他恩典。神宗又將他的副將苗授自馬軍都虞候昌州刺史擢爲殿前都虞候領沂州防禦使。〔註56〕

　　神宗對五路伐夏失敗心有不甘，同月辛未（廿一），林廣破瀘州蠻乞弟（？〜1086）於納江。捷報傳來，神宗以無南顧之憂，乃促使他要再舉兵攻夏。〔註57〕

　　　　冒進，就大大減少了傷亡人數。參見趙滌賢：〈從宋元豐中靈州永樂兩次戰役宋軍死者人數考〉，《學術月刊》，1994年第6期，頁82〜83。

〔註55〕《長編》，卷三百二十一，元豐四年十二月丙寅條，頁7743〜7744。

〔註56〕《長編》，卷三百二十一，元豐四年十二月丁卯至己巳條，頁7744〜7746。神宗在翌年六月乙卯（初五）乃下賜銀絹的恩命。

〔註57〕關於乞弟反宋，以及宋廷派韓存寶與林廣平亂始末，秦觀（1049〜1100）所撰知瀘州任伋（1018〜1081）的墓誌銘，有很詳細的記載，有些地方與宋官方所記不同。秦觀記韓存寶在元豐二年七月以涇原路副總管領陝右兵五千經制瀘州

　　李憲在三天後（甲戌，廿四）請宋廷差派蘭州官員，神宗按他的推薦，以四方館使熙河路副總管兼知河州的李浩正式調知蘭州，命他修畢會州後就充蘭會經略安撫副使，奉議郎孫路（？～1104）通判蘭州，洛苑使兼閤門通事舍人王文郁、宮苑使苗履爲熙河路分兵官。另賜名西使城爲定西城，鞏哥關（按元豐六年改爲東關堡，今甘肅蘭州市東崗鎮）、龕谷堡、楚隴城並改爲寨。李憲又應之前宋廷要他具析擅歸本路的理由，回奏說因糧草緊張，大軍不可久留，所以迤邐迎接糧運，他請求恕宥。樞密院據神宗之前所降詔旨，回答說已令李憲往環慶及涇原路博訪籌策，詳細講明用兵利害，並令他帶同赴闕。神宗再詔李憲，要他加力圖效，以贖所得之罪。〔註 58〕神宗如此作態，無非是應付孫固等人，他當然不會問罪李憲。

　　李憲很快便奏上教神宗稱善無以加的再舉之策，神宗於同月戊寅（廿八）詔李憲不須再往環慶和涇原，要他攜此策赴闕，面奏軍機。李憲這篇兵策，除繼承又批判了宋人一向所奉行的「據險建堡寨以納蕃部」的策略外，也據實際的環境條件提出將來攻取西夏的可行戰術戰法，特別是如何解決糧運不繼的問題，也間接批評了神宗五路伐夏而主攻靈州的戰法的失算，賴《長編》及《宋會要輯稿》保存這篇兵策，讓我們得見李憲的將才，茲錄如下：

　　　　事。韓至瀘州，逗留不進，暗中派人誘使乞弟以書來降，然後分屯兵馬奏功。
　　　　但事爲神宗所知，於是改派林廣代之。惟林廣兵抵乞弟之巢穴時，蠻兵卻空
　　　　壁遁去。林廣不得已，於是納其降而還。神宗也就不再追究。其實林廣並沒
　　　　有大破乞弟軍。宋廷此後將瀘州守將加沿邊安撫之名，專治軍政。部使（本
　　　　路轉運使）不得與之。依秦觀之分析，這次乞弟起事，責在轉運使處理蠻事
　　　　不當，故宋廷處死韓存寶，流韓永式（秦�7寫爲韓承式）於沙門島之外，也
　　　　將轉運使董鉞除名。至於乞弟，樞密院在元祐元年十二月戊戌（十四）奏稱，
　　　　據瀘南安撫司走馬承受馬伯虎及權安撫使李琮的奏報，乞弟在元祐元年正月
　　　　已死，繼任者爲阿機。參見《宋史》，卷十六〈神宗紀三〉，頁 306；《長編》，
　　　　卷三百二十一，元豐四年十二月庚午條，頁 7747；卷三百九十三，元祐元年
　　　　十二月戊戌條，頁 9556；秦觀（撰），徐培均（箋注）《淮海集箋注》（上海：
　　　　上海古籍出版社，1994 年 10 月），中冊，卷三十三〈誌銘・瀘州使君任公墓
　　　　表〉，頁 1102～1105。
　〔註 58〕《長編》，卷三百二十一，元豐四年十二月甲戌條，頁 7748～7749；戊寅條，
　　　　頁 7752～7753；卷三百二十三，元豐五年二月乙亥條，頁 7790；《宋會要輯
　　　　稿》，第七冊，〈職官四十一・經略使〉，頁 4038；第十四冊，〈刑法六・矜貸〉，
　　　　頁 8540；《宋史》，卷三百三十二〈孫路傳〉，頁 10687；卷四百六十七〈宦者
　　　　傳二・李憲〉，頁 13640。按熙河路都大經制司在元豐五年二月乙亥（廿三）
　　　　上奏，稱經相度後，通遠軍去定西城路爲便，就請自汝（女）遮堡以西隸通
　　　　遠軍，龕谷寨以北隸蘭州。宋廷從其請。

昨諸路各以一道之師出界，兵勢既分，賊已熟見虛實。將來再舉，須合諸道兵，攻其必救，使之莫測。若併兵一道，則有數者之利，如仍舊分路，則利悉爲害。爲今之策，須於涇原會合併攻，自熙寧寨進置堡障，直抵鳴沙城，以爲駐兵之地。如此，則靈州不攻自拔，河外賊巢必可撲滅。

緣鳴沙城西扼靈州口，復據上游，北臨大河，與靈武對壘。臣觀河南故地，惟蘭會至靈州川原寬廣，土脈膏腴。今蘭州西使既已築城，獨靈州未。然自蘭會至天都，北入靈州，賊中窖積，悉經官軍開發，所餘無幾。今若扼其川口，據其上游，併出銳兵討殺，使左右前後不得耕獲，則靈州一帶窖積既空，復無歲望，賊黨離析，其爲利一也。

自熙寧寨至鳴沙城約四百餘里，可置十餘堡，乘時進築，則自天都以至會州，悉在腹裡，其間族落，既有保護之勢，必皆內附，其爲利二也。

北與靈武對壘，直趨賊巢，復已不遠。兼興州素無城堡，候冬深河凍，審見賊形，即出兵於靈州側，擇其地利，誘致賊眾，併力除蕩，然後乘勝分兵，北趨靈武，其爲利三也。

臣觀鄜延進攻，每至吉那，雖稱克復，其實一到而已。蓋官軍既去，賊黨躧蹤住坐，與不討定，其實無異。若未拔興、靈，其環慶、鄜延克復之地，雖亭障環列，峰埃綦布，亦難守禦。緣兩處土多沙脈，古稱旱海，不可種藝，修置城壘，須近裡輦運。朝廷方卹民力罷困，如諸路併修堡寨，不惟財力愈殫，適更生患。以是計之，先於涇原進兵，可以困賊，其爲利四也。

兼靈州以水溉田，四面泥淹，春夏不可進師，秋冬之交，地凍可行，又城堅有備，卒難攻拔。臣以謂今圖必破興、靈之策，先須計涇原錢帛、芻粟，復令河東、鄜延、環慶、熙河四路揚聲進攻，各選步兵一二萬，騎兵六七千，獨熙河更選驍勇蕃兵五六千，以備變號易服，出賊不意。其非行營兵馬，亦令逐路團結，常備出戰，以爲番休及緩急聲援。其四路所選兵，合涇原之師爲十萬。先自熙寧寨進攻，築堡於沒煙口以誘賊。臣度夏賊以涇原、環慶之師無功，必有

輕侮之心，如分兵合擊，決可蕩平。然後進至天都築堡，接鳴沙城，
候河凍北渡，以覆賊巢。如此，則可往來摺運，不須併起諸路夫役，
糧道無抄略之虞，其爲利五也。

臣自至石門，觀兩路措置乖謬，必知無補。顧本司兵勢，又難有功，
審度事機，須圖再舉，遂以目覩利害，畫爲此策。文墨不能盡陳，
乞許臣赴闕，面受成算，及悉言諸道進師之害。〔註59〕

　　李憲這一篇陳奏，大大打動了神宗再舉之心，一方面李憲所說的似乎言
之成理，另一方面他這次攻取蘭州，拓土克敵，戰績驕人，可證他絕非紙上
談兵。正如凌皞的考證，靈武之役雖然失利，神宗始終沒有後悔用兵，他對
靈武之役的戰略意圖仍予以肯定，而他特別指出「靈州之役，士氣至今不挫，
由熙州成功故也。」當李憲適時上奏後，神宗就馬上有積極的回應。〔註60〕

〔註59〕《長編》，卷三百二十一，元豐四年十二月戊寅條，頁7750～7753；《宋史》，
　　　　卷四百六十七〈宦者傳二・李憲〉，頁13640；《宋會要輯稿》，第十五冊，〈兵
　　　　二十八・備邊二〉，頁9223～9224。按沈琛琤也將李憲這篇再舉之策全文引錄，
　　　　參見沈琛琤：《北宋神宗朝對西北的經略——以戰略決策與信息傳遞爲中
　　　　心》，第四章第三節〈元豐靈夏之役〉，頁157～158。
〔註60〕凌皞：〈關於宋神宗元豐用兵的幾點辨析〉，載李偉國、顧宏義（主編）：《裴
　　　　汝誠教授八秩慶論文集》（北京：中華書局，2011年10月），頁381～383。
　　　　凌皞便以李憲上奏請再度興師，而神宗積極回應的事實，來證明神宗從未後
　　　　悔出兵伐夏。

今日蘭州黃河面貌

今日蘭州市及附近地區

第六章　從涇原進築到熙河拓展：元豐五年李憲經營蘭州事蹟考

　　彭百川（？～1209後）據《長編》輯成的《太平治蹟統類》，在卷十五特立一節〈李憲再舉取靈武〉，專門記述李憲在元豐五年（1082）的拓邊事業。[註1]證諸史實，李憲在元豐五年初，原本計劃從涇原路進築，直抵鳴沙城，以攻取西夏腹地靈武。後來神宗改變主意，不再支持李憲此一鴻圖，李憲便改為全力經營蘭州，作為拓展熙河路的基石。

　　神宗在元豐五年正月辛丑（十九）因曾布（1036～1107）的奏劾，以失律罪將高遵裕再貶為郢州團練副使員外本州安置。高在貶所曾上書為自己辯護，提到西征軍不勝的理由，他也歸罪別人，惟對李憲一軍沒有任何指責。但議者以他責無旁貸。因用人要緊，神宗在甲辰（廿二）又將劉昌祚和姚麟復為涇原路鈐轄。[註2]

　　李憲在同月乙巳（廿三）向神宗報告巡察蘭州一帶城寨的情況，他說奉旨查察之前，有關甘谷城狀況有不同的奏報，此種情況在緣邊城寨的探報亦多有。他已查明是甘谷城報事蕃部誤指地名，並無別情，請求不用根治，以免影響探事者的工作。他又說最近差部將康識往定西城一帶，自通遠軍榆木坌堡，按蘭州界通過四堡，都是需要控扼而應當首先動工的地方，請下經制邊防財用司辦理。[註3]宋廷在己酉（廿七）即以熙河路總管李浩為熙河蘭會

〔註 1〕　彭百川：《太平治蹟統類》（揚州：江蘇廣陵古籍刻印社影印適園叢書本，1999
　　　　　年 12 月），卷十五〈李憲再舉取靈武〉，葉二十六上至二十七下（頁 301～
　　　　　302）。
〔註 2〕　《長編》，卷三百二十二，元豐五年正月辛丑至甲辰條，頁 7762～7765。
〔註 3〕　《長編》，卷三百二十二，元豐五年正月乙巳條，頁 7766。

路安撫副使、副總管兼知蘭州。辛亥（廿九），神宗詔再議西征，以鄜延路經略安撫副使种諤知渭州。並特任李憲自都大專切經制熙河路邊防財利事爲涇原路經略安撫制置使，正式成爲比帥臣經略安撫使權力更大的制置使，他的副手知蘭州李浩兼權涇原路經略安撫副使。神宗又規定种諤和李浩均轄於李憲的制置司下。因李憲的推薦，曾從軍有功，饒州樂平（今江西景德鎮市樂平市）人進士鍾傳（？～1107）授蘭州軍事推官、涇原路安撫制置司管勾機宜文字，擔任李憲的幕僚。〔註4〕

　　南宋人章如愚（？～1205 後）據《資治通鑑》所考，制置使始置於唐宣宗大中五年（851），以白敏中（792～861）充招討党項行營都統制置等使，制置使之名始此。章氏以宋朝不常置此使，它掌經畫邊鄙軍旅之事。他據《四朝志》，以徽宗政和中，熙秦用兵，乃以內侍童貫爲之，到宣和末年又以姚古（？～1127 後）爲京畿輔郡兵馬制置使，而據《欽宗實錄》，靖康初年种師道（1051～1126）爲河東路制置使，錢蓋（？～1129 後）爲陝西五路制置使。惟章氏未有注意到，早在神宗元豐五年正月神宗已授李憲爲制置使，早於童貫。而據龔延明先生所考，早在唐德宗建中四年（783）五月，已置淄青兗鄆招待制置使，而北宋前期以文臣爲群牧制置使、江淮制置茶鹽使、制置陝西青白鹽。以武臣爲制置使領軍事起於熙寧元豐之後，他舉第一個例子就是《長編》卷三百二十二辛卯條所記的涇原路經略安撫制置使，即是李憲所領的新職。〔註5〕神宗爲了提高李憲的權力，就破例授他武臣以前未有之制置使職。

〔註4〕《長編》，卷三百二十二，元豐五年正月己亥至辛亥條，頁 7769～7770；《宋會要輯稿》，第七冊，〈職官四十一‧經略使〉，頁 4038；《宋史》，卷十六〈神宗紀三〉，頁 306；卷三百四十八〈鍾傳傳〉，頁 11037～11038。按李憲因辭掉神宗給他的加官，故新差遣之本官仍爲宣慶使宣州觀察使入內副都知。鍾傳字弱翁，《宋史》有傳。他和郭逢原都先後參李憲幕。他後來在西北拓邊的事蹟，可參閱曾瑞龍：《拓邊西北——北宋中後期對夏戰爭研究》，附錄二：〈蘭州堡寨群與涇原路戰線的聯接問題：鍾傳的淺井作戰〉，頁 257～286。

〔註5〕按白敏中在大中五年三月以司空同平章事，充招討党項行營都統、制置等使，南北兩路供軍使兼邠寧節度使。又南宋人吳曾所撰的《能改齋漫錄》，則認爲宋朝設制置使，始於太宗朝楊允恭（944～999）爲江淮發運制置使。張邦基（？～1148 後）所撰的《墨莊漫錄》亦記太宗淳化五年（994），授楊西京作坊使，乃立制置發運使額。參見司馬光：《資治通鑑》（北京：中華書局點校本，1956 年），卷二百四十九〈唐紀六十五‧宣宗大中五年〉，頁 8045；吳曾：《能改齋漫錄》，上冊，卷一〈事始‧本朝制置使〉，頁 13；參見張邦基（撰），孔凡禮（點校）：《墨莊漫錄》（與《過庭錄》、《可書》合本）（北京：中華書局，2002 年 8 月），卷四〈發運使建官及職事〉，頁 117；章如愚：《山堂先生

　　值得一提的是，李憲出任制置使的同日，他的副將、權發遣熙河路經略安撫都總管司公事苗授上言，投訴熙河路走馬承受內臣樂士宣不理本軍師行日久，士卒疲乏，卻奏劾苗授援靈州之師未有行日。他說樂士宣明知苗軍情況，卻不卹軍事成敗，惟倚詔作威作福，望風旨以固寵，不能以實上聞，欲陷他於死地。苗授以此為由，要求神宗將他徙往本路。神宗安撫苗授一番，說軍中事樂士宣自當聞奏，但諭苗可以安心供職。〔註6〕苗授的後臺是李憲，樂士宣要在苗授前作威是不智的。苗敢於奏劾樂士宣，自然得到李憲的支持。李憲顯然沒有偏袒麾下的內臣，他得到軍心，此事也可作旁證。

　　二月甲寅（初二），宋廷詔李憲計度熙河路洮河與黃河通接，是否可以造蒙衝戰艦運糧濟兵。因此事涉及熙河路的職權，李憲在乙卯（初三），就他新職的權力範圍上奏詢問。他以依照前敕，差他權涇原路經略制置使，他詢問原領的熙河路都大經制并節制秦鳳路軍馬的職務，要不要兼領？而陝西諸路經略及轉運司負責供應熙河一路的兵馬糧草，他請求陝西諸路經略司、監司都許他彈劾，以下的職官都許他遣官劾罪。而陝西及河東的見任官員，均許他不拘常制選委。雖有違礙，都請立即發遣。若有人敢占留的，並以違制論。他又請神宗差近上禁軍一指揮作為他的牙隊親兵。神宗詔李憲依舊兼熙河及秦鳳兩職，所請的牙隊就派神衛軍充，其餘均依其奏請。丙辰（初四），神宗又特任內臣文思使、文州刺史內侍押班李舜舉為照管涇原路經略制置司一行軍馬參議軍吏大事，作為李憲的副手。神宗為激勵士氣及招降夏人，又詔給涇原路經略制置司空名諸司使至內殿崇班告敕一百，東頭供奉官至三班奉職二百，三班奉職至殿侍，軍大將箚子三百，度僧牒衣紫衣師名敕一百，三司銀器二萬兩，陝西買馬司馬千匹。又命其應供給的輜重、騾、橐駝等，令致遠等務盡數起發。又命少府監負責鑄造本族巡檢銅朱記、蕃部本族巡檢印、氊帳、錦袍、金銀帶應賜物，並予預給。另給兵幕一千、槍五千、弓三千、箭二十萬。神宗詔李憲準以是月乙丑（十三）進兵。〔註7〕

　　　　群書考索》，文淵閣《四庫全書》本，後集卷十三〈制置使〉，葉二十四下：龔延明：《宋代職官辭典》，第八編，〈三、制置・宣諭、招討、經略安撫使門〉，頁453。
〔註6〕《長編》，卷三百二十二，元豐五年正月辛亥條，頁7771。
〔註7〕《長編》，卷三百二十二，元豐五年二月甲寅至丙辰卯條，頁7777～7778；《宋會要輯稿》，第七冊，〈職官四十一・經略使〉，頁4038；第十二，〈食貨五十・船、戰船附〉，頁7123；《宋史》，卷四百六十七〈宦者傳二・李舜舉〉，頁13644。考《宋會要輯稿》是條錯繫於元豐四年十二月乙卯（初三），據《長編》李憲

神宗準備再出兵之前，於二月戊午（初六），命苗授修繕熙州東嶽廟以迎福祐。己巳（十七），又命令諸路轉運使選各路廂軍及都水監所轄河兵約四萬人赴陝西集結，負責糧運，廂軍及河兵並隸李憲的涇原路制置司。〔註8〕

李憲準備大舉，打算將他的得力大將知蘭州李浩調往他的制置司。二月癸亥（十一），李憲上奏以姚麟久更邊任，兼有材武，請將他除熙河蘭會鈐轄於蘭州駐紮。倘李浩赴制置司，就可由姚麟權知蘭州。神宗從其奏。乙丑（十三），神宗又詔熙河路經略都總管司至路分都監，上面加上蘭會二字。另又詔李憲詳審他麾下功優賞輕者以聞。總之，神宗在李憲出師前，爲他安好其蘭州老家。這時熙河路經略安撫司又上奏，報告定西城不斷有夏騎殺略商人和巡邏戍卒，並聞說西夏的銜頭命令隨意入宋境劫盜。神宗詔李憲，以羌人之性是畏強凌弱，若不令守將相度機會將之剿殺，就會被視爲畏怯，啓侮不止。這樣就會讓敵計得逞，道路就越來越艱難。要他從速發出指揮，措置此問題。〔註9〕

同月丁卯（十五），神宗又給李憲詔書，以董氈曾遣親信首領部勒兵馬來助攻西夏，牽制了西夏軍西部一大部份兵力，使得李憲順利攻取蘭州，事功可紀，董與立功首領都應受賞，命李憲委派苗授遣人因賞賜告諭董氈、鬼章和阿里骨。另外又詔李憲原議建立的提舉熙河等路弓箭手營田蕃部共爲一司，隸屬李憲新領的涇原路制置司。並許李憲奏舉勾當公事官一員，準備差使使臣三員，並給公使錢千緡，讓李憲直接管理他經營開發熙河的措施，而不假手於人。同日，秦鳳路提點刑獄康識上奏熙河路四州弓箭手所借牛及器物及錢財的問題，以開拓之初，弓箭手久在軍前，現方得休養，請予以寬限償還之期。神宗支持李憲的屯田開邊計畫，就許展限兩年。〔註10〕

癸酉（廿一），宋廷爲安撫青唐諸酋，杜絕後顧之憂，以便全力對付西夏，就不惜金錢，下詔封賞群酋：名位最高的西蕃邈川首領、西平軍節度使押蕃

是在元豐五年二月乙卯（初三）上奏，按李憲獲授制置使在正月辛亥（廿九），不在元豐四年十二月乙卯（初三）。

〔註8〕《長編》，卷三百二十三，元豐五年二月戊午至己未條，頁7781。董氈從元豐四年到五年一直採取聯宋攻夏的政策，西夏採取軟硬兼施又打擊又拉攏的手段應付，但董氈不爲所動，堅持聯宋攻夏。可參齊德舜：〈《宋史·董氈傳》箋證〉，頁37～38。

〔註9〕《長編》，卷三百二十三，元豐五年二月癸亥至乙丑條，頁7783～7784。

〔註10〕《長編》，卷三百二十三，元豐五年二月丁卯條，頁7784～7787；《宋會要輯稿》，第十六冊，〈蕃夷六·吐蕃〉，頁9917。

落等使董氊封武威郡王，賜金束帶一、銀器二千兩，色絹紬三千疋，歲增賜大綵五百匹，角茶五千斤。阿里骨授肅州團練使，鬼章授甘州團練使，心牟欽氊（？～1099）授伊州刺史，各賜金束帶一、銀器二百兩，綵絹三百疋；進奉使李叱納欽授廓州刺史，增歲賜茶綵有差。宋廷又詔以後青宜結鬼章止稱鬼章，阿令骨稱阿里骨。〔註11〕宋廷這項以夷制夷的政策，即使不是李憲提出，也當是他同意的。

　　撫定了西邊的蕃部，李憲就著手集結陝西諸路的人馬，神宗在是月乙亥（廿三），因鄜延路經略司上言，詔諸路依涇原路制置司的奏告，調發包括弓箭手、步兵和蕃兵的兵馬，而搬運輜重的民夫就令涇原路制置司差發。〔註12〕

　　神宗與李憲的鴻圖大計卻為朝內外的文臣反對。判河南府的元老重臣文彥博早在元豐四年十二月底便派他的長孫文永世齎表往京師，反對再出兵伐夏。他以先前「數路進軍，興動大眾，彌歷累月，饋餉不貲。諸路之民，疲於供給。將士盡忠竭力，為朝廷奮不顧身，間關死亡，衝冒寒苦，備極勤勞，臣以謂國威既已振矣，將士之力亦已殫矣，百姓供饋亦已竭矣。」他認為再度出師，「士氣已衰而再鼓，民力已困而調發，復興諸路深入，而轉餉益遠，如此則師之勝敗恐未可知。」他又說聽聞陝西百姓因兵事而致流離，而且菽粟之價騰踴。今冬二麥多不下種，而明春農事方興，又復調發不已，必定供應不前。他又說聞知陝西、河東糧運人夫雖費不貲，而逃逸者甚眾，甚至有部夫官逃竄。他請神宗「慎擇將兵者，如輕險而求僥倖之功者，當勿用之。」李憲的名字已是呼之欲出。〔註13〕

　　神宗在二月丁丑（廿五），思慮良久，才手詔回答文彥博，並命文的次子文貽慶（？～1091後）賜他，承認「朕涉道日淺，昧於知人，不能圖任將帥，以天錫可乘之時，上為祖宗殄滅一方世讎，深用厚顏。爰自六軍還塞，將士已憚勞，黎民已告病，今日之勢，豈復可遠舉深入哉，惟固境自全而已。」

〔註11〕　《長編》，卷三百二十三，元豐五年二月癸酉條，頁7789；卷三百二十四，元豐五年三月丙戌條，頁7801；《東都事略》，卷一百二十九〈附錄七・西蕃傳〉，葉三下；《宋會要輯稿》，第十六冊，〈蕃夷六・吐蕃〉，頁9917。神宗在三月丙戌（初五），又以阿里骨在羌中地位居鬼章之上，說他在蘭州之戰，又能竭力督勵諸羌，堅約不回，就除他肅州防禦使。

〔註12〕　《長編》，卷三百二十三，元豐五年二月乙亥條，頁7790。

〔註13〕　《文彥博集校注》，下冊，卷二十五〈奏議・論西事・其三〉，頁735～737；《宋朝諸臣奏議》，下冊，卷一百三十八〈邊防門・遼夏十・上神宗論關中事宜・元豐四年十二月上〉（文彥博），頁1548。

神宗又言不由衷地解釋他委用李憲，「特命於涇原制置者，第使之城數亭障，制賊衝軼耳，非復有前日圖也。所以張大其名，若入討之爲者，蓋兵法有之，用而示之不用，不用固有示之用耳。庶或可震之，乘威尋盟，則朝廷因得復羈縻之也。」文彥博隨即在三月連上兩道謝表，表示理解神宗的意旨。〔註14〕

李憲出師的事一波三折，他的大將知蘭州李浩在三月乙酉（初四）招納黃河北蕃部嘛陵的親家翁哩那沒桑一家十五口，卻中了西夏的圈套，奉命以船接取的部屬東頭供奉官孫晞（？～1082）並當值士兵二人被擒。李憲以熙河路都大經制司上奏宋廷，以李浩輕率欠考慮，請由本司取勘。神宗在乙未（十四）以西邊的防務未寧，而招納蕃部的事也得小心在意，先詔熙河路提點刑獄司，以河州官吏和募得的守城義勇及保甲修城，就特免取勘。然後又詔李憲，說蕃酋裕勒藏喀木等送來的蕃字請降書，觀其陳情，甚有歸順之意，命他趁屯兵防及立堡障之便，從速處理應接。不過，李憲在庚子（十九）卻覆奏，說根據李浩的報告，裕勒藏喀木約三月辛卯（初十）於堅博投附，其實是詐降，與誘擒孫晞之情無異，他已令李浩不得擅撥兵馬接應。但神宗卻以爲李憲應一面察辨眞僞，一方面暗中防備，相度招納，不要即時以爲那是夏人姦謀而不去接應。他以宋廷經制西夏，招納降附，自是一事。若是蕃部實情投附，而自己有疑阻，就會令羌人更靠附西夏，實在於邊防有害。他命李憲據此論詳加施行。神宗一直希望聯合西蕃之力對抗西夏，當熙河路經略司在戊戌（十七）上奏，稱董氈和阿里骨派人送來蕃字書，說他們已拒絕與夏人通好，且訓練兵馬準備。神宗即回覆說當李憲和苗授出師有期，就會預先告之。〔註15〕

李憲在同月辛丑（二十）奏上神宗他在鄜延路部署的兵馬，共分爲五軍，

〔註14〕《長編》，卷三百二十三，元豐五年二月丁丑條，頁7792～7793；《文彥博集校注》，下冊，卷二十五〈奏議‧謝賜答詔‧其一、其二〉，頁738～740。

〔註15〕《長編》，卷三百二十四，元豐五年三月乙酉條，頁7795；乙未至庚子條，頁7803～7805；卷三百二十七，元豐五年六月壬戌條，頁7877；卷三百三十一，元豐五年十一月辛巳條，頁7969；《宋會要輯稿》，第八冊，〈職官六十六‧黜降官三〉，頁4835。據熙河蘭會路經略司在六月壬戌（十二）的奏報，那個被西夏誘擒的供奉官孫晞已被殺，其部屬殿侍馬淩則逃回。宋廷贈孫晞皇城副使，官其二子，賜銀絹、酒米有差以恤之。順帶一提，在是月己亥（十八），宋廷據涇原路經略司的奏報損失人馬多少，去處分涇原一路的將官，除劉昌祚和姚麟已降官外，其餘將校包括曾在李憲麾下的內臣李祥等議各追一官。是年十一月辛巳（初四），宋廷正式下詔處分李祥等人，李祥自皇城使沂州團練使追一官。

共用文武官員二百四員。他說雖已奏請差使臣一百人下本路擔任團結諸軍，但他請求若使臣人數不足，權許依去年七月九日指揮，而不必依常制抽差補填所缺人數。神宗允許，詔三班院選差使臣五十人應付鄜延路的差使，若不足就差禁軍的散直充數。癸卯（廿二），因种諤自言與涇原帥（當指李憲）素來不合，不能共事，請免知渭州之任。神宗於是將种諤調回鄜延路舊任，而改命新知潤州（今江蘇鎮江市）集賢殿修撰、原任涇原經略使的盧秉爲寶文閣待制再知渭州。神宗命他並聽李憲節制。〔註16〕

　　神宗對李浩經營蘭州所費浩大，在四月丙辰（初五）以手詔批評了李憲一番。說蘭州乃新造之區，財用艱急，若不節約，何能持久？他說近日李浩奏請委差準備將領和無用職官八十餘人。他嚴厲批評李浩只知道效法熙河路以前的姦利故轍，務在援引親舊，而不恤朝廷安境的長久大計。他又對李憲說，熙河從開始以來的經營弊害，是李所親歷的，後來多致人言，就是由於冗費不節。他要李憲好好檢討並且早日裁定，並且詰問李浩爲何不經長司（即李憲）而擅自奏問？〔註17〕

　　癸亥（十二），神宗又對李憲所奏關於出兵時的糧運問題批示並讚賞一番，說他所奏將來隨軍的糧食，若由轉運司拘泥固執地經制，就需索浩大，雖傾盡關中之力，佐以此路金穀，亦未能應付所辦，就必無可舉兵之理。而李憲提出自行籌置糧米五十萬石，乾糧二十萬斤，並自行從本司運載出塞。神宗首肯之餘，就誇獎若非是李憲這樣左右忠力之臣，豈能操心任責如此？神宗詔李憲，已指揮本司責勒轉運判官葉康直等，需限於六月底，依李憲所要之數，將軍糧運至鎮戎軍（治今寧夏固原市原州故城）、高平寨（疑即高平軍，今寧夏固原市楊郎鄉北曹洼古城）和熙寧寨（今寧夏固原市城北頭營正東一公里處陸家古城堡，今名胡大堡）三處椿積。命李憲照會他們疾速督促施行。神宗又批示，惟有李憲所求的賞軍金帛，未有快近取辦之處，雖已令盡行籌集應付，但仍怕其數未足。若從關東運來，以道路遙遠，恐不趕及。

〔註16〕盧秉在元豐五年正月辛亥（廿九）自知渭州朝請郎集賢殿修撰爲朝奉大夫知潤州。御史王祖道劾奏當王師西討時，盧秉當一路之衝，在大兵啓行時，卻不能綏靖，而張皇役民，晝夜城守，給道路傳以爲笑。王以盧措置無狀，眾所周知，而盧剛求得一便郡，宋廷又給他遷秩，實在不妥。但神宗不聽。盧徙知潤州才兩月，又調回渭州。參見《長編》，卷三百二十二，元豐五年正月辛亥條，頁7769；卷三百二十四，元豐五年三月辛丑至癸卯條，頁7806～7807。
〔註17〕《長編》，卷三百二十五，元豐五年四月丙辰條，頁7817。

神宗就命李憲再切實經度如何辦理，具析上奏。同日，神宗又將辦糧不力的權管勾涇原路轉運判官兼同管勾經制熙河路邊防財用承議郎胡宗哲降授承事郎，權發遣同經制熙河路邊防財用事通直郎馬申降授承務郎，二人均展磨勘八年。總之，神宗對李憲出兵的種種提議及要求，都盡量滿足。〔註18〕

神宗一直希望董氊能出兵配合攻西夏。四月丙寅（十五），又手詔李憲，說聽聞西夏又派人往見董氊，許給他斫龍以西之地，另又聞遼人也派人到青唐，勸說青唐與西夏講和。神宗說近日阿里骨屢次請問宋軍出師之期而未得確實回報，他怕羌情生疑，而給西夏乘隙壞了宋與青唐之間的盟約。他命李憲可於秋初從速定下一日期，並且遣人探問上面提及的事實，不要讓董氊聽信遼人的話與西夏議和，其他的事可與之斟酌。兩天後（戊辰，十七），神宗又答應李憲的要求，詔調發在京的拱聖、驍騎、雲騎、武騎軍各一指揮，殿前、步軍司虎翼軍各五指揮使，接替蘭州瘦病不能服役的守軍。以熙河蘭會路經略司說，本來想在熙河州的守軍對替蘭州的守軍，但以本管的兵不多，請求由別處調發。神宗又命原戍蘭州而不堪作戰的羸卒，就往隴州（今陝西寶雞市隴縣）、鳳翔府駐泊，並委官訓練。〔註19〕

李憲在是月己巳（十八）終於繪畫並奏上將來進兵出塞、築立堡障及破敵的方略，請神宗裁定。神宗信任李憲，委以便宜從事之權，且手詔李憲，表明不會將從中御：

> 地之險易，所嚮先後，自非目擊與敵變化，謦欬之間首末已異，豈隃度於千里之外，得能之乎？理固難中覆也。惟是探要鉤賾，敵之強弱與夫待我顯伏情狀，內顧己之兵食足以加賊、繼餉，使軍不虛發，財不徒費，發必可以摧敵，費必有濟國事，乃委注之深意，惟

〔註18〕 按葉康直曾隨劉昌祚出兵，到元豐四年十二月辛酉（初九）返渭州。他在元豐五年正月庚子（廿四）以權發遣涇原路轉運副使上奏，稱兵勢貴聚而惡分，認為宜諸路並進，相為犄角，則易打敗敵人。辛亥（廿九），神宗批示他以涇原路轉運副使權管勾環慶路轉運判官公事。這裡稱他為轉運判官可能指他在環慶的差遣。葉在元豐五年二月上奏神宗，他計算運糧廂兵要數十萬，神宗即命諸處役兵暫罷，集中人力赴陝西。參見《長編》，卷三百二十一，元豐四年十二月辛酉條，頁7741；卷三百二十二，元豐五年正月辛亥條，頁7770；卷三百二十三，元豐五年二月己未條，頁7781；卷三百二十五，元豐五年四月癸亥條，頁7819～7820；卷三百二十二，元豐五年正月庚子條，頁7762；《宋會要輯稿》，第八冊，〈職官六十六‧黜降官三〉，頁4833。

〔註19〕 《長編》，卷三百二十五，元豐五年四月丙寅至戊辰條，頁7820～7821；《宋會要輯稿》，第十六冊，〈蕃夷六‧吐蕃〉，頁9917。

將帥博謀善圖之！〔註20〕

　　神宗大概不欲將西夏想結好董氊之事增加李憲的工作，同日便親自批示苗授，稱聞知西夏求和於董氊之情甚急，累請不成，又邀遼使同往，神宗覺得以平日西夏與青唐強弱大小之勢論之，西夏沒有理由自屈如此，懷疑背後必有深關國之存亡利害的理由，神宗以苗授所部接羌境，必知道其情狀，西夏一定大懼西蕃與宋軍合力覆其巢穴。神宗命他精繪地形，博謀於智者，從速上聞。〔註21〕

　　神宗命李憲再舉，除了較早前元老重臣文彥博反對外，神宗賞識的同知樞密院事呂公著也上言力諫，神宗不悅，呂就在四月丁丑（廿六）求罷，力請代替剛召入爲門下侍郎的章惇（1035～1105）出守北方重鎮定州（今河北保定市定州市）。〔註22〕

　　神宗大概爲了鼓勵李憲西征軍的士氣，翌日（戊寅，廿七）便厚賞平定瀘州乞弟（？～1084）之亂、自主帥林廣以下的將校。林廣稍後上章宋廷，爲他的前任韓存寶申冤，他說韓雖有罪，但功亦多，以現時諸將而論，韓不至於死。事實上韓的確死得有點冤枉，當日若李憲在神宗側，爲他說情，也許能救他一命。〔註23〕

　　神宗也注意到李憲的根據地熙河的財糧情況，五月辛巳（初一）便詔苗授和趙濟，指熙河路財糧現時極爲艱急，而所修的堡障處多駐防禦拓邊軍馬，然近塞地方又無急警，既不能因時省費，以待不虞，又於農事方作之時，調

〔註20〕　《長編》，卷三百二十五，元豐五年四月己巳條，頁7821。

〔註21〕　《長編》，卷三百二十五，元豐五年四月己巳條，頁7822。

〔註22〕　《長編》，卷三百二十五，元豐五年四月丁丑條，頁7828～7829。

〔註23〕　《長編》，卷三百二十五，元豐五年四月戊寅條，頁7830～7831；卷三百二十八，元豐五年七月己丑條，頁7896；卷四百五，元祐二年九月庚申條，頁9867～9868；卷四百三十二，元祐四年八月辛酉條，頁10429～10431。宋廷賞功，平定瀘州的主帥林廣，自步軍都虞候英州刺史遷馬軍都虞候衛州防禦使，都大經制瀘州夷賊司、走馬承受公事兼照管一行軍馬、入內東頭供奉官參文禺遷兩官寄資，皇城使忠州團練使姚兕領果州防禦使，東上閤門使王光祖爲四方館使。因林廣不久病卒，爲韓存寶申冤，要到神宗死後，在元祐初年才再由其子韓資提出。左司諫丁騭在元祐二年（1087）九月庚申（十一）便上奏，指韓存寶被刑之初，只因原審他的何正臣希神宗意，並不推原本情，而曲加鍛鍊，將韓置之重法。丁指責何「勇於謀身，輕絕人命，致先朝有誤殺之名」。請求恢復韓之官爵，而治何正臣之罪。何正臣後來以寶文閣待制歷知洪州與饒州（今江西上饒市），到元祐四年九月，才被左諫議大夫梁燾（1034～1097）及右正言劉安世（1048～1125）追究他當年陷死韓存寶之過，而被落職提舉洞霄宮。

發力田之民服役，神宗批評這樣的處置不妥，要二人需用心地體度邊費，爲朝廷愛惜財用。〔註24〕

因西征而調發軍糧所造成的問題，范仲淹（989～1052）的第四子、環慶路轉運判官范純粹（1046～1117）在五月乙酉（初五）便上奏力陳其弊，並批評李憲以集中涇原一路邊築城邊進攻西夏的方略有誤：

> 臣伏見朝廷聚兵一道，以事西討，將修築堡寨，趨積芻糧，爲進攻必取之計。臣以非才，職專饋餉，雖前後累與同職官條具事狀，仰煩聖聽，然其所論皆區區饋運職事之所當言者，至於攻討得失之勢，城堡利害之實，師期之緩急，民情之休戚，所以繫朝廷天下之體者，則非臣之職，而前此未之言也。……臣竊聞去年邊事之初，議者謂夏人惛亂，囚辱其長，眾怨親叛，席卷可平。朝廷大治兵師，諸道並進，所向力戰，而賊巢不拔，則是與夫議者之言有間矣。今朝廷會兵涇原，欲爲且城且戰之計。臣以謂精騎二十萬，聚於一方，聲勢重大，彼必清野，以避我鋒，決於他路犯邊，以爲牽制。萬一乘虛入寇，則事有可憂。兼涇原進築之眾，所食糧米日將萬斛，所築城堡不過一二。而地理漸遠，饋運無可繼之策；時日漸久，丁夫有奔潰之虞。於此之時，勢必中罷，豈不負陛下興舉之意，而繫敵人觀望乎？矧所成堡障，深在賊疆，存守久長，豈敢自保？此又不可不慮者也！朝廷休養民力，充實府庫久矣，去歲兵師一出，而公私困弊，若此其甚。今者再議大舉，人氣事力大非去歲之比。若今歲事功不就，即來歲又將如何？國才民力將何以繼？此臣所謂攻守得失之勢，城壁利害之實者也。

范純粹也批評李憲的進軍日期之不當，以及徵召關中民夫運糧將會造成社會經濟民生之問題，他指出：

> 臣準制置司牒，坐到發諸路兵馬之期皆在六月，竊計出兵之日，決是初秋。去歲涇原、環慶兩路各以九月出兵，比至中冬，漸以還塞，然猶士卒疾凍，十亡四五。今七月行師，方是苦暑，以二十萬之眾，冒犯炎日，或被堅禦寇，或負重力役，渴飲難周，瘴疾多有，復當大雨時行之月，豈無霖潦之虞？臣恐疾病傷殘，有甚前日，內外重兵，上繫國體，此臣所謂師期之緩急者也。

〔註24〕《長編》，卷三百二十五，元豐五年五月辛巳條，頁7838。

臣竊見去年調夫出界，其近上等第人戶有至獨出數十夫之家，其貧
下戶人亦須數戶共出一夫，雇直至及百貫。又諸路轉運司接續調發，
至於再三，其間凍綏艱苦，遇賊被害，死亡凋弊，久未可完，今茲
再籍，百姓已語事勢，人心駭畏，頗有逃散。麰麥在隴，秋禾將耘，
妨奪農時，適於此日。緣軍大計，動須人力，臣等蒙朝廷誡以軍法，
責令趨辦，若人戶大段流移，關內騷動，根本之地，事有可憂。異
日言者必以臣等為歸咎之地，一身之責無足自愛，其如國事何？此
臣所謂民情之休戚者也。〔註25〕

　　范純粹的奏疏從四方面指出李憲自涇原出師的計劃會招致的嚴重後果。
他的理由是具體而明確，勝過文彥博及呂公著之前的泛泛之論，那是神宗不
能不重新考慮的。〔註26〕客觀而論，從純戰略戰術的角度來看，李憲的計劃
若在後勤方面有充份準備和配合，向著西夏的要害地區橫山步步進築，未必
不能成功。呂卓民便指出，哲宗紹聖以後，宋軍改變策略，「採取淺攻近掠，
步步進逼的方法，即由邊面採取軍事行動，由近而遠，徐圖進攻，據險築城，
漸次深入，以蠶食西夏所佔領土。每奪取一地皆修築城寨以鞏固之，位置重
要者，更設州、軍進行鎮守。這一策略和做法，取得了較大的成就。自紹聖
三年（1096）至元符二年（1099）的四年間，就收復了橫山地區的大片土地，
并在新復的土地上，陝西、河東建州一、軍二、關三、城九、寨二十八、堡
十。」〔註27〕李憲的繼承人童貫便在徽宗朝依著李憲的方案成功地進築橫山，

〔註25〕《長編》，卷三百二十六，元豐五年五月乙酉條，頁7841～7842；卷三百二十
　　　七，元豐五年六月己未條，頁7875。考范純粹在六月己未（初九）自環慶路
　　　轉運判官權管勾陝西路轉運判官。
〔註26〕據范純仁的曾孫范公偁（？～1147後）的記述，當神宗聽從李憲的建議，準
　　　備再興師伐夏，為免有人反對，就下詔天下敢有言班師者族。范純粹仍連上
　　　章，言三十六不可，皆指斥時事，他上章時甚至多次牒永興軍拘管其家，以
　　　俟神宗之命。據說神宗覽奏後默然，召內臣李舜聰（李舜舉之兄）問范純粹
　　　所言是否事實，又說范純粹劾李憲假神宗之令天下人，若有，如何處之。李
　　　舜聰大概不敢開罪李憲，就模稜兩可地說：「此事雖未皆有，蓋不盡無。」於
　　　是神宗大悟，詔即日班師，而赦范純粹罪，還擢他直龍圖閣、環慶路經略安
　　　撫使。范公偁此記自然有溢美其祖之嫌，亦反映在南宋時士大夫對李憲的負
　　　面看法。參見范公偁（撰），孔凡禮（點校）：《過庭錄》（與《墨莊漫錄》、《可
　　　書》合本）（北京：中華書局，2002年8月），〈侍郎請班師西夏〉，頁337；《長
　　　編》，卷三百三十，元豐五年十月乙丑條，頁7955。
〔註27〕關於橫山的地理位置及戰略價值，呂卓民指出「橫山東至麟府，西至原渭，
　　　主要在今陝北境內，包括甘肅東北部部份地區，是宋夏之間一條天然軍事分

將西夏迫得喘不過氣來。不過，從儒家士大夫的立場，爲了滿足神宗開疆辟
土的大志或慾望，而不惜犧牲老百姓的民力財力以至性命，是絕不可取的。
是故宋代士大夫對於李憲的征伐方略難有好評。〔註28〕關於李憲的出兵涇原
方略，梁庚堯指出，以李憲提出集結的軍隊人數而論，已是涇原路在元豐四
年出師的三倍有多。如此眾多的人馬牲口，消耗的糧草數量必然甚鉅。李憲
批評涇原路轉運司過去無法籌措偌大的軍糧，而說可自任計置米糧五十萬石
及二十萬斤，由本司運出塞。梁氏批評李憲這番話不過在強調自己竭智盡忠，
爭取神宗的寵信，並不眞的做得到。宋人批評李憲罔上害民，這當是最有力
的論據。〔註29〕

　　不幸的是，像范純粹這樣頭腦清醒，常以百姓福祉的士大夫並非多數，
愛迎合神宗拓邊而望建立個人功名事業的人不在少數。神宗這時又看上了呂
惠卿所薦、志大才疏而好紙上談兵的徐禧，五月己丑（初九），神宗將徐禧擢
爲試給事中，稍後委他籌畫另一進築城寨的方案，可惜徐禧並無王韶及李憲
一點的才幹和將略。〔註30〕

　　神宗這時仍未接受范純粹罷兵的諫言，五月辛卯（十一），因收到環慶路
經略司的奏報，說蕃官阿齊探知西夏梁太后自三月初已點集河南、西涼府（即
涼州）、囉龐界、甘州（治今甘肅張掖市甘州區）、肅州（治今甘肅酒泉市
肅州區）、瓜州（治今甘肅酒泉市瓜州縣鎖陽城鎮鎖陽城遺址）、沙州（治
今甘肅酒泉市敦煌市沙州鎮）的民夫十人發九人，打算從諸路入寇，人馬
已發赴興州。神宗以四月丁丑（廿六）夏軍二萬餘人侵犯淮安鎮，而自從
去年宋軍發動攻夏以來，一直憂慮夏軍迴避不出戰，以致不能有斬獲。神
宗認爲果眞的如情報所說，夏軍今番主動出擊，就是宋軍取勝的良機。神

<hr>

界線，其地理位置對宋與西夏都有很重要的軍事價值：西夏既視橫山爲其生
命線，又把橫山作爲南下侵宋的前哨基地。夏軍每次大舉攻宋，都先在橫山
地區聚兵就糧，恃橫山蕃部爲先鋒。所以北宋認爲西夏『若失橫山之勢，可
謂斷其右臂矣，彼無聚兵就糧之地，其欲犯塞難矣。』北宋也把橫山地區作
爲抵禦西夏入侵的屏障。」「北宋認識到橫山地區的重要性，便把奪取橫山作
爲鞏固邊防，進攻西夏的戰略步驟，全力經營橫山，西夏亦以傾國之力與之
抗爭。」參見呂卓民：〈宋代陝北城寨考〉，原載《西北歷史研究》，1988年號，
現收入呂卓民：《西北史地論稿》（北京：中國社會科學出版社，2011年3月），
頁49～50。
〔註28〕《東都事略》，卷一百二十八〈附錄六・夏國傳二〉，葉四下。
〔註29〕梁庚堯：〈北宋元豐伐夏戰爭的軍糧問題〉，頁76～77。
〔註30〕《長編》，卷三百二十六，元豐五年五月己丑條，頁7845～7846。

宗因下詔給鄜延沈括、涇原李憲和熙河苗授，要他們把握機會，當然要探得確實情報，準備有素，然後以本路兵馬合成大陣，守扼要害，伺夏軍深入就痛行掩殺。〔註31〕

五月丙申（十六），司天監上言七月辛巳（初二）是出兵吉日。神宗乃下詔進兵日依李憲所奏的七月初二。同日，李憲的涇原路制置司上言，已牒鄜延路四軍和環慶路兩軍，為減少非戰鬥人員，負責膳食的火頭並於禁軍步兵內差派，至於傜役、輜重、無廂軍，就由義勇和保甲充任。他怕兩路未肯照辦，就請降朝旨。神宗從之。神宗隨即詔陝西都轉運司，負責糧運而由諸州差雇車乘的人，所過州交替每人日支米二升、錢五十，到邊境止。而運糧出界，就只差廂軍。〔註32〕

神宗在五天後（辛丑，廿一），卻忽然詔罷李憲自涇原進築城堡以攻西夏的行動。他下詔陝西路都總管司，說涇原路進築城寨，財用雖已略具，但尚須措置諸路團結兵馬。他令李憲的涇原制置司不得勾抽他路兵馬，而原先差發的將兵並就近裡休整，至於為這次再舉而差發的文武官員，就遣還原差來處。〔註33〕

為何神宗在萬事似已俱備，連出師日期都擇好之際，忽然停止出師？《長編》記陝西轉運司這時以役兵不足用，請下諸州徵發和雇的民夫。知永興軍呂大防（1027～1097）上奏，稱依前詔不再調民夫出塞，但現時漕檄雇夫就非科差不可。他說從之就違詔，不從就恐怕誤了出師日期。神宗令呂大防從前詔行事。據載神宗因派遣查察情況的使者回來，亟奏不可進築，於是議罷兵。〔註34〕

這位在關鍵時刻竟然能令神宗改變主意的使者是誰？群書都記神宗這名特使是他另一個心腹內臣內侍押班李舜舉。《涑水記聞》記本來神宗已詔更不

〔註31〕《長編》，卷三百二十六，元豐五年五月辛卯條，頁7848。
〔註32〕《長編》，卷三百二十六，元豐五年五月丙申條，頁7851～7852。考李憲就出兵的日期，曾在五月丁未（十四）上奏神宗，說五路軍馬會合之地，遠近不齊，不可一一擇日。雖然擬七月辛巳（初二）中軍起發為準，但未必最好，他請下司天監詳定。據載司天監太史局在十六日奏稱已集眾官定奪，將本京六壬加臨，得到七月初二辰（辛巳）為出兵吉日，同三省奉旨所進兵日同，故依李憲所奏。
〔註33〕《長編》，卷三百二十五，元豐五年四月丁丑條注，頁7828～7829；卷三百二十六，元豐五年五月辛丑條，頁7853。
〔註34〕《長編》，卷三百二十五，元豐五年四月丁丑條注，頁7828～7829；卷三百二十六，元豐五年五月辛丑條，頁7853。

調民運糧，李憲卻牒都轉運司調民夫運糧，而以和雇爲名，官日給錢二百，並使人逼都轉運司接受其命令，李憲稱他受神宗密詔，威脅說若大軍缺乏軍糧可斬轉運使以下。陝西都轉運使被迫執行調民夫運糧之令，結果民間騷然，出錢百緡不能雇一夫，民人相聚立柵於山澤中，不受徵調。吏人前往徵調，就輒毆之。解州（今山西運城市西南）州官即使枷知縣以督之，仍不能徵集。後來甚至由知州及通判自行往縣督之，均不成功。到出動州巡檢及縣尉前往相逼，民人就執梃相鬥，州縣無可奈何。據載因之前出師兵敗，凍綏死者十之五六，存者均畏行而無鬥志，倉庫蓄積皆竭。司馬光記群臣不敢諫，只有文彥博和呂公著上言進諫，神宗卻不聽。直到李舜舉從涇原來，對神宗泣告：「必若出師，關中必亂。」神宗才相信，召呂公著慰勞之。司馬光又記，李舜舉入見神宗後，在宮外見到宰相王珪。王珪討好他說：「朝廷以邊事屬押班及李留後（按：指李憲），無西顧之憂矣。」李舜舉卻毫不客氣面折王珪說：「四郊多壘，此卿大夫之辱也。相公當國，而以邊事屬二內臣可乎？內臣正宜供禁庭灑掃之職耳，豈可當將帥之任邪？」據說聞者都爲王珪慚愧。而宋廷在六月就詔罷涇原之役；不過，神宗卻改而採納种諤的建議，從鄜延修六寨以包圍橫山之地，還遣派反對李憲的李舜舉與陞任直龍圖閣的徐禧往視之，並命徐禧節制軍事，即以徐禧取代李憲主持再舉之計劃。〔註35〕

有關神宗因聽了李舜舉的回奏而放棄李憲的計劃，《長編》和《宋史》都沿用《涑水記聞》的說法，惟李燾未能確定李舜舉入奏的確實月日。另外呂大防弟呂大臨（1044～1091）也主此說。〔註36〕

〔註35〕 梁庚堯指出，范純粹及其他陝西轉運使所擔心民間因強令運糧而騷動的事終於發生，呂惠卿在元豐七年（1084）赴太原府任後也指出當年河東民夫運糧形同差發的慘況。參見《涑水記聞》，卷十四，第390條，「李憲建議再舉靈武」，頁282～283；《長編》，卷三百二十七，元豐五年六月乙卯條，頁7869～7870；梁庚堯：〈北宋元豐伐夏戰爭的軍糧問題〉，頁80～82。

〔註36〕 《長編》，卷三百二十五，元豐五年四月丁丑條注，頁7828～7829；《宋史》，卷四百六十七〈宦者傳二・李憲、李舜舉〉，頁13640，13644。李燾認爲《涑水記聞》記神宗慰撫呂公著的說法有誤，因李舜舉入奏時，呂已在五月丙申（十六）入辭，然後離開京師去了定州。另神宗有詔罷涇原進築是在五月辛丑（廿一），而非六月。又呂大臨也記「昨春邊事權罷，是皆李舜舉之力也。今不幸適喪此人，亦深足憐也，此等事皆是重不幸。」而熟悉邊事的張舜民（？～1103後）在二十年後，於建中靖國元年（1101）以吏部侍郎上奏徽宗反對進築城寨時，也引用神宗原本想自涇原路胡盧河川築十五堡以通靈州，但以其功賞浩大而最後罷之。張舜民當然不敢說神宗怕大動干戈會引來動

　　神宗爲何改而考慮种諤的計劃，據趙起的《种太尉傳》記載，宋廷初議從李憲之策，自涇原役兵百萬，進築十五城以趨靈州。相信是李憲的推薦，宋廷要种諤負責經略渭州，協辦此大計，种諤早就與李憲意見不合，他到長安後，連上十一章反對李的計劃，而堅持其取橫山的策略，他主張先城銀州，次遷宥州於烏延，再城夏州，然後北城鹽州，據烏白二池，招納蕃部。但神宗似乎尚未完全放棄原先的計劃，五月甲辰（廿四），神宗詔涇原路經略司給封樁軍賞二十萬匹與轉運司，用作築城修堡。丙午（廿六），又將李憲屬下的涇原路轉運副使通直郎李察（？～1091 後）命爲權發遣陝西路轉運使，協助轉運軍糧。然同日种諤便以鄜延路經略副使的身份與正使兼知延州沈括再上詳盡的規畫，並間接批評了李憲的計劃。神宗動心，於是詔徐禧和李舜舉前往鄜延路議邊事，限他們受命後五日上道。神宗在是月戊申（廿八），再詔陝西都轉運司先前支司農寺錢二百萬緡、內藏庫銀三百萬兩、鹽鈔二百萬緡，均給諸路。鄜延、環慶及涇原三路委轉運司，秦鳳路委都轉運司，熙河路委經制司，宋廷命趁著夏熟，於緣邊市糴軍糧封樁，以備軍事之需。因神宗改變主意，李憲籌措多時的計劃被擱置。而李憲的制置司也相應地不再擁有陝西諸路的財賦大權。〔註37〕

　　神宗以糧運不繼而放棄從涇原興師，當然要找代罪羊出一口氣。剛好涇原總管司承受文字梁同奏劾涇原轉運副使葉康直轉餉糧米，卻腐惡不可食，而十之八九爲粟，難以教士卒效力。神宗收到奏報大怒，以從關右運來的糧每斛數千錢，而輓輸之費倍之，現時貴糴遠餉，反而不可用，枉自勞弊民夫於路，以葉罪大可斬。幸而尚書右丞王安禮爲葉說話，說梁同一面之辭未得其實，請求按視。神宗於是在六月甲寅（初四）派新任陝西轉運判官張太寧與周參查究此事，並將葉繫於渭州獄以待簿責，並限十月結案。後來審驗得

　　亂，他只說神宗不再修築城寨，是怕邊臣貪賞而生事。他又說李憲進築蘭州，雖不依法行事，然勘劾逾時，最後神宗也不賞他。張舜民此話倒非事實，神宗後來厚賞李憲及其部下築蘭州之功。參見呂大臨等（撰），陳俊民（輯校）：《藍田呂氏遺著輯校》（北京：中華書局，1993 年 11 月），《東見錄》，頁 531：《宋朝諸臣奏議》，下冊，卷一百四十〈邊防門・遼夏十二・上徽宗論進築非便・建中靖國元年上〉（張舜民），頁 1584～1585。
〔註37〕《長編》，卷三百二十六，元豐五年五月甲辰至戊申條，頁 7856～7860；趙起：《种太尉傳》，載湯開建著：《唐宋元間西北史地叢稿》，頁 330；沈琛琤：《北宋神宗朝對西北的經略——以戰略決策與信息傳遞爲中心》，第四章第三節〈元豐靈夏之役〉，頁 158～160。考沈琛琤注意到《种太尉傳》的相關記載。

米十八九，神宗意始解，將葉釋放，將他復職。葉康直逃過一劫，除了王安禮爲他申理外，據宋人筆記所載，是靠李憲扣起了原先要將他處斬的命令，他才逃出生天。這也看出李憲待屬下厚道的一面。〔註38〕

李憲爲了稍後重返熙河而開拓蘭州的工作，是日又以熙河經略安撫司的名義上奏，以蘭州內外官屬，依法當撥地爲圭田。他以蘭州爲新造之區，居民未集，耕墾人牛之具皆強役之，就請求計數給以錢鈔，而留其地爲營田，或募弓箭手。神宗依從其議。〔註39〕

六月乙卯（初五），神宗詔李憲赴闕，但稍後又批示說，先前據李憲的奏請，從涇原路自熙寧寨進置堡障，直抵鳴沙城（今寧夏中衛市中寧縣鳴沙鎮），作爲駐兵討夏之地，朝廷亦悉力應付。近日李舜舉卻奏財糧未備，人夫畏行。他說朝廷以李舜舉所言忠實可聽信，故已下令遣散人夫，更不追集諸路兵，即是已罷深入攻取之策。神宗下令，若夏人犯邊，自當應敵掩擊，則守禦亦有定計。他說查察了鄜延路只以本路兵力，便於百里之外進築城寨，討蕩屯聚的敵馬。現時涇原如再兼熙河、秦鳳兩路兵力，而不少於七八萬兵。他以若去邊面不遠，進築堡寨自可只用廂軍運輸，豈須更仰賴民夫？或說敵馬嘯聚，正是我所欲討殺之機會，這樣的舉動尚且不可爲。而李憲初議大軍直抵鳴沙城，萬一夫潰糧絕，取侮更大。他命李憲依前詔從速申說利害以聞。神宗更明言若眞的舉作艱難，即罷李憲涇原路經略制置使，返熙河蘭會路經制

〔註38〕《長編》，卷三百二十七，元豐五年六月甲寅至乙卯條，頁 7866～7868；卷三百二十七，元豐五年六月己未條，頁 7875；卷三百四十五，元豐七年四月甲戌條，頁 8272；丁丑條，頁 8273；《宋史》，卷三百二十七〈王安石傳附王安禮傳〉，頁 10556；卷四百二十六〈循吏傳‧葉康直〉，頁 12706～12707；孔平仲：《孔氏談苑》，卷二〈李憲專理西方之事〉，頁 215～216。據孔平仲所記，李憲專領西方之事，屬下葉康直以糧草不繼，一日有御寶箚子付李憲：「葉康直遠斬迄奏。」李憲卻秘而不宣，他估計到晚上就別有指揮。果然到半夜就收到急詔：「葉康直刺面配永興軍牢城」。李憲認爲這還不是最後的詔旨，又持之不發。第二天早上，第三度箚子到，令將葉康直枷項送渭州取勘。李憲召來葉康直，將三道箚子示之，說要給他上枷。於是將他送到渭州取勘，終於葉無罪釋放，任使如故。若無李憲的保護，葉可能已被斬。又張大寧在六月乙卯（初五）以承事郎權管勾秦鳳路常平等事移永興軍路，依舊兼提舉熙河等三路弓箭手營田蕃部。張是李憲的屬下，他維護葉康直是理所當然的事。葉康直復職爲涇原路轉運副使後，在六月己未（初九），再從涇原路轉運副使權發遣陝西路轉運副使。到元豐七年四月甲戌（初五）他仍任職陝西轉運副使，是月丁丑（初八），宋廷命他專計置鄜延路糧草。

〔註39〕《長編》，卷三百二十七，元豐五年六月甲寅條，頁 7867～7868。

司本任。命他等過了防秋才赴闕。〔註40〕

　　為何神宗忽然放棄籌備了近半年的涇原進築計劃？神宗上述的批示只說出部份的原因，包括認為种諤的方案更省費可行。〔註41〕《長編》除引述司馬光《涑水記聞》的說法，認為是文彥博、呂公著加上李舜舉力陳關中的危情而打動神宗外，還提到尚書右丞王安禮在神宗舉棋不定的關鍵時刻，沒有附和宰相王珪一味迎合神宗，而堅決反對再舉兵，最後說服神宗收回成命。據載神宗曾出示李憲剛奏上的策書，李憲因聞知神宗有罷兵之意，於是上奏力陳「昨欲行軍，糧糧已具，下至士卒藥石，無不有也。一聞罷師，士皆喪氣。」神宗對王安禮表示，李憲雖然是宦者，猶想做事以分朝廷之憂，他反問王安禮等難道沒有此意？神宗引用唐憲宗（778～820，806～820 在位）欲平淮蔡之亂，卻只有裴度（765～839）之謀與憲宗合，而最後賴裴度平定吳元濟（？～817），他可惜裴度之謀議不出於公卿之中，而在於閹寺之間。王安禮直率地回答神宗的批評，他說西夏之強，不是淮西可比，更不客氣地指李憲之庸，非裴度之匹，而李憲麾下諸將，並無裴度麾下李光顏（762～826）、李愬（773～820）、李祐等之勇。而李憲所統五路之兵，並無魏博、朔方之節制。加上軍興以來，士卒贏耗，器械散亡幾盡，應該休養生息，用兵非良策。王安禮更翻李憲舊賬，說早時神宗曾屢派李憲出師取靈州，但他一再推辭，現時明知不可，卻強欲請行，此正是以姦言以欺上，不可不察。據說神宗聽罷，悵然感悟，不復議再舉之事。〔註42〕

〔註40〕《長編》，卷三百二十五，元豐五年四月丁丑條注，頁 7828～7829；卷三百二十七，元豐五年六月乙卯條，頁 7868～7869；《宋會要輯稿》，第十五冊，〈兵二十八・備邊二〉，頁 9222～9223；李埴（1161～1238）（撰），燕永成（校正）：《皇宋十朝綱要校正》（北京：中華書局，2013 年 6 月），卷十下〈神宗〉，頁 308。

〔註41〕沈琛琤認為种諤所提出的方案是長期且漸進的規劃，人力物資牽涉較輕，可行性更高，故最終被宋廷採納並付諸實施。此說可取。參見沈琛琤：《北宋神宗朝對西北的經略——以戰略決策與信息傳遞為中心》，第四章第三節〈元豐靈夏之役〉，頁 160。

〔註42〕《長編》，卷三百二十七，元豐五年六月乙卯條，頁 7870～7871；《宋史》，卷三百二十七〈王安石傳附王安禮傳〉，頁 10556。關於神宗與王安禮議論應否依從李憲的方案出兵涇原，凌皪的短文也有所討論，凌氏據此認為出師靈武的決策及最堅決的實行者是神宗而非左右執政。凌氏認為神宗放棄李憲的計劃，除了因李舜舉的入奏，讓神宗知道「財糧未備，人夫憚行」的不利情況外，還因神宗已發現李憲的戰役部署弊病百出，從之勝算很小，而种諤的築城橫山盡得地利及以逸待勞的方案似較可行。不過，筆者認為神宗並沒有判

　　大概爲了安撫李憲，神宗在同日除批示停止涇原路進築城寨外，就將李憲在元豐四年十二月己巳（十七）未施行的功賞落實，晉陞李憲爲景福殿使、武信軍留後，並賜銀絹各二千疋兩。〔註43〕武信軍留後是李憲所授的最高官職，故宋人稱他爲李留後。神宗又命在是年四月擢爲中書舍人的大文豪曾鞏（1019～1083）爲他撰寫授武信軍留後的制文，神宗對李憲的功勞表揚一番：

> 敕：王師西出，士大夫皆奮力行陣，有尺寸之功者，朕無不錄。況議勞數實有大於此者，其於信賞，朕敢忘哉？具官某，比自臨洮，率眾躬將。摧殫醜虜，恢復故疆。鼓行羌中，屢以捷告。考按閱閱，朕用寵嘉。秘殿榮名，便藩留務。兼是茂渥，以獎爾庸。其往懋哉，益思來效。可。〔註44〕

　　神宗在短短數月內改變原先認可的涇原進築計劃，其實正反映他好謀而無斷的性格弱點。神宗好大喜功，好談兵事而從無行陣經驗，一心想趁西夏主秉常被囚，國中內亂的機會而一舉滅夏，但他在元豐四年五路伐夏的計劃既欠周詳，沒有充份考慮糧運不繼與在異地作戰的問題，更用人不當，甚至沒能委出統率全軍有威望的主帥，以協調各路，防止諸將各自爲戰及爭功之弊。在整個靈州之役的過程中，我們看到神宗不斷發出指令指揮作戰，有時一日數詔。他一方面聲稱不干預前線將領作戰，但我們看到神宗其實是事事干預，將中從御。然神宗遠在京師，對前線的情況只能靠常常要十多天才送達京師，而且不一定準確的戰報得知，然後再下判斷下一步該如何。正如沈琛

斷李憲或种諤方案孰優孰劣的能力，神宗好謀而無斷，因爲反對李憲的人多，故他採納看來可行的种諤方案。參見凌焵：〈關於宋神宗元豐用兵的幾點辨析〉，頁382～383。

〔註43〕《長編》，卷三百二十七，元豐五年六月乙卯條，頁7873；《宋會要輯稿》，第十六冊，〈方域十九・諸寨雜錄・城寨住役〉，頁9653；《宋史》，卷四百六十七〈宦者傳二・李憲〉，頁13640。

〔註44〕曾鞏（撰），陳杏珍、晁繼周（點校）：《曾鞏集》（北京：中華書局，1984年11月），上冊，卷二十一・制誥三十六首・李憲武勝軍節度觀察留後制〉，頁342；李震：《曾鞏年譜》（蘇州：蘇州大學出版社，1997年12月），卷四，頁433～435。群書均以李憲拜武信軍留後，《曾鞏集》作武勝軍，疑有誤。按武信軍即遂州（今四川遂寧市），而武勝軍即鄧州（今河南南陽市鄧州市），李憲初授留後，應授邊地遂州武信軍，而不應授近畿的鄧州武勝軍。又據清人何焯（1661～1722）《義門讀書記》的說法，此制文宋本原注有「李憲昨熙河路出界討賊，收復境土，皆有功捷」，而今本缺此幾句。參見何焯（撰），崔高維（校點）：《義門讀書記》（北京：中華書局，1987年6月），中冊，卷四十三〈元豐類稿・文・李憲武勝軍節度觀察留後制〉，頁793。

爭很有見地指出，神宗的將從中御只得其形，而並不得到其實。在戰場瞬息萬變的情況下，神宗靠過時的戰報去指揮前敵將領作戰，注定是有問題的。靈州之役慘敗後，他沒有認真總結經驗，卻因心有不甘，而接受了有取蘭州之功而他深所信任的李憲的涇原進築方略。李憲從他與神宗的個人關係，到他過去的戰功，以及所奏上的方略，本來都給神宗很大的信心。但神宗一聽到臣下如范純粹及王安禮言之成理的反對意見，以及他另一寵信的內臣李舜舉的泣諫，就馬上動搖，放棄籌措已久的計劃，稍後卻又接受种諤表面看來可行之方略。後來雖因李憲入見而一度心動，但很快又改變主意。這讓我們看得出神宗好謀而無斷的弱點，不幸他這種弱點和用人不當很快導致另一場慘敗。

神宗在六月己未（初九），分別委任原涇原轉運副使葉康直權發遣陝西路轉運副使、原環慶路轉運判官范純粹為權管勾陝西路轉運判官，原鄜延路轉運判官李稷充陝西路轉運判官。壬戌（十二），再加李舜舉自文州刺史為嘉州團練使。他們都是神宗下一波攻夏行動使用的人。〔註45〕

神宗遣李憲返熙河同時，也要熙河守臣做好防禦工作。六月甲子（十四），就詔李憲的看家人、熙河路轉運判官趙濟，稱聽聞西夏兵馬嘯聚熙河邊界，隨時來攻，要他做好防備，要他按視蘭州及定西城等處守禦器具，何處完備，何處有闕，何處應該調發的。〔註46〕

神宗雖然放棄李憲之涇原進築方略，但對李憲的信任其實不衰，他在四天後（戊辰，十八）因論西事時，仍然高度評價李憲之功，說「靈州之役，士氣至今不挫者，由熙州成功故也。」他在丁丑（廿七），還將最新的軍情告知尚在涇原的李憲，並問他若西夏舉國入寇，涇原一路如何防禦，如何可獲大勝？叫他博謀諸將，加上他帥府的方略以聞。〔註47〕

李憲一方面措置即將來臨的戰事，另一方面他的熙河部屬又悉心計劃開拓熙河的營田事。七月丙戌（初七），提舉熙河等路弓箭手營田蕃部康識上言，說與兼提舉營田張大寧（？～1086後）同議立法，請將新收復之地，差官按

〔註45〕　《長編》，卷三百二十七，元豐五年六月己未條，頁7875；壬戌條，頁7877。

〔註46〕　《長編》，卷三百二十七，元豐五年六月甲子條，頁7878。

〔註47〕　《長編》，卷三百二十七，元豐五年六月戊辰條，頁7880；丁丑條，頁7885。神宗在六月丁丑（廿七），告訴李憲收到環慶路懷安等鎮寨偵察到西夏諸監軍司並僧道均已點集，約期七月會於葫蘆河川，打算進攻涇原。涇原路廣川平野，最宜敵馬長驅奔馳，加上去年宋軍出塞，於磨移隘之捷，殺其貴將，夏人銜恨最深。諜報應該不假，若夏人舉國入寇，其兵將就不少於二十萬。

《千字文》的排序分劃經界，選知農事廂軍耕佃，每頃一人。其部轄人員、節級及雇助人功每年計人賞罰，並採用熙河實行的官莊法，其餘的並召募弓箭手，人給二頃，有馬的加五十畝。營田每五十畝為一營，派熟悉農事官一員勾當，容許本司不拘常制舉選人及使臣充任，請依照陝西路營田司法辦理。不足五十畝的，就委附近城寨官兼營，月給食錢三千。宋廷從其議。〔註48〕

神宗經營橫山，正在用人之際，平定瀘州的勇將、曾隸李憲麾下的馬軍都虞候林廣被召問方略，神宗命他還舊任，復為環慶路總管，卻不料他於七月己丑（初十）卒於道上。至於靈州之役的敗將王中正，神宗不打算再起用，王也識趣地自言目疾，請罷內職。癸巳（十四），神宗罷他入內副都知及提舉皇城司職，授昭宣使金州觀察使提舉西太一宮，任便居住。他的入內副都知遺缺，稍後就由內侍副都知石得一陞任。同日，神宗下詔趙濟，要他在防秋之時，募人趕在七月前完成修築蘭州城櫓。〔註49〕

李憲在丁酉（十八）奉命赴闕前，應神宗之詔，上言論軍情。他分析夏軍盤泊所在，惟有鐵毛山、天都山及沒煙、葫蘆河數處，兵力不下數萬。他以為今之計，需命他麾下的苗授和李浩將兵於定西城和蘭州以為照應，然後他統三四軍，會合熙秦之師，直擣鐵毛山和諤格什。若夏軍退保天都山，就合兵進討。他所謀置的城寨，就等候出境隨機處劃，可以則興築，不可得就班師。他說其言可採的話，除了不追認先前要求由鄜延及環慶的差夫外，其他就請依以前的計議施行，就可成事。李憲顯然想打動神宗重新考慮他的計劃。但神宗不允，詔稱李憲所圖的至小，奏請朝廷應副的事大。重申六月之詔，罷去他涇原路經略制置使之職，令他回任熙河蘭會路都大經略司，過了防秋才赴闕。李憲又請發關中民運糧蘭州，作五個月的糧儲，神宗本來答應了，但王安禮反對，以民夫自靈州之役後，寧死不肯從役。今日關輔以西丁壯轉徙，以致物價昂貴，如今要調難用之夫，輦至貴之物，越過敵境，實在不可。王安禮以蘭州戍兵數量應不太多，他們果然能守，現有的糧就足夠。守不住，多了的糧反而資敵。他請由李憲自行解決糧運問題。李憲知道宋廷不允其請，就改以兵卒來運輸。〔註50〕

〔註48〕《長編》，卷三百二十八，元豐五年七月丙戌條，頁7894。
〔註49〕《長編》，卷三百二十八，元豐五年七月己丑條，頁7896；癸巳條，頁7898；庚子條，頁7904。按石得一在七月庚子（廿一）自西京左藏庫使吉州刺史內侍副都知，遷東作坊使入內副都知嘉州刺史。
〔註50〕《長編》，卷三百二十八，元豐五年七月丁酉條，頁7902；己酉條註，頁7909。

　　因夏軍集結，戰事一觸即發，神宗在戊戌（十九），詔涇原、環慶、熙河蘭會路都大經制司、涇原路經略制置司，以眾多夏軍屯於塞上，而鄜延路建議進城山界，故需要諸路兵馬聲援。令涇原於鎮戎軍、定川寨（今寧夏固原市中河鄉大營村硝河西北岸黃嘴古城）、熙寧寨、高平寨各駐一軍，由劉昌祚率軍三萬以上統領。環慶路就於大順城（今寧夏固原市中河鄉大營村硝河西北岸黃嘴古城）、荔原堡（今甘肅慶陽市華池縣南梁鄉）、柔遠寨（今甘肅慶陽市華池縣城所在地柔遠鎮）、安疆寨（今甘肅慶陽市華池縣紫坊鄉高莊行政村郭畔自然村之城子山古城）各駐一將，令經略司委一上將率兵馬二萬以上統領之。至於熙河路蘭州以東，之前擬修的堡寨，內三處未曾動工，就由都大經制司研究挪移本路將兵防秋，而將鄜延路差到的廂軍代替動工。壬寅（廿三），又特別令涇原路鈐轄姚麟知鎮戎軍。為了加強蘭州的防禦，同日又令蘭州置馬軍廣銳兩指揮，步軍保捷兩指揮，各以五百人為額，而先前所置的保寧兩指揮，各以四百人為額。牢城一指揮，就許諸軍投換。〔註51〕

　　七月丙午（廿七），神宗將李憲先前所領的涇原路安撫制置司使所辟置的官屬悉數罷除；但三天後（己酉，三十），因收到涇原路經略司報告，說諜知西夏十二監軍司人馬帶五月糧，於葫蘆河集結。而西夏梁太后及國主秉常七月底渡過黃河，打算在八月克日進攻鎮戎軍大川。神宗想起李憲，馬上命本來奉詔於是月丁酉（十九）赴闕的李憲暫時留在涇原照管邊事，並令他從速派人深入夏境偵察，如確有其事，就追回先前的秦鳳熙河團結的諸將兵馬，以及環慶的二萬人馬，令姚兕統領，趁此機會合力驅趕夏軍；不過，神宗又告誡諸將，須得其虛實才可進軍。神宗又令蘭州嚴加防備。神宗稍後又發詔給環慶、秦鳳、熙河蘭會經略司，要應李憲之指令追回戍兵，如敢妄有占留，發遣遲緩的就以軍法處置。〔註52〕神宗到了此刻，仍是覺得李憲最可靠。為此，神宗又保留著李憲所領的涇原安撫制置司，李照舊領制置使，方便李憲

〔註51〕《長編》，卷三百二十八，元豐五年七月戊戌條，頁7903；壬寅條，頁7906；戊申條，頁7908。按知蘭州李浩為了修城，曾逕令擅自役使將下兵來搬木踏蹍，在七月戊申（廿九）就被宋廷申斥，詔自今不許擅役將下兵修城。關於環慶路先後所置的十一將的駐地，李昌憲前引的專文曾加以詳考，他以大順城為環慶第三將駐地，惟荔原堡、柔遠寨及安疆寨所駐為哪幾將，就沒有說明。參見李昌憲：〈宋代將兵駐地考述〉，頁325，335。

〔註52〕《長編》，卷三百二十八，元豐五年七月丙午條，頁7907；己酉條，頁7908～7909。

措置軍事行動。〔註53〕

　　爲了提高士氣，神宗在八月辛亥（初二），應李憲麾下勇將涇原路制置司行營總管劉昌祚的請求，獎賞他的部下在靈州之役中於磨移隘大破夏軍之功。當劉抵鎮戎軍，神宗又應他的請求，賜公使錢二千緡。癸丑（初四），趙濟也向宋廷報告，稱他在七月甲辰（廿五）至熨斗坪，聞得在癸亥（廿四）有夏軍五百餘騎至堡外殺傷漢蕃人口，驅掩士馬而去。他又諜知鐵牟山（即鐵毛山）夏軍已集結數萬，打算以本路及涇原、秦鳳蕃兵約期出其不意，會合掩擊。神宗自然批准，詔涇原路經略制置司、熙河蘭會路都大經制司，如偵察敵情有實，並度兵力可勝，就便宜施行。甲寅（初五），趙濟又報告熙河路的汝遮川、乣洛宗二城堡未築，他顧及今年防秋而須興工，爲省財力辦事，已牒告轉運使李察集結河東京西廂軍九千接續來施工。神宗自然同意。〔註54〕

　　神宗在八月丙辰（初七）爲實現种諤和沈括謀取橫山的計劃，開展第一輪築城永樂（在今陝西榆林市大鹽灣鄉，無定河東岸。董秀珍 2003 年一說在陝西榆林市米脂縣龍鎮馬湖峪村，無定河西岸，南距米脂城 25 公里，北距故銀州城 25 公里）的軍事行動，負責此行動的徐禧、李舜舉及沈括在是日於延州出發，統率蕃漢十餘軍所將士卒共八萬人，連同一倍的役夫負糧者前往。宋軍由李浦（？～1100 後）將前軍，呂眞（？～1099 後）佐之；曲珍將中軍，高永能（1013～1082）佐之；王湛將後軍，景思誼（？～1082）佐之，而由李稷負責饋餉及治理築城，所有的謀畫進止，都由徐禧專決，這次行動的原議人沈括反而無權，而另一原議人种諤由於素不爲徐禧所喜，就被徐奏詔留守延州。种在是月辛未（廿二）還被追究先前兵敗的責任而被降授文州刺史。同日，宋廷也將已失寵的王中正貶降爲嘉州團練使。〔註55〕

〔註53〕　《長編》，卷三百二十九，元豐五年八月乙卯條注，頁 7917。
〔註54〕　《長編》，卷三百二十九，元豐五年八月辛亥至乙卯條，頁 7914～7917；《宋會要輯稿》，第十五冊，〈兵十四・便宜行事〉，頁 8881。
〔註55〕　《長編》，卷三百四，元豐三年五月癸未條，頁 7409；三百二十九，元豐五年八月丙辰至辛未條，頁 7921～7923。考曲珍在元豐三年二月已任權鄜延路鈐轄，是諸將中資格最老和官職最高的。關於永樂城的所在，眾說紛紜。呂卓民在 2006 年所撰一文，認爲永樂城當在今陝西榆林市東南上鹽灣鄉上鹽灣村，其村東北側的古城遺址即是昔日永樂城的遺存。參見呂卓民：〈宋永樂城考〉，原載《西部考古》第一輯（2006），現收入呂卓民：《西北史地論稿》，頁 120～126；董秀珍：〈陝北境內宋與西夏緣邊城堡位置考〉，收入姬乃軍（主編）：《延安文博》（西安：陝西旅遊出版社，2003 年 10 月）頁 45。

　　這場神宗寄望甚殷的軍事行動，一開始就因神宗用人不當而注定失敗。沈括有見識卻不獲授權，執掌大權的徐禧則狂妄自大而無識，李舜舉作為神宗的心腹監軍，但無武幹，而李稷也是剛愎自用敗事的庸才。雖然從征的將校多是能征慣戰的勇將，包括綏州蕃官高氏將家的第三代領軍人高永能、勇將曲珍、呂真及景思立之弟景思誼，但在徐禧瞎指揮下，除了曲珍、王湛及呂真僥倖逃脫外，其餘眾人包括徐禧本人，均不幸敗軍身死，連帶頗為宋廷士大夫欣賞的內臣李舜舉也賠上了性命。宋軍在九月甲申（初六）築好永樂城，夏軍三十萬即來攻，到戊戌（二十）才十四天便城陷，幾乎全軍覆沒。永樂城之役，比靈州之役敗得更慘，對神宗的身心打擊更大。考神宗在九月己卯（初一）不豫，要罷朝三日，到辛卯（十三）才稍康復，他後來正是受不了打擊而舊病復發。〔註56〕徐禧、李稷是文臣中最壞的配搭，他們並無王韶儒將之才而自以為是，偏偏作為監軍內臣的李舜舉又沒有李憲獨立判斷軍情而阻止主帥蠻幹胡來的能力。聞鼙鼓而思良將，當永樂城覆師時，神宗大概會想到王韶與李憲。文彥博早在是年秋曾上言指出「謀攻料敵，老將所難，不當與漸進白面書生惟務高談虛論，容易而計畫之。」可惜當神宗知道白面書生徐禧敗死覆師時已太遲。〔註57〕

　　當宋夏兩軍尚在永樂城激戰時，趙濟在九月乙酉（初七）上言奉苗授的關牒，分遣使臣取不繫團結的漢蕃弓箭手盡赴行營，以禦夏軍或有的攻擊。神宗尚不知永樂城下的狀況，還詔苗授所徵集之人，如無益於事，就不必再追集，命指揮到日，就據邊情便宜施行，並令抄送此詔與在涇原的李憲知悉。丁酉（十九），神宗還批示知熙州苗授，以兵久暴露，不但浪費供餽，還兼孤軍在野而楚棟隴堡小而難容，怕一旦遇上敵騎，既不能野戰，兼且苗授是帥臣在外，熙州的根本空虛，就命他從速分派軍馬回駐熙州及通遠軍，令他徑

<hr>

〔註56〕　《長編》，卷三百二十九，元豐五年九月己卯朔條，頁7935；辛卯條，頁7929；卷三百四十五，元豐七年四月辛未條，頁8271；何冠環：〈北宋綏州高氏蕃官將門研究〉，頁425～434。有關這場永樂城之戰的始末，論者甚多。筆者在考論北宋綏州高氏蕃官一文中曾詳論之。王湛在永樂一役逃脫後，以後累立功官至西上閤門使，元豐七年（1084）四月辛未（初二），以出界之戰功領成州團練使。

〔註57〕　《長編》，卷三百二十九，元豐五年九月丙午條，頁7941～7942；《文彥博集校注》，下冊，卷二十五〈奏議・謝賜答詔〉，頁738～739。考文彥博此一奏議，《長編》記是在元豐五年秋上；惟《文彥博集》卻在題下注元豐五年三月上。文彥博此奏當是在徐禧出發往延州前上。

歸帥府治事，通遠軍就令其子苗履總領照管。神宗並不知永樂城已危在旦夕，極需援軍救應。〔註58〕

神宗在九月庚子（廿二）詔河東及陝西援兵並隸种諤統制，又讓种便宜以厚賞鼓勵諸軍前進。壬寅（廿四），神宗為了督責負責轉運河東軍糧的趙咸和莊公岳（？～1084後），就接受御史王桓所劾，以先前大軍出塞，糧運不繼而人夫亡者過半，而趙、莊二人奏上不實，將二人各降一官。癸卯（廿五），神宗詔种諤出征時，以胡宗回（？～1112）權管勾延州事。〔註59〕神宗也急詔張世矩率河東兵，李憲將環慶兵數萬往援永樂城，然李憲軍趕到延州，才知道永樂城已失陷。〔註60〕

神宗到十月戊申（初一），事隔十天後，才收到永樂城陷，蕃漢官二百三十人，兵一萬二千三百餘人皆陣亡的報告。神宗為之涕泣悲憤，不食。早朝見到輔臣更慟哭，悲傷之情教臣下不敢仰視。他既而嘆息內只有呂公著，外只有趙禼上言反對永樂城用兵。他稍後即徙趙禼知慶州，扼守西夏前線。並將呂惠卿徙知延州代替沈括。沈括這時還以援兵皆屬李憲及种諤節制，上奏請准許他從征破敵，將功贖罪。神宗不允，認為沈括罪不可恕，甲寅（初七），將沈括重貶為均州團練副使員外郎，隨州（今湖北隨州市）安置。〔註61〕

神宗擔心西夏會很快興師報怨，就著手做好各樣防禦工作。一方面繼續籠絡董氊，在十月乙卯（初八）賜他討西夏有功首領官告三十一，並賜絹有差。

〔註58〕《長編》，卷三百二十九，元豐五年九月乙酉條，頁7931；丁酉條，頁7934；《宋會要輯稿》，第十五冊，〈兵十四・便宜行事〉，頁8881～8882。按《宋會要輯稿》將此事繫於九月壬辰（十四）。

〔註59〕《長編》，卷三百二十九，元豐五年九月庚子至癸卯條，頁7938～7940；卷三百三十一，元豐五年十二月壬戌條，頁7986；卷三百四十八，元豐七年九月庚申條，頁8360。趙咸仍留任河東提舉常平等事之監司職，宋廷在十二月壬戌（十六）又命他兼提舉本路都作院。莊公岳後來一直留任河東，他在元豐七年九月庚申（廿三），以河東權轉運判官奉議郎，坐不供應麟府州的賞功絹，而被罰銅二十斤。

〔註60〕《涑水記聞》，卷十四，第391條，「徐禧等築永樂城」，頁284；《宋史》，卷四百八十六〈外國傳二・夏國下〉，頁14012。

〔註61〕《長編》，卷三百三十，元豐五年十月戊申條，頁7945～7946；甲寅條，頁7948。據畢仲游的記載，死於永樂城的宋軍將校，當中還有郭逵的兒子郭忠諫。參見畢仲游：《西臺集》，卷十四〈田孺人墓誌銘〉，頁240～241。關於永樂城一役宋軍死亡的數目，趙滌賢考證，宋軍死者包括城外戰死者，城內渴死者和城陷時戰死者，總數當為三萬餘人。參見趙滌賢：〈北宋元豐中靈州永樂兩次戰役宋軍死者人數考〉，《學術月刊》，1994年第6期，頁82～83。

另一方面，戊午（十一），將當初力諫用兵的權管勾陝西轉運通判而被降授宣德郎的范純粹，復爲奉議郎陞任陝西轉運副使。神宗特別關注蘭州的防禦，同日批示苗授，以蘭州城壕至今尚未開濬，很快黃河便會冰合，蘭州甚近夏界，於邊防甚爲不便。神宗說李浩先前所請修的洛施、乩洛宗兩堡，雖已規畫好，但聞知本路禁軍累經和雇與版築之役，人力疲弊，需要休息。他們併工營建的蘭州及龕谷，已有金湯之固。爲此，洛施二堡可俟明春有餘力再爲之。因兵民力已困，己未（十二），熙河蘭會路走馬承受樂士宣又奏請罷明年修汝遮堡，神宗即命李憲相度以聞。但神宗以防務要緊，稍後再命李憲隨後經營之。〔註62〕

值得一提的是，十月丙辰（初九），皇城使海州團練使入內副都知蘇利涉（1019～1082）卒，贈奉國節度使諡勤懿。〔註63〕蘇之逝世，加上王中正之前被罷副都知，以及李舜舉死於永樂城，宋宮高級內臣連續失去三人。李憲成爲張茂則以下名位最高的內臣。

神宗考慮蘭州的安危，還是要李憲親自措置才放心。於是在十月辛酉（十四）批示，以西夏攻陷永樂城，得志之後就揚言要收復去年所失之地，故明年春初秋末之際最要防備。神宗說熙河路新得的蘭州、定西城及諸寨，都是去年李憲總兵出塞所得之地，於今保守得失利害最爲關切。神宗說若非李憲身任其事，他人就不可倚仗。他命李憲回到涇原，當安頓兵馬後，即返回熙河，營建照管，讓新收復之地，戰守之具皆達到十分。他吩咐李憲如想搬家，可以從速具奏，當令他在京中的兒子李毅由水路運送。神宗之意就是要李憲長期在熙河爲他禦邊。李憲爲了加強蘭州的防禦，請求神宗罷去李浩原領的涇原制置司職任，隨他返回蘭州。同日神宗罷涇原制置司官屬。壬戌（十五），神宗委原涇原路經略安撫制置司行營總管劉昌祚爲涇原路總管兼第一將權知鎮戎軍，代替李浩。癸亥（十六），就罷李浩涇原路安撫副使，待罷涇原制置司後，就讓他返蘭州本任。庚午（廿三），李浩返回蘭州並視事。李浩甫到任，就奏請諸路雜犯罪刺配人、一二千里者免決，充蘭州本城廂軍。神宗准奏。癸酉（廿六），宋廷又詔給內藏錢百萬緡與熙河路。同日，熙河蘭會經略司奏報，已相度移築三岔舊堡於平川寧羌寨（即萌邪門三岔新城，今陝西榆林市定邊縣和甘肅慶陽市環縣交界處呂家河南岸馮陽莊村古城），城圍定爲五百

〔註62〕　《長編》，卷三百三十，元豐五年十月乙卯至己未條，頁7948～7950；《宋會要輯稿》，第十六冊，〈方域二十・諸堡・乩洛宗堡〉，頁9687。
〔註63〕　《長編》，卷三百三十，元豐五年十月丙辰條，頁7949。

步。宋廷准奏。〔註64〕

　　為加強熙河路的建設與管理，宋廷在十一月戊寅（初一），應陝西轉運副使李察之請，和鄜延、環慶及涇原三路一樣，分別委任監司官一員，專負責計置應付本路諸將及防城軍器雜物。稍後又詔特許熙河蘭會路四州軍的弓箭手及鄜延路沿邊城寨漢蕃戶借貸錢穀。另又以蘭州糧貴，命本州等守禦兵見管七千，除留下壯健的四千守城外，其餘都令於裡近州軍就食。為應付西夏的攻擊，李憲繼續執行籠絡董氈的政策。同日，熙河蘭會路經略司便上奏宋廷，說董氈、阿里骨及鬼章三人自言擊破西夏的斫龍和齪移城。宋廷即詔經制司命阿里骨具奏有功首領姓名，然後各賜銀絹有差。〔註65〕

　　因神宗聽聞李憲的愛將李浩性多偏執，之前已被指役使軍士過當，多有怨言。為了蘭州的防務，神宗就特別在十一月丙戌（初九）賜詔李憲，命他別選人代知蘭州。李憲屬意王文郁。王文郁在元豐六年二月丙辰（初九）獲委知蘭州。〔註66〕

　　李憲又在十一月癸巳（十六）上言，為隨大軍出境，負責指引保甲人夫發掘西夏粟窖並搬運，卻被夏軍所殺的主簿李宗傑乞恩，宋廷詔依軍主簿陳彥長例，讓李的兒子承繼其職，並支賜賻物。但李憲對於不聽其令遣兵的知秦州呂公孺（1021～1090）就嚴劾，呂不服，也上奏論曲直。最後神宗在是月甲午（十七）將呂徙知相州。〔註67〕

〔註64〕《長編》，卷三百二十九，元豐五年八月乙卯條注，頁7917；卷三百三十，元豐五年十月辛酉至癸亥條，頁7952～7953；庚午條，頁7958；癸酉條，頁7963；《宋會要輯稿》，第十四冊，〈刑法四‧配隸〉，頁8461。

〔註65〕《長編》，卷三百三十一，元豐五年十一月戊寅條，頁7966；己卯條，頁7968；壬辰條，7974。

〔註66〕《長編》，卷三百三十一，元豐五年十一月丙戌條，頁7971。

〔註67〕《長編》，卷三百三十一，元豐五年十一月癸巳至甲午條，頁7974～7975；卷三四零，元豐六年十月庚子條，頁8191；卷三百四十一，元豐六年十一月丙辰條，頁8198；《宋史》，卷三百十一〈呂夷簡傳附呂公孺傳〉，頁10215。呂公孺字稚興，是呂夷簡季子，呂公弼弟，官至戶部尚書，得年七十。宋人對他為政多有好評。他的家世與事蹟可參閱王章偉：《近代社會的形成——宋代的士族與民間信仰》，上冊，《士族篇》，《宋代新門閥——河南呂氏家族研究》，第二章〈河南呂氏家族之發展〉，頁43～45。又接呂公孺秦州之任的，據李之亮的考證，從元豐五年十一月至六年六月二十三日的，是樞密副使蔡挺子通直郎直龍圖閣蔡燁（1040～1083）（按：劉摯所撰墓誌銘作蔡奕，據劉成國的考證，劉摯作蔡奕，出於四庫本避清聖祖玄燁（1654～1722）的諱字）。蔡燁卒於任上，據《長編》卷三四零，繼任的是原提舉秦鳳路刑獄呂溫卿權知。

　　神宗爲提高及加強李憲在西邊的權力，在十一月乙未（十八）特任李憲爲熙河、秦鳳路經略安撫制置使，他原領的熙河經制邊防財用司依舊。本來神宗以李憲因長期在西邊而請罷入內副都知的內職，故想帶有補償的將他自節度觀察留後擢爲節度使知熙州。但尚書右丞王安禮引用眞宗朝宰相王旦（957～1017）反對內臣劉承珪（950～1013）在病篤時求爲節度使的前例，極力反對神宗擢李憲爲節度使，並說李憲雖有戰功，也眞的賢能，但也不可開先例。尚書左丞蒲宗孟（1028～1093）卻迎合神宗說只要擢用人材，就無所不可。當王安禮嚴詞痛斥蒲後，神宗就沒有堅持要授李憲爲節度使，只繼續讓他掛著入內副都知的頭銜；不過，李憲獲授的兩路的經略安撫制置使，就讓他在元豐五年底到元豐八年初成爲西邊獨當一面的封疆大吏。〔註68〕聶麗娜以李憲長期以武官身份扼守西邊，是宋代宦官守邊官僚化的典型例子。其實她不知道，早在眞宗朝，深受眞宗信任的首席內臣昭宣使、誠州團練使、內侍省左右班都知張崇貴（955～1011），便長期以鄜延路都鈐轄的高級兵職兼提舉榷場的差遣，執掌西蕃及西夏事務。張崇貴與李憲不同的地方，他上面還有文臣擔任的帥臣知延州兼鄜延路經略安撫使兼都部署（長期是元老重臣向敏中【949～1020】），李憲卻是集軍政財大權於一身的帥臣，直接向神宗負責。〔註69〕

　　　　到元豐六年十一月，再由劉瑾（1023～1086）自福州徙知。參見李之亮：《宋
　　　　川陝大郡守臣易替考》（成都：巴蜀書社，2001 年 5 月），「秦州」，頁 468；
　　　　劉摯：《忠肅集》，卷十二〈墓誌銘・直龍圖閣蔡君墓誌銘〉，頁 248～252；劉
　　　　成國：《王安石年譜長編》（北京：中華書局，2018 年 1 月），第四冊，卷五〈熙
　　　　寧五年（1071）〉，頁 1282～1283。
〔註68〕《長編》，卷三百三十一，元豐五年十一月乙未條，頁 7976～7977；卷三百五
　　　　十六，元豐八年五月庚戌條，頁 8517～8518；《宋史》，卷三百二十七〈王安
　　　　石傳附王安禮傳〉，頁 10556；卷四百四十五〈文苑傳・葉夢得〉，頁 13133。
　　　　據李燾引述《王珪舊傳》所考，神宗欲遷李憲官職，宰相王珪奏此非祖宗故
　　　　事，問神宗不鑒漢唐之亂乎？神宗結果打消了主意，並批示王珪獎勵他，並
　　　　令永爲甲令，世世守之。惟李燾未審這裡所說的李憲官職是甚麼？據葉夢得
　　　　（1077～1148）所說，王珪曾反對神宗授李憲擔任只有現任宰執才任的宣撫
　　　　使，可能指此。
〔註69〕聶麗娜的文章認爲李憲的個案反映出宋代宦官守邊官僚化或武官化，其實她
　　　　並不認識宋代內臣的官職差遣之別。以李憲爲例，他在元豐五年十一月時，
　　　　本官是景福殿使（高級內臣獲授的班官）、遙領的官是武信軍留後，之前所任
　　　　的入內副都知是內職，而較早前授的熙河路經制司使、涇原路經略安撫制置
　　　　使及是年十一月特授的熙河、秦鳳路經略安撫制置使，都屬於地方帥臣的差
　　　　遣。帥臣在仁宗以後多以文臣擔任，但間有武臣出任。內臣擔任帥臣的只有
　　　　太宗朝的王繼恩的少數例子。參見聶麗娜：〈北宋中期宦官官僚化一例：論李

　　夏軍已準備發動對蘭州的攻擊，夏人以戰書繫矢，射到鎮戎軍境上。知軍劉昌祚將西夏的戰書向經略使盧秉報告，盧卻將戰書毀棄。夏人又遣所俘的宋囚攜戰書給盧，並以夏國南都統昂星嵬名濟之名義移牒涇原，盧這次不敢不奏。牒文表面稱夏願議和，卻盛氣凌人。神宗在十一月乙巳（廿八）又收到內臣閻仁武的奏報，說在十月壬申（廿五），蘭州北有夏軍五十餘人，隔著黃河呼叫，說夏軍已擊敗鄜延路兵（指永樂城宋兵），等到黃河結冰就會到蘭州。神宗詔苗授宜大造守城器具，又提醒苗授，夏將星多哩鼎聞說用兵凶忍，在永樂之役，率先領兵到來圍城的是梁默寧凌。梁逡巡永樂城下十餘日，每日命萬餘人持鍬钁撅城，將被城上宋兵擊死的夏兵移去，或覆之以氈，不讓宋軍看到。後來星多哩鼎領兵至，就驅率蕃丁蟻附而進，死者列布城下，但他並不掩屍，還晝夜急攻，終令新造的永樂城不守。神宗要苗授知道，並密諭蘭州守將廣備守具。〔註70〕

　　李憲回到蘭州後，在十二月癸丑（初七）以都大經制熙河蘭會路邊防財用的名義，向神宗報告本路的兵力調配及詳細的防禦計畫。他說本路每將見管正兵、蕃漢弓箭手，盡數於所駐州軍團結為五軍，仍從熙河蘭會一路施行。五軍各差都司總領蕃兵將二員，如一州蕃兵達千人，就給公使錢一千至三千緡，許將官便宜支取。他又建議趁明春夏軍未聚，先築汝遮堡，因它最為夏軍要衝，而該堡圍須及千步，並接連勝如堡，其間築一通過小堡。其次是展拓定西城及蘭州故址，然後築釐心（今訛為拱星墩，今甘肅蘭州城關區）諸堡。他又指出通遠軍當熙河、秦鳳四達的要衝，人物稠穰，原是古渭州，舊隸平涼縣。他請神宗將之從軍陞為州，並賜州名，而將定西城改為通遠軍，汝遮堡改為定西城，這樣折衝制勝的形勢就成就了。稍後他再上言，說之前所以請復古渭州及易置通遠軍和定西城，和列置蘭州堡障之事，因為熙河一路的形勢，全靠新收復的州城作為屏蔽。況且所得之地，川原寬平，土性甚美，屬羌數萬已就耕作，而新招的弓箭手五千，於膏沃的土田占籍未遍，需要增修城壘，讓他們有懷土之心，這樣不但地利可助邊儲，

<hr>

憲的拓邊禦夏〉，頁35～36，42～43。關於張崇貴的事蹟，可參閱《宋史》，卷四百六十六〈宦者傳一・張崇貴〉，頁13617～13619。又筆者前引的論秦翰文章，也有不少篇幅考述張崇貴的生平事蹟。何冠環：〈宋初內臣名將秦翰事蹟考〉，頁26，33，445～451。

〔註70〕　《長編》，卷三百三十一，元豐五年十一月乙巳條，頁7978～7980。

亦杜絕敵人謀取舊地之計。他說到達熙州後，見錢糧殊未有備。現時又要在汝遮、洛施及乣洛宗三處興工。汝遮川西接定西城，北通勝如堡，東北扼石硤夏騎來路。其中洛施及乣洛宗兩堡，東接蘭州，北臨黃河，每年黃河結冰，需要藉洛施等處控遏敵馬馳衝。他指出明年若不乘春先築汝遮一帶，次完成蘭州管下之堡障，恐怕夏秋敵軍必寇定西城。他說較早前本路經略司奏請遷三岔堡，拓展定西城。他認為三岔堡地在宋軍掌握中，雖費財力，而不為用。至於定西城亦須等汝遮亭障既立，乃可乘勢拓展。他請神宗特降指揮批准所請，又請賜錢帛一二百萬緡及廂軍萬人，從速至熙河路協防。神宗收到李憲這份對熙河全面規畫的奏議後，就詔遣內侍及大使臣各兩員，往陝西及河東督領廂軍萬人，限二月內到熙河蘭會路，李憲所求的錢帛就於秦鳳路椿留錢及漕臣李元輔（？～1087 後）轉易川陝錢物內各支五十萬緡。得到神宗的全力支持，李憲在元豐六年（1083）開始就全面開拓以蘭州為中心的熙河蘭會路。〔註71〕

　　尚平曾高度評價李憲所議修汝遮城的卓越戰略眼光，他指出在從元豐四年至五年，李憲已意識到在定西城與蘭州之間最重要的軍城當是位於汝遮谷的大城。尚氏指出汝遮城所在的巇口及汝遮谷具有多方面的地理優勢，首先是汝遮谷與定西城所在的關川河谷與其北的榆中谷地是隴中西部較為富庶之地。第二，汝遮谷位于榆中谷地與定西城河谷交匯帶間，因此，汝遮谷即是榆中的屏障，也是定西城的屏障，同時也是這兩地的聯結點，若從軍事地理角度看，汝遮城的修建能夠同時充實榆中與定西的防禦。第三，汝遮谷不僅

〔註71〕　《長編》，卷三百三十一，元豐五年十二月癸丑條，頁 7982～7983；戊辰條，頁 7989；丙子條，頁 7992；卷三百十三，元豐六年二月丁未條，頁 8013；《皇宋十朝綱要校正》，卷八〈神宗‧廢置升改府州〉，頁 273；《宋會要輯稿》，第八冊，〈職官六十六‧黜降官三〉，頁 4845；第十五冊，〈方域八‧修城上‧定西城〉，頁 9435。考元豐五年十二月戊辰（廿二），戶部上言稱昨遣李元輔經制變運西川錢物赴陝西路，今日收到的數目是：金銀物帛八百十六萬一千七百八十四匹，錢三百四十六萬二千餘貫。宋廷支給李憲的一部份錢，就從這裡撥充。考李元輔即以轉易川陝錢物有勞邊官。但到元祐二年七月卻被御史所劾，說他侵漁冒賞，轉官及減磨勘都被追奪一半。又李憲請改諸州軍名，據《皇宋十朝綱要》所記，他請改通遠軍為州，以定西城為通遠軍，築汝遮堡為定西城。不知何故，「然迄不成」。又《長編》引《實錄》所記，元豐五年末廢蘭州勝如堡和質孤堡，但未記在何月日廢之。然李憲奏中仍提及勝如堡。按《長編》又記在元豐六年二月丁未（初一）宋廷賞賜苗授以下，以他們築堡之功，其中包括勝如堡。李憲即認為《實錄》所記廢勝如堡疑有誤。

第七章　功在西疆：李憲從元豐六年至八年治理熙河蘭會事蹟考

　　李憲獲神宗授以治理開發熙河蘭會四州一軍的全權，迄元豐八年（1085）三月神宗病逝止。他的任務至為艱巨，於這一大片新收復的西疆，對外方面，首要是做好防禦工作，盡快修築蘭州等州軍及其外圍的堡障，以抵擋西夏自北面隨時的攻擊。其次，李憲要繼續結好在西面的董氊、阿里骨等西蕃，以防他們聯合西夏，讓宋軍腹背受敵。對內方面，李憲要籌集經費，借貸農具及本錢，以招募蕃部及弓箭手開發這一片可耕作的沃土，增加本路財政收入，以減輕官員的俸祿及駐軍的糧餉全仰賴宋廷的供應。李憲也增設榷場，透過與西蕃各部的貿易，獲得新的財源。李憲不但曉有武略，他的行政能力也是傑出的。從元豐六年到八年，李憲不但進一步開拓熙河蘭州，建立制度，他指揮的的熙河兵團還多次重挫來犯蘭州的夏軍，為永樂城之敗雪恥，他還與神宗計議進一步攻擊西夏的計劃，並曾指揮精騎渡過黃河，深入夏境擊敗敵軍。

　　李憲在熙河有一個長期追隨他，深獲他信任而有能力和效率的軍政班子。他起初將熙河帥府從熙州移到蘭州，後來大概考慮安全問題，就將帥府移返熙州。他麾下的武將僚屬方面，從苗授、苗履父子、李浩、王文郁、王贍、康識、趙隆（？～1118）、王恩（？～1105後）到蕃官李忠傑（？～1101）等，都是能征慣戰的勇將，屢次挫敗西夏來犯。文臣的僚屬方面，從趙濟、胡宗哲、馬申、李察、張大寧、孫路到鍾傳和穆衍（1032～1094），都是理財治郡，善撫蕃部與設謀劃策的能吏，為開發及治理熙河定下良好的規模。李

憲知人善任，並一直保護提拔其屬僚，故深得下屬的支持。朝中文臣特別是主政的輔臣及言官對他的偏見敵視，並不見於他統轄的西疆內。當然神宗對他極大的信任與支持，是他這數年成功治理熙河的另一主要原因。

李憲在元豐六年正月乙酉（初九），繼續向宋廷要求貸錢給蘭州及定西城新招的弓箭手每人十五貫，給他們買種糧和牛具，俟墾地有收成時償還。神宗不但接受李的請求，還增賜給每人十五貫。〔註1〕不過，神宗為表示不事事袒護李憲，於是月庚子（廿四），當樞密院上奏以李憲已到磨勘時，便批示稱李憲之前拘攔商人貨榷買的事上，所報不實，雖然有恩旨遷官，但仍要他延磨勘一年以示薄責。〔註2〕

神宗對於李憲做得不足的地方毫不姑息，正月乙巳（廿九），宋廷收到夏軍渡過黃河，直抵蘭州城下的報告，他以這支夏軍為數不少，而蘭州守軍竟然不預知，是偵察的人全不得力，他要李憲一面問責一面奏明。另一方面對有功的將史，神宗就不吝厚賞。二月丁未（初一），神宗賜熙河蘭會經略使苗授對衣、金帶及銀絹五百，同經制通直郎趙濟三百，馬申二百，其餘官吏有差，賞他們築通遠軍榆木岔、熨斗平及蘭州勝如堡等有勞。神宗這時尚未知悉，夏軍數十萬已在同日乘冰凍渡過黃河入寇蘭州，殺將官楊定，奪兩關門，幾乎奪取西城門。李浩本來打算閉城距守，副將熙河蘭會鈐轄王文郁請出兵擊之。李浩表示城中騎兵不滿數百，安可出戰？王文郁認為敵眾我寡，正當折其鋒以安眾心，然後才可堅守，這正是三國時魏將張遼（？～222）保全合肥（今安徽合肥市）之道。走馬承受閻仁武卻說奉詔令宋軍堅守，不可出戰，如王文郁必定要開關出戰，他就會劾奏。王文郁堅持說現披城出戰，以一當千，勢有萬死，他不怕被劾奏。況且守則沒有必固之勢，戰則有可乘之機。他堅請出戰，得到李浩的同意。王於是募死士七百餘人，夜縋城而下，持短兵縱騎突襲夏軍。夏軍不防，驚潰而渡黃河，由於忽然冰陷，故溺死者眾，王文郁救回被夏軍所虜的兵民入城。人皆將王文郁比擬唐初名將尉遲敬德（585～658）。靠著李浩的決定和王文郁的奮戰，蘭州轉危為安。〔註3〕

〔註1〕 《長編》，卷三百三十二，元豐六年正月乙酉條，頁7998。
〔註2〕 《長編》，卷三百三十二，元豐六年正月庚子條，頁8005。
〔註3〕 《長編》，卷三百三十二，元豐六年正月乙巳條，頁8009；卷三百三十三，元豐六年二月丁未條，頁8013；丙辰條，頁8018；《皇宋十朝綱要校正》，卷十下〈神宗〉，頁309；《宋史》，卷十六〈神宗紀三〉，頁309；卷三百五十〈王文郁傳〉，頁11075；卷四百八十六〈外國傳二・夏國二〉，頁14013；吳廣成

　　神宗尙不知夏軍已進攻蘭州，爲了增強蘭州的防禦能力，二月己酉（初三）又依從樞密院的建議，命李憲委官與知蘭州李浩詳細計議，是否可以在靠近黃河的地方，開鑿壕溝引河水作爲阻隔敵騎的屏障。後來李憲覆奏，以蘭州地勢偏高，最後沒有實行。〔註4〕壬子（初六），神宗又詔京西、河東、涇原、秦鳳及熙河路所團結的廂軍盡數派往蘭州，協助蘭州的守軍。另詔李憲的熙河蘭會制置司計置蘭州人一萬，馬二千的糧草，於熙州、河州、通遠軍等次路的州軍劃括官私駱駝三千頭與經略司，令從熙州摺運，若事力不足，就調發義勇和保甲。又詔左司郎中吳雍（？～1084 後）監督趙濟和馬申往來催驅搬運。李憲同日也向宋廷報告他的出兵計劃：等到定西城的展拓工作完成，他就會選派熙河、秦鳳兵和涇原劉昌祚所將的各萬騎，掩擊天都山夏軍。神宗詔遣入內供奉官馮景往諭李憲，以天都山去熙河甚遠，李憲如何營辦糧草？神宗覺得應嚴加守備，以逸待勞，或可成功，命李再加以研究，若形勢有利興舉，就即具奏行軍措置的詳細計劃以聞。〔註5〕

　　二月丙辰（初四），神宗收到蘭州被攻擊的戰報，他將李憲降一階爲宣慶使經略安撫都總管，苗授罰銅三十斤，李浩降一階爲四方館使階州刺史，坐夏軍犯蘭州幾奪西門始覺，而將守城有功的王文郁擢爲西上閤門使知蘭州，代替李浩。李憲知道蘭州是西夏必爭之地，見夏軍退至黃河外而不進，一定再會大舉，乃令部屬增城守塹壁，準備好防城的樓櫓。〔註6〕

　　二月癸亥（十七），李憲請在定西城置主簿一員，並指出定西城最扼西夏要衝，是夏軍曾設置監軍之地。他說會優先展築，然後併力修築蘭州，已命部將洛苑使康識移兵興役。神宗詔從之。〔註7〕神宗再在庚午（廿四）給熙河提供更多的軍用物資，以熙河路的守具欠缺氊與皮，即命漕臣王欽臣（1034

　　　　（撰），龔世俊等（校注）：《西夏書事校證》（蘭州：甘肅文化出版社，1995
　　　　年5月），卷二十六，夏大安九年（1083），頁300。

〔註4〕　《長編》，卷三百三十三，元豐六年二月己酉條，頁8014。

〔註5〕　《長編》，卷三百三十三，元豐六年二月壬子條，頁8017；卷三百四十八，元
　　　　豐七年八月甲戌條，頁8345；《宋會要輯稿》，第十二冊，〈食貨四十三‧漕運
　　　　二〉，頁6963。考吳雍在元豐七年八月甲戌（初七）前已陞任秦鳳路經略使。

〔註6〕　《長編》，卷三百三十三，元豐六年二月丙辰條，頁8018；《宋會要輯稿》，第
　　　　八冊，〈職官六十六‧黜降官三〉，頁4836；《宋史》，卷十六〈神宗紀三〉，頁
　　　　309；卷四百六十七〈宦者傳二‧李憲〉，頁13640。

〔註7〕　《長編》，卷三百三十三，元豐六年二月癸亥條，頁8022；《宋會要輯稿》，第
　　　　七冊，〈職官四十八‧縣尉〉，頁4357。

～1101）準備氈三千領、牛皮一萬張，跟隨州縣的民夫搬運至熙河。李憲又上言，計置蘭州需糧十萬，請求發保甲或公私駱駝搬運。他又說擔心徵調民夫搬運，會妨礙春耕，稱他已修整好糧船，從洮河運糧至吹龍寨，待廂軍到來轉運至蘭州。神宗即批示如駱駝及舟船搬運不足，就要依前詔仍舊調發義勇和保甲搬運。神宗再批示，以熙河路正修葺邊備，支用浩大。雖然最近已支錢二百萬緡，但現時本路百物騰貴，支用未足，特以坊場積剩錢一百萬緡賜之。另為增加本路官員收入，就詔熙河路權增公使錢三千緡，通遠軍二千緡。辛未（廿五），為了轉運熙河糧餉時行使職權的方便，神宗命同經制熙河路邊防財用趙濟兼陝西轉運判官，計置環慶路糧草；陝西轉運副使李察計置秦鳳路糧草，兼供應熙河路需索；提舉熙河秦鳳涇原路弓箭手營田張大寧權同經制熙河路邊防財用。〔註8〕總之神宗投入大量人力物力，全力支援李憲開發治理熙河。

神宗也注意到李憲的部下有時過度勞役兵民，二月甲戌（廿八），神宗下詔降罪蘭州守將李浩、劉振民和王安民，以他們留下不堪披帶的病卒於極邊難得糧草處。神宗告誡李浩，他之前已坐斥候不明之過降官，今次再犯就會從重治罪，而劉、王二將就從輕各罰銅三十斤。〔註9〕

神宗也在三月丙子（初一），將措置鹽事有勞的權發遣陝西轉運使通直郎李察遷一官。翌日（丁丑，初二），神宗以定西城雖已興功展拓，但夏軍近在熙河結集，怕守軍未足以支撐，就特委李憲遠置斥堠預作警戒。〔註10〕宋廷正在用人之際，勇將种諤卻病重，神宗在丙戌（十一）只好命范純粹盡快趕往延州權管勾經略安撫司事，若范真的有疾不能前往，就命李察代理。〔註11〕

〔註8〕 《長編》，卷三百三十三，元豐六年二月庚午至辛未條，頁8024～8025；《宋會要輯稿》，第十二冊，〈食貨四十三‧漕運二〉，頁6963～6964；〈食貨四十七‧水運二〉，頁7048；〈食貨四十八‧陸運〉，頁7087。據《隴右金石錄》所收的「新修岷州廣仁禪院記」所載，王欽臣在元豐七年八月十七日撰寫碑文所繫之官職是「行奉議郎權發遣陝府西路計度轉運副使公事兼勸農使輕車都尉借紫」。他在元豐六年當是陝西轉運副使。參見張維（1890～1950）（纂）：《隴右金石錄》，收入國家圖書館善本金石組（編）：《宋代石刻文獻全編》（北京：北京圖書館出版社，2003年3月），第四冊，〈宋上〉，〈廣仁禪院碑〉，頁782。

〔註9〕 《長編》，卷三百三十三，元豐六年二月甲戌條，頁8027；《宋會要輯稿》，第八冊，〈職官六十六‧黜降官三〉，頁4836。

〔註10〕 《長編》，卷三百三十四，元豐六年三月丙子至丁丑條。頁8030。

〔註11〕 《長編》，卷三百三十四，元豐六年三月丙戌條，頁8033～8034；四月辛亥條，頁8047。按种諤於四月辛亥（初六）卒。

神宗的憂慮成眞，夏軍果然在是月再進攻蘭州。李浩與王文郁募兵開城接戰及上城守宿，另派人率蕃兵於馬家谷守隘，終於力戰擊退夏軍。戰後，熙河制置司在是月辛卯（十六）申報宋廷，說奉命修築的鞏哥關的城基因險峻削，而土多沙致壁壘不堅，已差苗履別擇地形增展城守。同日，宋廷收到捷報，神宗以李浩率將士守城有功，將他復官爲隴州團練使，戰功最優的王文郁擢東上閤門使，與其一子官。王文郁所召募立一等功的十二員將官以接戰得力，與十四員守城得力的將官各遷一資。獲第二等功十九員，其中守城二員及率蕃兵於馬家谷禦敵者就減磨勘三年。蕃官及蕃兵百九十三人，第一等遷一資，願賜絹者給二十疋，第二等十五疋，第三等十疋。諸軍弓箭手四百六十人、敢勇等三十六人，第功遷資，賜絹如同蕃官。〔註12〕己亥（廿四），宋廷再賞功，一直追隨李憲而多立功的趙濟，自陝西轉運判官通直郎加直龍圖閣命知熙州，代替召入京師執掌禁旅、李憲麾下的首席大將原知熙州的殿前都虞候苗授。〔註13〕

李憲爲廣儲邊糧，於四月戊申（初三）奏請宋廷，支給涇原的靜邊寨（今甘肅平涼市靜寧縣紅土嘴，又名鮑家嘴頭）別籍椿管米三萬石、現錢公據百萬緡。神宗准奏。李憲隨即在同月壬子（初七）再上一奏，稱前所獲賜的一百萬緡，已令屬僚內臣張承鑑計置前去，但又怕緩不濟急，他請按此數目別賜現錢公據，每道只以十萬緡爲率，仍加息一分，那就可以很快得到使用。神宗有求必應，詔再賜續起的常平及坊場積錢五十萬緡，限十日出給公據，並命使臣帶至熙河經制司。若積剩錢未至，就以元豐庫鄜延路入便見在錢借支。〔註14〕

〔註12〕 《長編》，卷三百三十四，元豐六年三月辛卯條，頁 8035；《皇宋十朝綱要校正》，卷十下〈神宗〉，頁 309；《宋史》，卷十六〈神宗紀三〉，頁 309。按《長編》及《宋史》均將夏軍進攻蘭州繫於三月辛卯（十六），但李燾以三月辛卯（十六）是宋廷賞功頒詔之日，而非夏軍入寇蘭州之時。

〔註13〕 《長編》，卷三百三十四，元豐六年三月己亥條，頁 8039；卷三百三十九，元豐六年九月乙卯條，頁 8166；本書附錄二〈苗授墓誌銘〉，頁 383。考苗授在元豐六年何月日內召不詳，他在九月乙卯（十三）已以殿前都虞候都大提舉編欄的身份負責京師新城的開挖外壕的興役。又據〈苗授墓誌銘〉所記，苗授以疾求罷知熙州邊任，神宗於是將他召還京師執掌禁旅。

〔註14〕 《長編》，卷二百八十二，熙寧十年五月庚申條，頁 6904；卷二百八十五，熙寧十年十一月癸亥條，頁 6991；卷三百三十四，元豐六年四月戊申條，頁 8044；壬子條，頁 8047；卷五百二十，元符三年正月乙酉條，頁 12376。考張承鑑早在熙寧十年五月庚申（十一），便在李憲麾下，在六逋宗之役以內殿崇班在右軍立功而獲轉官內殿承制。十一月癸亥（十六）再錄撫接董氈入漢之功，再獲轉兩官。他在此時的官職不詳，應至少是諸司副使。他在元符三年（1100）正月乙酉（十八），以左藏庫使帶御器械獲選爲內侍省押班。

　　值得一提的是，在四月辛亥（初六），曾為李憲麾下的悍將鄜延經略使知延州龍神衛四廂都指揮使种諤卒於任上。同月丙辰（十一），曾為李憲撰寫制文的試中書舍人曾鞏卒。宋廷對种諤在鄜延的工作不滿意，兩天後（戊午，十三），神宗將涇原路總管劉昌祚自西上閤門使果州團練使擢為龍神衛四廂都指揮使調知延州，並詔他一改种諤在鄜延的弊政。涇原經略安撫使盧秉一月後上奏宋廷，要求差种諤兄、永興軍兵馬鈐轄种診（？～1083 後）充涇原路都鈐轄兼第一將，代替劉昌祚；神宗卻以种診已年老，筋力已疲，難當將領差遣，詔盧秉別選官聞奏。〔註15〕

　　六天後（甲子，十九）李浩敗夏軍於巴義谷（豁）。夏軍兵聚於巴義谷，準備進攻蘭州。李浩偵知夏軍所在，就潛師掩擊，夏軍退出，李浩率軍追入夏界，夏軍從吃羅、瓦井來援，與宋軍大戰，大敗。本來李浩有功，卻被劾已罷知蘭州卻仍帶本路鈐轄擅奏赴闕之罪，但李憲為他的愛將申訴，說李浩自辨雖奏請赴闕，卻並未離任。神宗接納李浩的申訴，說李浩於法當以擅去官守論，但以他未離本路，另以他剛出塞有功，就僅罰銅二十斤。另外，大概以戰事方殷，李憲想招納更多猛將至熙河，就奏請將鄜延路都監禮賓使王愍（？～1099 後）調來蘭州。權鄜延經略使的范純粹力爭要留下王愍，李憲卻以王已到熙河，請把他留為熙河路都監。戊辰（廿三），神宗裁決王返回鄜延路，並賜裝錢二百千。李憲這次暫時求才不成功。〔註16〕

　　因李憲奏上李浩等出境擊敗夏軍於巴義谷的戰功，宋廷於四月庚午（廿五）厚賞熙河漢蕃諸將，連李憲本人也復為景福殿使，李浩以功陞引進使高州防禦使，蕃官皇城使環州刺史李忠傑領光州團練使，皇城使商州團練使苗履領吉州防禦使，蕃官趙醇忠為皇城使榮州刺史，王君萬子王贍自六宅使遷皇城使，康識自洛苑使遷左騏驥使，蕃官莊宅使阿雅卜為右騏驥使，蕃官供

〔註15〕《長編》，卷三百三十四，元豐六年四月辛亥至壬戌條，頁 8047～8049；卷三百三十五，元豐六年五月戊戌條，頁 8072。按盧秉上奏請徙种診至涇原，在元豐六年五月戊戌（廿三）。

〔註16〕《長編》，卷三百三十四，元豐六年四月甲子至戊辰條，頁 8051～8052；《宋會要輯稿》，第八冊，〈職官六十六・黜降官三〉，頁 4836；第十四冊，〈刑法七・軍制〉，頁 8586；《皇宋十朝綱要校正》，卷十下〈神宗〉，頁 309；《東都事略》，卷一百二十〈宦者傳・李憲〉，葉六下；《宋史》，卷十六〈神宗紀三〉，頁 310；卷三百五十〈李浩傳〉，頁 11079；卷四百六十七〈宦者傳二・李憲〉，頁 13640；《西夏書事校證》，卷二十六，夏大安九年（1083），頁 301。按《皇宋十朝綱要》將李浩敗夏軍事繫於四月癸亥（十六）。

備庫副使韓緒（？～1087後）、蕃官趙惟吉（？～1084後）、董行謙、包正並爲西京左藏庫副使，內殿崇班焦穎叔爲內殿承制。〔註17〕

神宗厚賞熙河文武官員之餘，也沒有放鬆監管，特別是偌大的財政開支用度。五月丁丑（初二），宋廷便詔熙河路經制司，諭未用兵以前，每年經畫得到的財利，各有定額，兼且創立該司之前，主管的人（指李憲等）都各曾用所得的課息等第推賞。自從元豐四年後，每年並不見本司於年終具報上件所入增、虧並見在及銷破的數目，因由未知。宋廷詔下本司火急分析聞奏。神宗可不容許李憲治下的經制司帳目不清。〔註18〕

因宋廷曾有旨委李憲派人假道董氈出使達靼，五月己卯（初四），于闐大首領阿辛經熙州來朝。神宗問其去國歲月，所經何國及有否被抄略。他說去國四年，道塗居一半，歷黃頭回紇、青唐，但怕被遼人抄略而已。神宗於是命他圖上諸國距宋境遠近，神宗再詔將該圖交付李憲，助他將來聯絡達靼諸國之用。〔註19〕

李憲修堡的工作這時又出了問題，蘭州的質孤、勝如、熨斗平堡子證明不堪守禦，遭到毀廢。神宗總算寬大處理，五月戊子（十三），詔負責規劃及督工的李憲、苗授、李浩、康識特赦罪開釋，惟苗授、樂士宣及閻仁武所賜敕書、銀絹就追還。〔註20〕幸而楚棟隴堡在壬辰（十七）修好，才挽回眾人

〔註17〕《長編》，卷三百三十四，元豐六年四月庚午條，頁8054；《宋史》，卷三百五十〈王君萬傳附王瞻傳〉，頁11070；《東都事略》，卷一百二十〈宦者傳·李憲〉，葉六下。考《東都事略·李憲傳》記李憲被降職爲宣慶使後「而敗賊於定西城」，疑即指宋軍敗夏軍於巴義谷一事。

〔註18〕《長編》，卷三百三十五，元豐六年五月丁丑條，頁8062。

〔註19〕《長編》，卷三百三十五，元豐六年五月己卯條，頁8063；《宋史》，卷四百九十〈外國傳六·于闐〉，頁14109。據李華瑞引述任樹民的意見，「于闐大首領繪給宋廷的西域諸國地理道路圖，是指分佈在今新疆、青海西部和甘肅玉門關以西的諸如回紇、于闐、龜茲、沙州、黑汗、韃靼等各國。于闐派人向宋廷進獻的西域圖和提供的西域通道沿途部落方國的國情及其相互關係等情報，不僅爲宋王朝制定西北邊疆防務和安輯內屬蕃部乃至試圖打通西域通道的戰略決策，奉獻出了珍貴的參考資料，而且還爲北宋對西北邊疆地理地圖文獻的收集與繪製，作出了積極的貢獻。」按神宗要將此圖冊降付給李憲，因李憲是西北地區的最高負責人。參見李華瑞：〈論北宋經營陸路東西交通〉，載李華瑞：《宋夏史探研集》（北京：科學出版社，2016年6月），頁230。

〔註20〕《長編》，卷三百三十五，元豐六年五月戊子條，頁8067；癸巳條，頁8069～8070。另蕃官李忠傑子阿邁以隨李浩出界斬獲夏軍首級之功，在是月癸巳（十八）自內殿承制閤門祗候擢爲內藏庫副使。

的一點面子，宋廷賜名通西寨，隸通遠軍。〔註21〕城堡修好，就需充實軍儲，宋廷在癸巳（十八）詔撥京西提舉司錢二十五萬緡，供給蘭州購買糧草。另又詔陝西轉運、提舉司、熙河蘭會路經制司，乘農作豐熟，需研究州縣城寨所需的緊慢，各限以數目，自己委官收糴糧穀，每月逐司各具數字以聞。〔註22〕

夏軍忽然在五月甲午（十九）又犯蘭州，並攻破西關，殺守將左侍禁韋定（《宋史‧夏國傳》作韋禁），擄略和雇運糧的于闐人與駱駝。夏人圍城九日，與宋守軍大戰才被擊退。熙河蘭會路制置司奏上宋廷，神宗詔依永樂城陣亡者例，贈韋定為文思使，所擄略于闐人畜，就令制置司優恤之。翌日（乙未，二十），有鑑於蘭州的城關易為人攻擊，宋廷詔蘭州得展築北城，而以南城若依舊，則城圍太廣，難於守禦，若平居多置守兵，又會耗費糧食。諭展築北城完工時，即廢南城。另又從李憲的請求，降空頭宣三百，以備獎賞有功將士。〔註23〕

李憲在六月戊申（初三）再次為他的部將同總領熙州蕃兵將王贍申訴，王贍以其亡父王君萬當年被轉運使孫迴劾其與張穆之違法結糴，現時所欠還有六萬餘貫，計算折會外，計錢為二萬三千餘貫。李憲說王贍曾於元豐四年五月往內登聞院呈進狀，請求將他在經制司功利與子轉一官，及其父遺表特與二人恩澤所得折除上件的欠錢，但被中書判狀不行。李憲表揚王贍自軍興以來，累立戰功，實為出眾。稱他所欠錢物，無從可得。他請求神宗憐憫王君萬開拓熙河的戰功，以及王贍現今累立戰功，將他的家業正行估納入官，免除他所欠的官債。神宗准奏，批示要再檢示元豐四年五月內王贍再進狀陳乞的事理，並依其所求施行。在李憲兩度求告下，王贍終於解決了多年來因亡父被責賠償官府的欠債。〔註24〕李憲一直關顧屬下的利益，故得到部屬的擁戴，此事又是一證。

李憲在閏七月丙子（初二），又為部屬蕃官李忠傑爭取更高的封賞，他以李忠傑討西夏有功，應該不止遷一資自刺史為團練使，而應遷四資。他請將回授三資與其子內藏庫副使李阿邁，將他遷六宅使。宋廷從之。神宗又在三

〔註21〕《長編》，卷三百三十五，元豐六年五月壬辰條，頁8069。

〔註22〕《長編》，卷三百三十五，元豐六年五月癸巳條，頁8070。

〔註23〕《長編》，卷三百三十五，元豐六年五月甲午條，頁8071；《宋史》，卷十六〈神宗紀三〉，頁310；卷四百八十六〈外國傳二‧夏國下〉，頁14013。

〔註24〕《長編》，卷三百三十五，元豐六年六月戊申條，頁8076～8077。

天後（己卯，初五），以熙河蘭會路安撫司近遣左侍禁楊吉等出界討夏人，冒險過河，兵少而斬獲多，就詔制置司於賞格外優賜之，而溺死的人就厚加撫卹。兩天後（辛巳，初七），李憲報告擒獲西夏探事宜部落子策木多莽，以此人善斫造蕃鞍，爲邊人稱讚，李請將他押赴京師製造軍器所。神宗從之。後來軍器所言策木多莽所造的鞍兩面實可用。神宗詔免其死，刺配欽州牢城。李憲在兩天後（癸未，初九），再爲屬下三班奉職張義甫求恩典，以張爲秦鳳路兵馬鈐轄兼第三將張之諫之子，請准張以其父回授官職而減他三年磨勘，李憲請再以張押隊所獲減二年恩例，合併將他遷一官。神宗以張義甫身有軍功，及用父之戰功回授，就特許將他遷一官。〔註25〕

　　閏七月戊子（十四），熙河發生了一件奇異的事。李憲奏上神宗，稱捕獲撰匿名書人李方。此人究竟寫甚麼要驚動李憲上奏？據神宗批示說，此書「辭詆欺萬狀，慢上侮下，無所不至。」神宗以只懲以徒坐，不足懲其姦凶。他令熙河提點刑獄、經制司審核其眞僞，犯人李方即行處斬。〔註26〕似乎這個李方所寫的，是批評神宗的施政，也許包括神宗開邊的政策。值得注意的是，李憲以神宗親信內臣的身份出守西疆，他的任務還包括刺探各樣的情報。

　　是月乙未（廿一），宋廷收到李憲申報楊吉等募蕃兵過河討西夏的功狀。神宗詔楊吉優遷供備庫副使兼閤門通事舍人，郭勝及王師道爲閤門祗候，蕃官吹凌密爲三班差使，策木多格爲下班殿侍，馬凌於所當遷五資上與諸子承襲，其餘所俘獲功依例支賜，阿錫達等七人於所當轉職名上亦與諸子承襲。另所有賻贈：馬凌授三百疋，阿錫達百疋，都虞候至蕃敢勇各五十疋，至於不獲首級的蕃軍使依條承襲。主將王文郁就賜敕獎諭。〔註27〕

　　王文郁受獎同日，趙濟卻以疏忽之過受責。事緣趙濟在熙州捕獲逃軍元德，此人卻詐稱是使臣郭詡，假傳李憲命令開熙州城門。趙濟後來發現他是假冒，就將之付有司。趙濟將此事奏報樞密院，樞密院奏上神宗，以熙州極邊，而趙濟只憑元德詐稱是李憲所遣，即開門聽出，何以伺察姦細？請神宗發落。神宗詔趙濟自今以後，凡事要審得屬實，不可輕易相信。神宗令趙遍下此指揮予所轄州軍城寨官吏。元德就令李憲劾罪，斬訖以聞。趙濟隨即再具案上奏。神宗詔李憲等，以元德一案，只怕有隱伏交通外界的姦細迹狀，

〔註25〕《長編》，卷三百三十六，元豐六年閏六月丙子至癸未條，頁8091～8095。
〔註26〕《長編》，卷三百三十六，元豐六年閏六月戊子條，頁8097～8098。
〔註27〕《長編》，卷三百三十六，元豐六年閏六月乙未條，頁8102。

可更切實効治。如沒有發現他情，就將元德處斬。神宗又詔責趙濟不能辨察，又不能審問，實爲謬昏。不過，神宗沒有重責他，只罰銅四十斤。〔註 28〕爲甚麼一向精明的趙濟這次那麼大意？筆者認爲李憲一貫在熙河派他的親隨以這種方式向屬下傳達密令，趙濟才會一時失察，誤信那個並無正式憑信而自稱是李憲派來的密使的話。樞密院本來想重責趙濟，神宗大概爲了李憲的緣故就薄責趙濟了事。〔註 29〕

閏七月丙申（廿二），當年被趙濟奏劾的元老重臣富弼病逝洛陽。富弼去世前曾上疏論治亂之要，他說神宗旁多沽激取虛名的小人，亦有希利祿求實欲者。他的遺表批評「去歲朝廷納邊臣妄議，大舉戈甲以討西戎，事出倉卒，人情洶湧，憂在不測，卒致師徒潰敗，兩路騷然。」他說若非神宗「遽止再舉之師，則禍難之至，可勝道哉」？他隱隱批評了李憲再舉之議。他又提出所憂慮的最是西事，「不惟夏人以前日之怨，必思報復，兼其緣邊舊地，未敢安居，況國家興置城寨在其境內，既未聞恩詔洗盪，還其舊封，則異日衝犯邊城，深未可保。」他所指的危地，當然以蘭州爲最。他怕遼國又會乘機助西夏入寇。他說西夏入界及永樂城陷所導致的傷亡不下數十萬，只是帥臣監司州縣之吏不能以實數上報朝廷。他又把西邊說成「邊兵寡弱，村落蕭條，士無鬥志，難復爲用，久戍未解，糧餉不時，東兵在行者或歸或留，不無悵望，但慮再有征發，其心易搖，而百姓畏恐窮困，前日繼有調發，已不從命，度此事勢，可不深慮哉！是豈諱過取敗，不思救禍之時乎？」他又痛陳國家竭公私之力討伐西夏，不曾傷夏人一二。反而夏人得到宋方的降卒兵械金帛糧食不可勝數，還增強其國力，以之給鄰國來借兵求援，以爲邊患。他又說若夏軍犯境，官兵既不足用，民兵又不可發，如何抵禦。總之，富弼把西邊的宋軍說到一無是處，他似乎不知道宋軍至少在蘭州曾多次擊退夏軍的來犯。富弼在遺奏中痛陳陝西州郡連年僅薄稔，大兵過後，公私虛耗，兵無見糧，而逃潰之卒與阻饑之民漸成群黨。他慨言農村有缺糧之危機，一有邊警就會出事。他又痛言「前日西師之舉，秦晉之民肝腦塗地，毒亦甚矣。鄉村保聚，哭聲相聞，亦知朝廷曾降詔救，更不調發民夫，旋再謀興舉，復行差

〔註 28〕《長編》，卷三百三十六，元豐六年閏六月乙未條，頁 8102～8103。

〔註 29〕當時的知樞密院事是素來不喜李憲的孫固，趙濟是李的得力助手，也許孫固爲了挫李憲的威風而想重罰趙濟。孫固在元豐六年七月丙辰（十三）以疾去位，出知河陽府。參見《長編》，卷三百三十七，元豐六年七月丙辰條，頁 8118。

雇，方聞涇原罷師，鄜延又自興築，是以人心危疑，莫肯保信，此尤非今日之便。」他又說「臣聞陝西之民，昨經出塞，死亡之餘，再團保甲，數少過半，繼又修治教場，將聚之教習，州縣奉行，急於星火，非惟人情遑駭，難將驅之戰鬥，亦以貧窮至甚，無食可供。」總之，富弼怕神宗志切復仇，再動干戈，故以陝西之窮危情況勸止神宗。〔註 30〕其實，富弼是過慮了，經過永樂城一役，神宗雖然心有不甘，到晚年仍想攻滅西夏，但他已沒有再興師大舉的雄心，他派李憲經略熙河，無非是防禦性的，為了保有在五路伐夏惟一的戰利品蘭州。李憲在熙河的作為都是秉神宗的意旨行事。而且富弼所顧慮的問題，李憲都有解決的方法。

韓維（1017～1098）和蘇軾稍後分別為富弼撰寫墓誌銘和神道碑銘，他們都借題發揮，批評新法，反對開邊。他們也舊事重提，言及當年趙濟奏劾富弼不行青苗法而被貶之事。〔註 31〕

七月丙辰（十三），對李憲有很大成見的知樞密院孫固以疾求罷，神宗加他為通議大夫觀文殿學士出知河陽（即孟州，今河南焦作市孟州市），而由同知樞密院事韓縝繼為知樞密院事，試戶部尚書安燾（1031～1105）代為同知樞密院事。這番人事的變化對李憲在熙河的施政減少了一點阻力。〔註 32〕是日，李憲奏上兩事：首先是查出蕃部當支抹虛報西夏與董氈書打算一同入寇，另外是請求在蘭州添置市易務，撥支本錢，計置貨物，應接漢蕃人戶交易，以助邊計。宋廷詔李憲將當支抹械送董氈及阿里骨處置，而同意增置蘭州交易務。〔註 33〕

李憲在六天後（壬戌，十九）奏上一篇極詳盡的熙河軍制的規劃書，分職分門、蒐閱門及雜條門三部，分別論析如何使用蕃兵作戰，包括將蕃兵獨立置將，以及蕃兵的指揮系統、蕃兵的等第各項具體而微的制度，那是研究宋代蕃兵問題很重要的一份文獻，研究宋代蕃兵的學者，除了臺灣的江天健看出其重要性外，大陸的學者過去似乎注意尚嫌不足，尤其是李憲對宋代建

〔註 30〕《長編》，卷三百三十六，元豐六年閏六月丙申條，頁 8103～8111。

〔註 31〕韓維：《南陽集》，文淵閣《四庫全書》本，卷二十九〈富文忠公墓誌銘并序〉，葉二十七上；《蘇軾文集》，第二冊，卷十八〈碑・富鄭公神道碑〉，頁 535，537。

〔註 32〕《長編》，卷三百三十六，元豐六年七月丙辰條，頁 8118；《宋史》，卷十六〈神宗紀三〉，頁 310。

〔註 33〕《長編》，卷三百三十六，元豐六年七月丙辰條，頁 8119；《宋會要輯稿》，第十六冊，〈蕃夷六・吐蕃〉，頁 9917～9918。

立及完善蕃兵制度的貢獻。〔註34〕這篇奏議充份反映了李憲的兵略，有賴《長編》將之保存下來：

> 臣昨奏熙、蘭、岷、通遠四州蕃兵，地里相遠，當逐處各為一軍，庶就近易於圍結，仍得蕃情安便。兼蘭州及定西管下新歸順蕃部數內，強壯人馬甚眾，亦當圍結，與四州軍蕃兵通作五軍，庶緩急之際，各有漢蕃兩軍相參為用。乞且於熙河蘭會一路條畫以聞，先次推行，已蒙依奏。臣今具條畫，以謂蕃兵置將，事貴簡而易行，法貴詳而難犯。臣今斟酌蕃情，擬定條畫事法凡三門。
>
> 應五州軍各置都同總領蕃兵將二員，並本州軍駐劄，總領本州軍管內諸部族出戰蕃兵並供贍人馬。仍各置管押蕃兵使臣十員，內四員委本將選擇，從經略使司審察奏差，餘六員許本將所在駐劄州軍，於經略、總管、緣邊安撫司準備差使指揮，及管下城寨關堡使臣內選擇兼充。平居不妨本職，遇有事宜出入，將下一面勾抽。總領將凡遇邊警，稟帥司不及，即與所駐劄州軍守臣、正兵將副及管勾緣邊安撫司官共審度，如可禦敵，即遣漢蕃兩將人馬共力枝梧；若輒分彼我，致有誤事，即依節制法均責，仍一面具事宜申經略司。諸將各於所管蕃部內，籍善探事人姓名，以備遣使。所探到事，除申

〔註34〕 早期研究北宋蕃兵的，是任樹民1993年一篇專文，但任氏沒有注意李憲的奏議。近年研究宋代蕃兵的趙炳林，他與其導師劉建麗在2004年合撰的一篇簡論，也沒有引用李憲這篇奏議。他稍後在其碩士論文則只引用了該奏議的一小部份，而且沒有提到這是李憲的意見。陳武強在2009年所撰一篇專論，則多處引用並點出李憲這篇〈條畫事法〉奏議。另高君智於2012年所撰的一篇論北宋經略河湟的漢法政策而道及的蕃兵組織管理的短文時，略提及李憲根據新邊形勢需要，所制定的《熙河蕃兵法》之重要性。臺灣學者江天健則早在1995年在其所撰的專文〈北宋蕃兵〉有關章節，引用李憲這篇奏議。參閱任樹民：〈北宋西北邊防軍中的一支勁旅──蕃兵〉，《西北民族研究》，1993年第2期，頁108～118；劉建麗、趙炳林：〈略論宋代蕃兵制度〉，《中國邊疆史研究》，第14卷第4期（2004年12月），頁30～39；趙炳林：《宋代蕃兵研究》，（西北師範大學中國古代史碩士論文，2005年4月），第二章第二節〈蕃兵制度的完善〉，頁19；第三章第七節〈蕃兵的教閱〉，頁29；陳武強：〈宋代蕃兵制度考略〉，《西藏研究》，2008年第4期（8月），頁48～55，有關李憲條畫的見頁50～54；高君智：〈試論北宋經略河湟的漢法政策〉，《青海民族大學學報》（社會科學版），第38卷第3期（2012年7月），頁105；江天健：〈北宋蕃兵〉，原刊《國立新竹師範學院學報》第八期，1995年1月，現收入宋史座談會（編）：《宋史研究集》第二十七輯（臺北：國立編譯館，1997年12月），頁199～200，215（注79）。

經略司外，仍與駐箚州軍正兵將副互相關報。蕃部公事干本將，即許都同總領將施行，餘依舊。經略、經制、緣邊安撫司所屬州軍行遣總領將，係知州軍兼領而應巡按蒐閱者，許權交割州軍事與通判輸出。諸將下管勾部族近上蕃官，遇點集出入，與管押蕃兵使臣參預所管本族兵馬。諸將駐箚州軍及轄下關城堡寨，如於本將職事不協力，沮害事法，内城寨官許同總領將奏劾施行，州軍當職官即具事狀聞奏。

出戰蕃兵自備人馬衣甲、器械數目，令將官置籍；因巡按蒐閱點檢出戰衣甲器械，令將官預修備。除逐族蕃兵有自備外，其所闕及合用旗號，申經略司計置，仍置庫拘收，遇點集，據闕給借。蕃兵自來輪差在緣邊巡綽、坐團、卓望者，聽依舊例差撥。出戰蕃兵凡以事故出外，令關白本族蕃官，仍不得出本州軍界。其蕃兵下供贍人數内，有壯勇堪充出戰者，許臨時揀選，抵替不得力蕃兵。諸將遇出兵，許選勁騎充踏白馬官。押蕃使臣、蕃官、諸司副使以上，不以親手斬獲首級數計功，依正兵隊獲首級分數論賞。五州軍出戰，蕃兵人馬自爲一將，遇出戰即以正兵繼蕃兵，其旗幟與本州軍正兵旗身同色，旗腳以間色爲別。已上謂之職分門。

出戰蕃兵分爲四等：以贍勇、武藝卓然者爲奇兵；以有戰功、武藝精熟者爲第一等；以未嘗立功而武藝精熟者爲第二等；以武藝生疏者爲第三等。委逐族蕃官首領依格推排，總領將別置籍，依等第單名拘管，遇有增減，於簿内開收。諸將出戰蕃兵，分爲左右前後四部，遇點集出入，逐族各隨所屬蕃官，每部差管押蕃兵使臣二人，毋得將一族人馬分爲兩部。總領每季分詣逐族就近點閱，止隨蕃兵所習按使。如第一等内武藝卓然者，別爲一等充奇兵，每將以二百人爲額；第二等内出眾者，陞爲第一等，每將以三百人爲額；第三等内出眾者，陞爲第二等，每將以五百人爲額。候點閱訖，等第支賞並酒食犒設：奇兵支銀椀，第一等、第二等支銀楪有差。選充奇兵及第一等、第二等者，並支顏色戰衣袍并絲勒巾，以鼓激眾心。

蕃兵就委本族蕃官首領教閱，遇將官巡按，如武藝精熟，人馬驍銳出眾，即令將官保明，申經略司旌賞。總領將並管押使臣，如能說蕃官首領糾出未充蕃丁之家，及招募人馬有增數者，理爲勞績，歲

終委經略司據所增申奏。以千人為率，每一馬仍當一人。每增及二百人已上，總領將減磨勘三年，使臣減磨勘二年，若有逃亡虧數，每一百人，將官展磨勘三年，使臣展磨勘二年。諸族都管蕃官如於本族根括及招募到人馬，歲終委將官具所增數申經略司酬賞。出戰部落子人馬不結入四部，於蕃兵籍內別拘收，遇出戰，即別為一隊，所有教閱將官巡按、陞進等第，特支管犒之類，並如蕃兵法。諸州軍出戰部落子人馬，在熙、蘭、岷、通遠四州軍住坐者，並隸逐州軍，總領將就便巡按蒐閱。其河州雖有管押部落子將，亦合隸總領將。因巡按點閱蕃兵，內有年老或病患不堪征役之人，令本家少壯人丁承替者，即時於籍內改正姓名，每季分詣點閱畢，具所管部族有無增減人馬數，申經略司考較聞奏。已上謂之蒐閱門。

蕃官首領根括募到族下人馬，每季及歲會具所增數目，及教習族下人馬精銳合係經略司支賞者，本司預具數乞支降，委官置庫主管，如別移用，以違制論。係籍出戰蕃兵，通所管部落子一千人以上、不滿二千人，每年支公使錢一千貫；二千人以上，不滿三千人，支二千貫；三千人以上，支三千貫止。以係省錢充，仍分上下半年，各並委總領將從宜支使。諸將合用酒，許於駐箚州軍寄造。諸將公使庫錢物，許駐箚州軍正兵將下選差員寮十將等給役使，仍於本將差押蕃兵使臣主管公使庫。

諸將如遇點集出入，或巡按點閱部族，所在州軍城寨議公事，集蕃官及犒設蕃部，並許支破酒食。以公使錢非理費用，及別有饋送，論如監主自盜法。總領將遇軍行，於駐箚州軍將下出戰土兵或漢弓箭手內，差馬軍二隊充帶器械馬隨行。蕃兵將各置行遣吏人等取受財，並依河倉法。諸將許於諸軍內差譯語官十人，仍於漢弓箭手內更差十人。諸將許差醫人醫獸。如遇軍行，差都教頭、壕寨擊金鼓人、執門角旗人數有差。諸將籍定出戰蕃兵，除緩急事宜及逐季點閱外，並不得別差使。如違，以違制論，不以赦降原免。諸將並管押使臣，如因巡教點集，受蕃官已下獻送，論如監主自盜法。已上謂之雜條門。〔註35〕

〔註35〕 《長編》，卷三百三十七，元豐六年七月壬戌條，頁8126～8131；《宋史》，卷一百九十一〈兵志五・鄉兵二・蕃兵〉，頁4760。按《宋史・兵志五》僅節錄了李憲奏章的一小部份。

神宗覽奏後，完全接受這一全面而具體的建議。

八月己卯（初六），神宗收到諜報，遼人遣使西夏及青唐宗哥城（今青海海東市平安區），他懷疑是西夏干求遼國，欲求遼國襄助，與董氊和解。神宗於是下詔李憲，命他選擇使臣前往開諭董氊和阿里骨，指出遼國與宗哥城相去甚遠，利害不能相及，他們最好還是恪守與宋朝所訂的盟約，協力出兵對付西夏。〔註36〕

兩天後（辛巳，初八），李憲又上言補充前議，再論蕃兵之使用及編制：

> 本路雖有九將之名，其實多闕數，緩急不給驅策。又漢蕃兵馬雜為一軍，今未論出戰，而其它為害已多。蓋由漢蕃語言不通，部分居止以至飲食悉皆不便。非李靖所謂「蕃落自為一法」之意。臣今至熙州，已各定五軍將、副及都、同總領蕃兵將，用逐州軍正兵、漢弓箭手各為一軍，其蕃兵亦各為一軍。臨敵之際，須至首用蕃兵，次用漢兵繼之，庶氣勢相臨，雖遇堅敵，亦無退卻之患，兼不妨漢蕃迭相為用。欲乞將本路正兵、漢弓箭手只為五將，所貴軍分整足，兼可減并將、副及部將員數。

神宗自然接納他這番可行及完備的建議。〔註37〕後來宋廷在西邊使用蕃兵，大體依從李憲所定的規模。

西夏早在閏六月已遣使入貢，以宋廷歸還原屬西夏的地方包括蘭州為條件，與宋議和；但神宗並不答應，只詔陝西及河東經略司，於新收復城寨，命勿出境二三里，而給夏人的歲賜照舊。〔註38〕夏人無法透過談判取回蘭州，就集結軍隊，打算以武力奪回蘭州。九月戊申（初六），神宗於戰雲密佈之時，手詔權發遣鄜延經略安撫司劉昌祚，說諸路探報夏人已點集六、七十萬人，雖然這支夏軍精冗相雜，但若夏軍專攻一路，仍十倍於宋軍。萬一夏軍突入近裡州軍，就不知如何遏逐。神宗要各路帥臣奏上所見夏人企圖及防禦方略，並做好準備。神宗又將李憲所獻的蘭州地圖付樞密院作制定攻守之策的參考。己酉（初七），宋廷又詔諸路經略安撫、轉運司，若要急用保甲，就牒提舉保甲司隨時應

〔註36〕　《長編》，卷三百三十八，元豐六年八月己卯條，頁8139；《宋會要輯稿》，第十六冊，〈蕃夷六・吐蕃〉，頁9918。

〔註37〕　《長編》，卷三百三十八，元豐六年八月辛巳條，頁8141～8142；《宋史》，卷一百八十八〈兵志二・禁軍下〉，頁4628～4629；卷一百九十一〈兵志五・鄉兵二・蕃兵〉，頁4760～4761。

〔註38〕　《宋史》，卷四百八十六〈外國傳二・夏國下〉，頁14013～14014。

付：戰守防禦，就差武藝高強及第一等者；要役使的就以次等差。同日，權發遣陝西轉運副使范純粹上言，說奉旨令鄜延、環慶、涇原、秦鳳路經略司以及熙河蘭會路安撫制置司，於軍需錢內撥現錢二十萬貫，差官趁時糴買糧草封樁。他提出根據城寨的緊慢程度，由他與劉昌祚以合理的辦法處理。〔註39〕

李憲自然明白蘭州仍是夏人最主要的攻擊目標，除了處理軍需問題外，他也盡力加強蘭州的兵力。九月丙辰（十四），他請把蘭州駐紮的秦鳳路駐紮東兵兩指揮改隸熙河蘭會路，另他又為蕃官六宅使李阿邁（李忠傑子）報功，說他部五十騎出界刺探敵情，獲首級而回。神宗從其請，將李阿邁減磨勘四年。十月戊寅（初六），李憲又為多年來一直為他籌置軍糧的僚屬馬申及胡宗哲爭取復官陞職：馬申復通直郎，胡宗哲復承議郎，二人並權發遣同經制熙河蘭會路邊防財用事。順帶一提，當年幫助李憲脫罪的楊汲，也在是月乙酉（十三），因之前上言大理寺斷絕獄空，神宗將他自朝奉郎試大理卿擢試刑部侍郎。〔註40〕

十月己丑（十七），神宗再下詔諸路帥臣，說西夏近遣使上表謝恩，及乞求取回宋軍所佔的城寨疆土。宋廷已回詔不允，但慮西夏別有圖謀，已將回詔抄錄予陝西、河東逐路經略制置使司，囑他們常派人探伺，隨時準備防禦。神宗在翌日（十八，庚寅）再手詔付劉昌祚，重申他的命令，並特錄賜西夏詔書予劉昌祚。〔註41〕

一直臣服宋廷的董氈在十月病死，其養子阿里骨得到董妻喬氏的支持，並厚賄諸族首領得以繼立。阿里骨秘不發喪，未馬上報告宋廷，其朝貢宋廷仍用董氈的名義。他一開始就不馴服，後來更一度聯西夏以抗宋。〔註42〕

〔註39〕《長編》，卷三百三十九，元豐六年九月戊申至己酉條，頁8162～8163。
〔註40〕《長編》，卷三百三十九，元豐六年九月丙辰條，頁8167；卷三百四十，元豐六年十月戊寅條，頁8179～8180；乙酉條，頁8185；卷三百五十，元豐七年十二月庚辰條，頁8394。楊汲後來步步高陞，到元豐七年十二月庚辰（十五），已擢至戶部侍郎。不過，他在是日卻坐請復銅禁，而不知增錢監用銅已多，宋廷將他展磨勘二年以責之。
〔註41〕按神宗在十月癸酉（初一）因夏主秉常遣使上表請復修職貢，而請宋廷歸還舊疆。神宗自然不肯歸還辛苦得來的蘭州及其他地方，即日以強硬的態度回覆秉常，堅持不歸還所佔的地方。參見《宋史》，卷十六〈神宗紀三〉，頁311；《長編》，卷三百四十，元豐六年十月己丑至庚寅條，頁8187；《宋大詔令集》，卷二百十三〈政事六十六‧備禦上〉，〈賜劉昌祚詔‧元豐六年十月庚寅〉，頁810；卷二百三十六〈政事八十九‧四裔九‧西夏四〉，〈賜夏主秉常詔‧元豐六年十月癸酉〉，頁919。
〔註42〕《長編》，卷三百四十，元豐六年十月庚子條，頁8192。關於阿里骨後來聯合西夏對抗宋廷的原因，張向耀舉出四項理由，一是他並非唃廝囉家族血統出

十一月丙午（初五），李憲向宋廷報告本路修堡的進展，他說今年獲得差發三路團結廂軍，修築新境一帶州城堡寨，但以所役工極眾，只是勝靈、西關、臨洮和皋蘭四堡，尚且要役用五六十萬工，若只用保寧六指揮兵修築，必定難以完成。倘朝廷明春要繼續修築，他請量賜錢帛，乘時計置錢物。他又請於河東和陝西近裡團結役兵中，每路差一千五百人相兼工役。神宗也算慷慨，就令熙河蘭會路見在軍需錢物內挪撥錢糧帛十五萬貫、石、疋。如仍不足，就據數目於鄰近路分軍需內撥取。其餘都如李憲所奏辦理。〔註43〕

神宗意欲聯合回鶻及韃靼各部對付西夏。他又手詔李憲，說回鶻與吐蕃在近世以來，代為親家，而回鶻東境與韃靼相連。近日諸路探報多稱夏人亦苦被其侵擾，不如以二國姻親之故，趁著現時宋廷與吐蕃連和之際，假道與之通信，厚以金帛相結，使其為宋廷所用，而這樣也可以牽制西夏的兵力，不敢悉數南侵。況且聞知韃靼之俗，獷悍喜鬥，輕死好利，素來不向夏人屈服。若不吝金繒，厚加恩意，或可打動他們。神宗命李憲選擇深曉蕃情及懂羌語的使臣三兩人，並知會阿里骨，令他選遣二三親信首領同往，諭他們多發勁兵，深入夏境攻討。為此，宜邀回鶻首領來朝受賞，令李憲詳議以聞。神宗稍後又詔李憲，引用中唐名將劍南節度使韋皋（745～805）在成都，聯合南詔對付吐蕃，導致吐蕃勢衰的故事，認為以韃靼今日之強及與西夏之仇，勝過當年與韋皋合擊吐蕃的南詔第六代國主的異牟尋（754～808），鼓勵李憲好好經營聯回鶻對付西夏之大計。〔註44〕

李憲收到神宗手詔後，馬上覆奏，順著神宗的思路，申論其以夷攻夷的策略：

> 自古控馭戎夷，使其左枝右梧，為備不暇，蓋由首先結其旁國，絕其外交，然後連橫之勢常在中國，彼有犄角之患。昔南詔之患，韋皋取得其術，故西復巂州，自是吐蕃日加窮蹙。以今夏賊之彊固不逮吐蕃，若以青唐、回鶻、韃靼連橫之勢，豈易枝梧？況韃靼人馬

身，二是他為了轉移族內矛盾，三是為了收復熙河六州失地，四是因宋室對其繼立不滿。可參見張向耀：〈試述阿里骨抗宋戰爭〉，《蘭臺世界》，2016年第4期，頁94～96。

〔註43〕《長編》，卷三百四十一，元豐六年十一月丙午條，頁8196。

〔註44〕《長編》，卷三百四十六，元豐七年六月己巳條，頁8301～8302。按神宗這道手詔的年月不詳，當在李憲在元豐六年十一月丁卯（廿六）派皇甫旦出使回鶻韃靼前。

獷悍，過於西戎，兼於夏人仇怨已深，萬一使為我用，不獨爭張夏
人兵力，不得悉眾南下，兼可以伺其間隙，使為擣虛之計，如去歲
舉國嘯聚於天都，則河西賊眾為之一空。若以青唐、回鶻、韃靼三
國人馬併攻其背，就使未能遠趨賀蘭，其甘、涼、瓜、沙必可蕩盡。
臣仰奉睿訓，審究利害，惟患將命未有可副遣使之人。緣深入絕域，
經涉三國，萬一疏虞，適以為累。夙夜思慮，致力經營。

李憲的覆奏，大大加強了神宗以夷攻夷策略的信心。十一月丁卯（廿六），
李憲終於選派三班奉職皇甫旦（？～1085 後）出使青唐，見董氈（按：宋廷
不知董已死）及阿里骨，並招諭韃靼各部赴闕。〔註45〕

己巳（廿八），李憲又奏上他在蘭州備戰的情況，並報上蘭州實際的兵力。
他說宋廷估計蘭州守禦須及一萬人，今在州的宋軍總計只有六千六百餘人，
若臨事才請增兵，怕誤了大事。他說熙河制置司契勘蘭州，依百步法，只合
用六千四百五十六人，本司通計僅及八千人，自可有備。他說內臣走馬承受
閻仁武責在監守蘭州，卻心存畏怯，故他牒另一內臣梁安禮（？～1100 後）
前來，考慮閻仁武素無膽量，遇事自為張皇，故將他調回熙州。李憲又說已
派其弟李宇前往蘭州照管，故可以不用閻仁武在蘭州。李憲又請宋廷嚴責其
子李毂兼程而來。為固守蘭州，李憲兄弟父子盡數上陣。神宗感其忠誠，批
示說李毂已出門，不須再下指揮催促。而梁安禮既隨將官往蘭州，閻仁武就
依李所請，將他調回熙州守備。〔註46〕

〔註45〕《長編》，卷二百六十三，熙寧八年閏四月癸卯條，頁 6435～6436；卷三百四
十一，元豐六年十一月丁卯條，頁 8203；卷三百四十六，元豐七年六月己巳條，
頁 8302；《宋會要輯稿》，第十六冊，〈蕃夷四・回鶻〉，頁 9772。考皇甫旦在
熙寧八年閏四月癸卯（十二），當秦鳳路重編為四將時，他以階州（今甘肅隴
南市武都區）駐泊都監任第四將副將，任劉昌祚的副手。他在出使前上表自陳，
說他初為三班借職，累立戰功，擢至如京副使秦州第四將。他駐階州時以專殺
叛卒孫化之罪，配沙門島。他後來獲赦許以效用立功，但累從偏師，不得一當
前敵。今次李憲選他出使，就請敘官。宋廷就以他遠使幹辦，特遷他一官。

〔註46〕《長編》，卷三百九，元豐三年閏九月辛亥條，頁 7498；卷三百四十一，元豐
六年十一月己巳條，頁 8204；卷三百五十四，元豐八年四月辛未條，頁 8473；
卷三百九十一，元祐元年十一月丙辰條，頁 9505；卷五百二十，元符三年正
月乙酉條，頁 12376～12377。按梁安禮在元豐三年閏九月辛亥（廿二）時任
涇原路走馬承受，因李憲在元豐五年後兼管涇原路，故可將梁調用。梁在元
豐八年四月辛未（初八）自入內內侍省轉出，到元祐元年（1086）十一月已
任莊宅使。元符三年（1100）正月，一度被樞密院考慮擢為內侍省押班，以
他經歷邊任有戰功，但徽宗以其人材性行難以與選而罷。

十二月辛未（初一），李憲所轄的提舉熙河等路弓箭手營田蕃部司上言，稱新收復境土的城寨已漸次修畢，可以興置營田。其中定西城、通西寨、龕谷寨、榆木岔堡四處營田，現闕農作廂軍二百人、部轄人員軍典十六人。他請依熙河路修城、鳳翔府簡中保寧指揮的簡填闕額法，許本司於秦鳳、涇原、熙河三路廂軍及馬遞鋪卒選募，每人給衣裝錢二千。神宗批准所請之餘，又給李憲詔書，稱他近日據邊地廣泛傳聞，夏軍已點集，稱準備入寇。而西夏來賀的正旦進奉使卻在臨近的日期未見入宋界，一定是因其歸還舊地的請求不獲許，故有所行動，神宗囑咐李憲要防他們豕突為患，神宗更著意叮囑李憲，「爾宜深以大寇為念，寅夜廣思追逐計策，勿使枝備灸大失稱，以誤國重事。」〔註47〕神宗對他的愛將期許之深可見一斑。

神宗因不知董氈已死，於翌日（癸酉，初三）又詔李憲，說西夏時貢不至，可能已有所行動。他說近日已賜敕書與董氈及阿里骨，囑李憲多加估量各種可能：如董氈未與西夏言和，詔書、國信和物色，就先發去韃靼、回鶻四部首領。並賜與董氈及阿里骨，委曲曉諭二人，及早讓四部首領歸族下點集兵馬，前去抗禦夏人。等到立下大功，斬獲敵軍萬數以上，到時亦有恩命給董、阿二人。他命李憲將其餘事項仔細對二人開諭，不要相信夏人的奸謀，而破壞漢蕃兩家長久的盟約。又命李憲特賜董氈雜花暈錦、旋欄金束帶、銀器、衣著有差。神宗非常著意與董氈聯手抗夏。同日，又發第二詔給李憲，說收到錄奏的董氈、阿里骨蕃字書，觀其情辭，忠智兼盡。而觀其回奏，委曲之中，頗能理解宋廷的意向。神宗說夏人奸謀不小，直欲併攻一路，深入腹裡，襲中國之虛。他再三叮囑，切不可以平日用千百騎抄掠我方之敵待之，需要大為準備，廣作防禦，不讓敵人得志，貽患他日。神宗以當年六谷部首領潘羅支（？～1004）效忠宋廷，擊殺夏主李繼遷（963～1004）於三十九井而獲厚賞的事，要李憲以此激勵董氈和阿里骨效命，深入夏境擊敵立功。神宗一詔未畢，又發第三詔，提醒李憲防備夏軍中最為凶黠之將人（仁）多凌丁（？～1084），說他多在西夏西南邊出入，預料該處的蕃部必有能識其狀貌的。他命李憲宜多委選將佐，廣募蕃兵有能別識他的人，令他們密結敢死隊，找機會生擒或斬殺仁多凌丁，若能成功，就以團練使、蕃部鈐轄及皇城使蕃

〔註47〕《長編》，卷三百四十一，元豐六年十二月辛未條，頁8204～8205；《宋大詔令集》，卷二百十三〈政事六十六‧備禦上〉，〈賜李憲詔‧元豐六年十二月辛未〉，頁810。

兵將官酬賞之。〔註48〕

　　神宗再在兩天後（乙亥，初五）賜李憲第四詔，稱最近收到麟府、鄜延、環慶、涇原四路探子回報，說西夏已點集河南、河北諸監司人馬，大概有一半數量，約在十二月乙酉（十五）於葫蘆河渡河，雖說只是過路，但未知其目的。惟其聚兵之處必是確實，令李憲廣為防備，並命他令下於熙河蘭會路經略安撫司知聞，做好防備，不可誤了朝廷大事。〔註49〕

　　翌日（丙子，初六），隨皇甫旦來闕的青唐、回鶻與韃靼進奉使辭行，神宗對他們撫慰一番，神宗問其國種落人口多少，使臣回奏有三十萬，壯而可用的有二十萬。董氈的使臣又說他們堅拒與西夏通好，又曾出戰，奪得西夏城堡及獲其首級。神宗不知董已死，即諭他們回報董，要盡心守禦。因厚贈使者以歸，並授回鶻、韃靼首領五人為軍主，其都軍主李察爾節授本部副都指揮使，歲給綵二十疋。神宗再命皇甫旦往青唐，齎詔諭董氈與阿里骨，要他們諭回鶻出兵深入夏境。神宗這時仍奢望借蕃部之力抵抗西夏的入侵；不過，據說李憲不悅皇甫旦出使不出於己，於是命負責文字的屬僚鍾傳與李宇作奏，說皇甫旦難以成事，所謂約青唐出兵必無可為之理，與他前奏的意見不同。〔註50〕

　　十二月丙戌（十六），蘭州的堡寨大致已修好，李憲便奏上修蘭州堡寨文武功狀，為屬下請功，在大戰在即時振奮士氣。神宗詔可，以第一等遷一官、銀絹六十疋，第二等遷一官，第三等減磨勘三年。遷官人若是現任朝奉大夫及諸司使以上，並回授與子有官者。至於提舉並應副糧草官依第一等，不入

〔註48〕《長編》，卷三百四十一，元豐六年十二月癸酉條，頁 8205～8207；《宋大詔令集》，卷二百十三〈政事六十六・備禦上〉，〈賜李憲詔・元豐六年十二月癸酉〉，頁 810～811；《宋會要輯稿》，第十六冊，〈蕃夷六・吐蕃〉，頁 9918。

〔註49〕《宋大詔令集》，卷二百十三〈政事六十六・備禦上〉，〈賜李憲詔・元豐六年十二月乙亥〉，頁 811；《長編》，卷三百四十一，元豐六年十二月乙亥條，頁 8207。

〔註50〕《長編》，卷三百四十一，元豐六年十二月乙亥至丙子條，頁 8207～8208；卷三百四十六，元豐七年六月己巳條，頁 8302；《宋會要輯稿》，第十六冊，〈蕃夷四・回鶻〉，頁 9772；馬端臨（1254～1323）（著），上海師範大學古籍研究所暨華東師範大學古籍研究所（點校）：《文獻通考》（北京：中華書局點校本，2011 年 9 月），第十四冊，卷三百四十七〈四裔考二十四・回紇〉，頁 9642；《宋史》，卷四百九十〈外國傳六・回紇〉，頁 14117。考群書除《長編》外，均記李憲在元豐七年才奉敕遣皇甫旦使聘阿里骨，使諭回鶻令發兵深入夏境。大概皇甫旦在元豐七年初才由熙州出發往青唐。

等的人就賞支銀絹六十疋。其中築蘭州有功的驍將孫昭諫（1037～1101）自西京左藏庫副使遷文思副使移知隴州。〔註51〕乙未（廿五），熙河經略司又爲累有戰功的蕃官堅多克報功，宋廷授其爲通遠軍密棟族巡檢。〔註52〕就在是月底，夏軍已大舉入寇蘭州。〔註53〕順帶一提，當李憲在西邊廢寢忘食地備戰時，後來被朝臣斥爲神宗內臣四凶之一的宋用臣，於是月甲申（十四），以修尚書省之功，被擢爲昭宣使寄資及遷一子官。〔註54〕他舒舒服服在京中任職陞官，比起李憲在邊上效命就幸運得多了。

元豐七年（1084）正月甲辰（初四），神宗收到在熙州的李憲急奏，知道夏軍已渡河進攻蘭州。他馬上手詔李憲，說他素有準備，固然甚善；但要他深戒麾下將佐，更需謹重，不要輕冒敵鋒，誤國重事。要他多方處置，並告諭城中軍民，堅心一志守禦。神宗許諾俟擊退敵軍後當有重賞，令他諭其他被寇的城寨依此詔辦理，又命李憲每日飛奏軍情前來。同日，當神宗收到走

〔註51〕 《長編》，卷三百四十一，元豐六年十二月丙戌條，頁8213。孫昭諫是仁宗朝馬軍副都指揮使范恪（1101～1160）的女婿，據他的墓誌銘所記，他在元豐五年，以內殿承制「從經制李憲收復蘭會賊兵」，而賞功遷西京左藏庫副使。墓誌記「七年，築蘭州，又遷文思副使，遂移知隴州、階州、岢嵐軍，所至咸有美績，民頌不忘。元祐七年，以皇城副使知環州。」疑所謂「七年」築蘭州是六年之訛寫。他在哲宗及徽宗朝是一名智有勇的邊將，官至皇城使領惠州刺史。他是曾追隨李憲立功一員勇將，雖然不及苗授父子、李浩、王文郁等長期追隨李憲。參見王箴（？～1101後）：〈宋故皇城使持節惠州諸軍事惠州刺史監鳳翔府終南上清太平宮護軍孫公（昭諫）墓誌銘〉；王振（？～1101後）：〈宋故長安縣君（孫昭諫夫人）范氏墓誌銘〉，載劉兆鶴、吳敏霞（編）：《陝西金石文獻匯集‧戶縣碑刻》（西安：三秦出版社，2005年1月），頁316～319。又孫昭諫夫婦生平可參見何冠環：〈范仲淹麾下大將范恪事蹟考〉，載何著：《北宋武將研究續編》下冊（（新北：花木蘭文化出版社，2016年3月），第十五編第十五冊，頁575～582。

〔註52〕 《長編》，卷三百四十一，元豐六年十二月乙未條，頁8215。

〔註53〕 《宋史》，卷四百六十七〈宦者傳二‧李憲〉，頁13640；《皇宋十朝綱要校正》，卷十下〈神宗〉，頁310；《長編》，卷三百四十二，元豐七年正月甲辰條，頁8219；陳均（1174～1244）（編），許沛藻、金圓、顧吉辰、孫菊園（點校）：《皇朝編年綱目備要》（北京：中華書局，2006年12月），下冊，卷二十一，頁511。按西夏進攻蘭州的具體日子不載，《皇宋十朝綱要校正》及《皇朝編年綱目備要》均記在十二月。而《宋史‧李憲傳》記在「明年冬」。相信是十二月乙未（廿五）以後。按神宗於元豐七年正月甲辰（初四）手詔李憲，說已知夏軍渡河進攻蘭州。從蘭州急奏開封約要十日，很有可能夏軍就在十二月乙未（廿五）或丙申（廿六）便渡河攻蘭州。

〔註54〕 《長編》，卷三百四十一，元豐六年十二月甲申條，頁8210。

馬承受閤仁武急奏，說來攻蘭州的夏騎多達數萬，又再叮囑李憲要多方萬全
處置，不要倉卒行事，而累蘭州失守。〔註55〕神宗吸收永樂城之戰的教訓，
當然倍加緊張與謹慎。當然，李憲絕非徐禧可比，他辛苦經營兩年多的蘭州
城也絕對比永樂城堅固。

　　三天後（丁未，初七），神宗再手詔李憲，以夏軍包圍蘭州，日久不退，
宋廷除了降旨令諸路各出兵牽制外，命李憲從速派諳事可靠之熟羌，檄董氈
與阿里骨出兵夾擊夏軍。另要李憲廣求間道，探候蘭州城中消息。又命他諭
在蘭州之官吏伺察姦細，而守城兵民須輪番休息，勿使倦怠，要他穩審處置，
勿誤大事。〔註56〕

　　四天後（辛亥，十一），神宗見蘭州信息不通已近旬日，憂慮之餘，即命
李憲從速以重賞募人間道前去蘭州打探消息，並依舊將每日急報戰況奏上。
本路所有現屯戍可調遣應援的兵將，宜更籌策方略，令其前去救援，奮擊夏
軍，以保萬全。〔註57〕其實蘭州守軍早在神宗發出此詔前已擊敗夏軍，夏軍
已解圍而去。〔註58〕

　　神宗在正月癸丑（十三）收到李憲的捷報，蘭州守軍擊退來攻、號稱步
騎八十萬的夏軍。西夏這次傾國而來，志在奪回蘭州。可守將王文郁早有準
備，當諜知夏人會大舉入寇時，就清野以待。夏軍來攻，王文郁率守軍據堅
城拒守，殺傷甚多，夏軍力攻十天不克，糧盡而去。宋軍收夏軍屍，作封土
而成的高塚「京觀」。這場蘭州之戰，以宋勝夏敗告終。神宗喜不自勝之餘，
手詔李憲以西夏今次傾國而來，所費已大。夏軍自入宋境，盤桓十天卒無所

<hr>

〔註55〕《長編》，卷三百四十二，元豐七年正月甲辰條，頁8219～8220；《宋大詔令
　　　　集》，卷二百十四〈政事六十七・備禦下〉，〈賜李憲詔・元豐七年正月甲辰〉，
　　　　頁812。

〔註56〕《長編》，卷三百四十二，元豐七年正月丁未條，頁8220；《皇宋十朝綱要校
　　　　正》，卷十下〈神宗〉，頁310。

〔註57〕《長編》，卷三百四十二，元豐七年正月辛亥條，頁8222～8223。

〔註58〕《宋史》，卷三百五十〈王文郁傳〉，頁11075；卷四百八十六〈外國傳二・夏
　　　　國下〉，頁14014。據《宋史・王文郁傳》所記，夏軍圍攻蘭州九日不克而退
　　　　兵，惟夏軍敗退的月日不詳。《宋史・夏國傳下》僅記：「七年正月，圍蘭州，
　　　　李憲戰卻之。」考群書所記，夏軍在元豐七年正月癸丑（十三）敗退，其實
　　　　當日只是神宗收到捷報而下詔李憲之日，按李憲在正月甲辰（初四）急奏蘭
　　　　州軍情，閤仁武再在同日奏上夏騎充斥蘭州。即此日夏軍仍圍攻蘭州未退。
　　　　而李憲的捷報在正月癸丑（十三）抵京師，若快馬七天可從蘭州至開封，可
　　　　能夏軍在正月丙午（初六）解圍而去。

得，大部份受傷而歸，宋軍至此已收全功。他命李憲遍諭諸將，不要以不能隨後追擊，多所斬獲爲恨。隨即又詔李憲，讚揚蘭州官員軍民各懷忠義，面對夏軍如此堅悍凶惡，仍能安保蘭州無虞。神宗諭除了已命人賜官吏銀合茶藥及賜士卒銀椀，並據將士於城上城下用力輕重等第支給絹疋外，令李憲從速編排諸司所有絹十萬疋，以備使臣到來宣賜。並令李憲具文武官員功狀，火急上奏，當以優賞。又命蘭州城內宜內牓下闊二丈，上收五尺馬面，中間更增散樓子一座五間，並添置砲臺爲便。神宗又遣入內供奉官石璘（？～1100後）傳旨撫問守城將校，並賜參戰的蕃官銀合茶藥及諸軍特支。〔註59〕

這場大戰的規模意義不下於永樂城之戰，〔註60〕《東都事略》、《皇宋十朝綱要》及《宋史》所記甚略，幸《長編》對此役經過記之甚詳。另據《皇朝編年綱目備要》所載，夏軍攻城，志在必取，「矢如雨雹，雲梯革洞，百道並進，凡十晝夜不克，糧盡引去，城外得賊屍五萬。」〔註61〕夏軍不大可能

〔註59〕　《長編》，卷三百四十二，元豐七年正月癸丑條，頁 8224；卷三百五十四，元豐八年四月辛未條，頁 8473；卷五百六，元符二年二月丙子條，頁 12050；卷五百十五，元符二年九月庚子朔條，頁 12235；《皇宋十朝綱要校正》，卷十下〈神宗〉，頁 310；《宋大詔令集》，卷二百十四〈政事六十七・備禦下〉，〈賜李憲詔・元豐七年正月癸丑〉，頁 812；《東都事略》，卷一百二十〈宦者傳・李憲〉，葉六下；《宋史》，卷十六〈神宗紀三〉，頁 311；卷四百六十七〈宦者傳二・李憲〉，頁 13640；卷四百八十六〈外國傳二・夏國下〉，頁 14014；《宋會要輯稿》，第三冊，〈禮二十九・歷代大行喪禮上・神宗〉，頁 1355；第十冊，〈食貨四・屯田雜錄〉，頁 6035。又考傳旨的入內供奉官，《長編》是條作「石磷」，但據《長編》卷三百五十四元豐八年四月辛未條，及《宋會要輯稿》，疑爲「石璘」的訛寫。考內臣石璘在元豐八年（1085）四月辛未（初八），入內內侍省申報，將他與李憲子李毅等十四人改轉外任，到八月乙丑（初四），他以左藏庫副使爲神宗喪禮的大昇輦巡檢。他在元符二年（1099）二月丙子（初三）已陞任皇城使並進秩一等。三年（1100）三月丙子（初九）又奉命往河北措置屯田。又據宋人筆記所載，石璘曾帶御器械，是中官而「老於禁掖供奉」，曾對廷臣何正臣言及神宗曾觀禁中銀杏花盛開之事。參見張邦基：《墨莊漫錄》，卷五，「銀杏適裕陵意開花」條，頁 150～151。

〔註60〕　研究宋夏戰爭或宋夏關係的學者，並沒有特別注意在元豐六年十二月底至七年正月初的蘭州之役。研究宋夏戰史的王天順在 1993 年於其專著中僅以兩頁描述此場戰役，而研究宋夏關係的專家李華瑞教授，五年後在其大著《宋夏關係史》也僅以三頁半的篇幅論述此場戰役的始末。參見王天順：《宋夏戰史》（銀川：寧夏人民出版社，1993 年 10 月），第五章第五節〈夏军邊境東西兩翼的戰爭〉，頁 210～212；李華瑞：《宋夏關係史》（保定：河北人民出版社，1998 年 9 月），第六章第九節〈蘭州之戰〉，頁 190～193。

〔註61〕　《皇朝編年綱目備要》，下冊，卷二十一，頁 511；《宋史》，卷三百五十〈王文郁傳〉，頁 11075。考《宋史・王文郁傳》也記宋軍「殺傷如積」，而戰後宋

有如此重大的傷亡，可能是李憲爲了討好神宗而誇大戰功。不過，這次夏軍傾盡全力攻城而失敗卻是事實。李憲打勝此仗，不但保存了蘭州，挫了西夏的銳氣，也大大挽回神宗在永樂城之戰失敗的面子，難怪神宗重加獎賞李憲以下立功臣僚將士。

神宗再在翌日（甲寅，十四）手詔李憲，以夏軍雖敗去，但敵軍主將人多凌丁倔強任氣，不忿失敗，恐怕會找機會出其不意入寇。他要李憲宜多方廣布斥候，督責守將，不要疏忽防禦。神宗並頒下弓箭、火砲箭百萬，以備禦夏軍。另神宗又詔河東路及涇原路兵馬不用再赴蘭州接應。〔註62〕

翌日（乙卯，十五），神宗再手詔李憲，說西夏連年不時點集兵丁，其民固已大受其弊，而今圍攻蘭州失利兼兵眾傷敗之餘，軍心士氣摧喪，在理可知。兼且今次領軍的敵酋人多凌丁殘忍，虐待其民。今日他不能如其欲，上則必得罪於其國中，下須逞其躁心。神宗以羌人必有不自安者，說可以乘機誘以巨利，誘之歸宋，要李憲廣爲招徠以削弱夏人之勢。另又令宋軍時出精銳於塞外，撓其春耕，此爲最爲困敵之計，命李憲圖之。又賜李憲錢一百萬緡、絹五十萬疋，爲修築城垣及備禦及錫賚蕃部來歸之費。同日，神宗又詔李憲，說西夏今次挫敗後，聞國中欲內附者甚多，未知虛實。可命守將多方招徠，或專遣一二近上而有機智的官員如康識輩主其事，此法於現時的邊計不爲小補，兼且它影響西夏的強弱，實用不細。神宗又在兩天後（丁巳，十七），詔戶部支積剩錢百萬緡，付熙河蘭會經略安撫司，於新復的土地計置糧草，修補守具。〔註63〕今次李憲爲神宗掙了面子，打了大勝仗，自然更有求必應。

正月己未（十九），陝西轉運副使范純粹上奏，以軍興故，經略司專治兵旅而令管勾轉運司，這種情況至今未罷，他請求恢復舊制，互不統屬。神宗卻手詔回覆，以兵食相資實爲一事，他舉李憲的例子，以熙河路因總於李憲，故能首尾相關，財用出約就能稍爲節省。他說以此觀之，諸路無有不可相兼

軍「收其尸爲京觀」，也記宋軍殺傷夏軍甚眾，但有否五萬之多成疑。

〔註62〕《長編》，卷三百四十二，元豐七年正月甲寅條，頁8225～8226；《宋大詔令集》，卷二百十四〈政事六十七・備禦下〉，〈賜李憲詔・元豐七年正月甲寅〉，頁812。

〔註63〕《長編》，卷三百四十二，元豐七年正月乙卯至丁巳條，頁8226～8227；《宋大詔令集》，卷二百十四〈政事六十七・備禦下〉，〈賜李憲詔・元豐七年正月乙卯〉，頁812～813；《宋會要輯稿》，第十一冊，〈食貨三十九・市糴糧草一〉，頁6871～6872。

領之理。並令自今陝西軍需經費，經略司與轉運司可隨路通管，其餘的職事就不得侵領。因李憲在熙河的管治成功，神宗就認爲有需要的話，帥臣可通管財權。不過，神宗後來又接受另一陝西轉運副使王欽臣的意見，同意不施行先前的命令，仍舊分開經略司及轉運司的職權。當然，熙河一路仍是由李憲總領。〔註64〕

　　辛酉（廿一），蘭會路沿邊安撫司又奏請，所獲賜的藥箭二十五萬支，卻沒有解藥。萬一夏軍圍城，守軍射出藥箭，卻被夏人拾得回射入城，中箭兵士如何是好？神宗即詔後苑東門藥庫給熙河解藥五十斤。同日神宗又手詔李憲，說蘭州敵軍已敗退多時，爲何城守有功的人，至今仍未見他第功奏上？令他速具飛遞以聞。神宗又說熙河一路地形據西夏上游，夏人的姦心日有窺伺，理須守禦亭障百樣具備。可令役兵併力修治熙州至十分堅固外，其餘堡寨亦需要增修，要使熙河一路內外都有堅城之恃，所有需要的守禦器仗，如非本路可辦的，要他一一細細奏來，當由京師發去。神宗有感今次蘭州得以固守，是內臣入內供奉官勾當龍圖天章寶文閣馮景元最先建議修置蘭州城，於是特轉他一官仍寄資。不過，神宗卻在是月甲子（廿四）罰知渭州盧秉和知延州劉昌祚各罰銅二十斤，坐二人得到蘭州被圍關報，卻不即時出兵牽制。當然打了勝仗，神宗心情好，就只薄責二人。稍後又將盧秉徙知湖州（今浙江湖州市），而將李憲的舊相識知慶州趙卨徙知渭州代之。〔註65〕

　　兩天後（丙寅，廿六），神宗再手詔李憲，以夏軍初攻蘭州，城壘兵防未十分可恃，所以人情不得不惴恐。現時夏軍已解圍而去，則前日憂虞戒心未易可忘。他指示李憲除了兵防以縣官財用所繫，未可增加外，其他城守之具，和壁壘的繕治，都要盡快爲之。除了熙州以根源所繫，已先次修治而甚固善

─────────────

〔註64〕　《長編》，卷三百四十二，元豐七年正月己未條，頁8227～8228；《宋會要輯稿》，第十一冊，〈食貨三十九‧市糴糧草一〉，頁6872。

〔註65〕　《長編》，卷三百四十二，元豐七年正月辛酉至甲子條，頁8229～8230；卷三百四十三，元豐七年二月庚午至壬申條，頁8235～8236；《宋大詔令集》，卷二百十四〈政事六十七‧備禦下〉，〈賜李憲詔‧元豐七年正月辛酉〉，頁813。宋廷在元豐七年二月庚午（初一）徙盧秉湖州，壬申（初三），以趙卨代知渭州。據范純仁爲環州通判朝奉郎郭子彥（1033～1085）撰的墓誌銘所記，趙卨任環慶帥時，夏人入寇蘭州，他命本路兵自環州入援，以牽制夏軍，趙並命郭子彥督糧道。可見趙雖與李憲不洽，但公事上仍盡心盡力。參見郭茂育、劉繼保（編著）：《宋代墓誌輯釋》，第一三五篇，〈宋故朝奉郎通判環州軍州兼管內勸農事輕車都尉賜緋魚袋郭府君（子彥）墓誌銘并序〉，頁304～305。

外，其餘都是近裡所繫重要處，情況亦宜速具奏以聞，不可日稽一日，有誤重事。〔註66〕

　　神宗於二月庚午（初一），終於收到李憲所上的奏功狀。神宗詔以李憲保守一路有勞，降敕獎諭，賜銀絹三千。蘭州統領東上閤門使王文郁擢四方館使、榮州團練使，皇城使康識爲東上閤門使、嘉州刺史，走馬承受梁安禮遷三資，同總領蕃兵將、西京左藏庫副使韓緒遷二資，閤門祗候馬仲良及李憲子、勾當公事李毅遷一資寄資。諸將功第一等的，西染院使河州巡檢王恩等八人各遷二資，減磨勘二年。第二等，供奉官崔朝等六人各遷二資；第三等，承奉郎王秉等五人及監司張太寧、馬申、胡宗哲、管勾文字李宇各遷一資，李憲的幕僚蘭州推官選人鍾傳循二資，內侍省高品、準備差遣羅承憲換入內高品。其餘以格推賞。陣亡諸軍賻絹：軍士三十疋，下至遞鋪二十疋。〔註67〕神宗愛屋及烏，這次特別給李憲的子弟遷官，而李憲以其弟爲管勾文字，看出他上奏作書都不假手外人。立功諸將中，以善射著名的勇將王恩在此役中搏戰城下，身中兩箭，仍拔出復鬥，意氣更屬。他在元符元年初已以軍功陞任馬軍都虞候涇原路副都總管，徽宗朝再立功西邊，擢至殿帥拜武信軍節度使，他也是李憲所提拔的人。〔註68〕

　　神宗於翌日（辛未，初二）再發一詔，說聞知夏軍犯蘭州時，有鳳翔府庫員及節級從城中降敵，他命李憲查究他們投敵的原因，及他們與夏人的親屬關係。〔註69〕

〔註66〕《長編》，卷三百四十二，元豐七年正月丙寅條，頁8231～8232；《宋大詔令集》，卷二百十四〈政事六十七・備禦下〉，〈賜李憲詔・元豐七年正月丙寅〉，頁813。

〔註67〕《長編》，卷三百四十三，元豐七年二月庚午條，頁8234～8235；《宋會要輯稿》，第十五冊，〈兵十八・軍賞一〉，頁8982；《宋史》，卷三百四十八〈鍾傳傳〉，頁11037。據李燾的考證，元豐七年正月廿五日，神宗手札以入內內侍省內侍殿頭、勾當延福宮李毅守蘭州有功，今來赴闕，可特遷東頭供奉官，仍特添差勾當後苑。惟李毅於二月二十四日乃除熙河路勾當公事，李燾亦不知爲何有此記載不同。

〔註68〕《長編》，卷四百九十四，元符元年正月戊寅條，頁11739～11740；二月甲申條，頁11746；《宋史》，卷三百五十〈王恩傳〉，頁11088～11089。考元符元年正月戊寅（廿九），當涇原路請派近上兵官，知樞密院事曾布評王恩爲少壯，可驅策，兼頗得邊人情，置之於京師實可惜。二月戊寅（初五），就派他以馬軍都虞候信州團練使爲涇原路副都總管。

〔註69〕《長編》，卷三百四十三，元豐七年二月辛未條，頁8235。

　　李憲在壬申（初三）隨即又上出兵討伐西夏及撓夏人農耕的計策。神宗詔諭李憲，以盧秉收到蘭州關牒卻不上聞，又不出兵牽制，已將他罷職改以趙高代之。他命李憲與趙高商議，分別派熙河的李浩及涇原的姚麟領兵出界討伐西夏，每路出界的將兵，宜尋找合適機會突擊，不要調民夫運糧。翌日（癸酉，初四）神宗又詔錄蘭州守城有功將士，若有不願轉資的，就賜絹二十疋代替。〔註70〕

　　神宗仍然期望青唐會與宋聯手攻打西夏。二月庚辰（十一），李憲奏上宋廷，稱董氈派人帶蕃書來約期出師，而他已回蕃書，約董氈引兵深入摩滅緬藥家（？～1092 後）。神宗詔覆李憲，說宋廷素知董氈能力多少，不能大抗西夏，只要他們不與夏人結和，已於邊防有助。他命李憲以後致蕃書，不須過度督責青唐出兵。李憲隨即為部下申言，說本路下番土兵，自軍興以來，未嘗更代，請給他們回營休整，神宗即命新發往永興軍的駐泊將兵，可權差半將往替代下番人。李憲又以夏軍圍蘭州，將士隨機應變，殺敵數萬，而城池無損。他請優賞官吏，並錄舉人鄭暉等功。神宗允其所求，詔推恩官吏，鄭暉等授諸州文學。〔註71〕

　　神宗遍賞李憲麾下諸將，教人不解的是，翌日（辛巳，十二）卻將李的兩員大將李浩和苗履降職：李浩自引進使降一階為四方館使，苗履自皇城使降一階為左藏庫使，理由是他們所奏夏軍「犯蘭州事異同」。二人的《宋史》本傳都沒有交待他們降職的原因。惟一的解釋是他們如實地報告蘭州的戰情，與李憲所奏的不同，間接說李憲誇大戰果。神宗為庇護李憲，就只好說兩人所奏不實而責之。附帶一提，就在同日，當年追隨李憲的漕臣霍翔，從提點成都府路刑獄、朝散大夫獲命提舉京東路保馬，其資任請給與恩數同三路提舉保甲，並賜紫章服。三月癸丑（十四），宋廷又命他兼提舉保甲。他雖然離開熙河，但仍在京東路負責保馬保甲事務為神宗效力，而且頗有建樹。〔註72〕

〔註70〕　《長編》，卷三百四十三，元豐七年二月壬申至癸酉條，頁 8236～8237。

〔註71〕　《長編》，卷三百四十三，元豐七年二月庚辰條，頁 8241；《宋會要輯稿》，第十四冊，〈兵五·屯戍上〉，頁 8704；第十六冊，〈蕃夷六·吐蕃〉，頁 9918。

〔註72〕　《長編》，卷三百四十三，元豐七年二月丁丑條，頁 8238；辛巳條，頁 8242；卷三百四十四，元豐七年三月癸丑條，頁 8258；卷三百四十七，元豐七年七月庚申條，頁 8335；《宋史》，卷三百五十〈苗履、李浩傳〉，頁 11068～11069，11079。按《長編》此條記苗履自皇城副使降左藏庫使，大誤，苗履早已陞至諸司正使之宮苑使多時，他降職前應為皇城使。又霍翔在七年七月庚申（廿三）以提舉京東路保馬上言，京東路已買保馬萬千匹，及據淄州淄川與登州蓬萊等縣有弓手願養保馬，已印絡，他又奏現勸諭弓手願養馬的人，等候的人多。不久，他又上奏弓手願養保馬，每縣不限人數，每名各養一匹。宋廷從之。

　　趙卨大概不想再與李憲共事，就上章請免徙知渭州。二月乙酉（十六），神宗手詔李憲，告知此事，並說不得已只好讓盧秉復知渭州。神宗在同日，又接受御史朱京的劾奏，將不肯服從李憲指揮的知秦州天章閣待制劉瑾徙知應天府。翌日（丙戌，十七），李憲又請派李浩出兵，假裝將攻取靈州。李憲此舉大概是想給他的大將立功，補償之前的委屈。但神宗不允出兵，詔李憲只依原先的計劃，先派人破壞夏人的春耕及招納不附西夏的蕃部。〔註73〕神宗稍後收到李憲關於其淺攻擾夏人春耕的計劃後，再在戊子（十九）手詔李憲，說他的計劃論理固然甚好，但所未可知的，是宋軍出境，在十萬人以下是否可以引致西夏全國動員？又天都山蕃部老小若聞宋軍大出，會否震驚而奔渡黃河，而不是移往會州之側，使宋軍能予以招納。神宗又言，若使此等聚落，如宋人所料，團聚不散，而所謂二十二鈐轄者，真的可以一呼便使之歸附？神宗認為李憲這個計劃首尾未夠詳密，倒不如像去年三月中及暮秋派李浩、苗履及楊吉等出塞那樣，以忽往倏歸，速去速返之方式還更便捷。〔註74〕

　　李憲在癸巳（廿四）又上奏，稱其子李毅已漸可驅使，請神宗給他一份隨行的差遣，讓李憲身邊有一個可倚信的人。神宗同意，特授李毅充熙河蘭會經略安撫制置司勾當公事，與李宇作為李憲最貼身的親信。神宗又頒詔，說收到李憲具奏，說擬在熙河岷州、通遠軍及河州修築的三關堡，然合用守禦的器具萬數件，都非熙河路可辦到。神宗批示首先擇緊急要用的一大批最

<hr>

〔註73〕《長編》，卷三百四十三，元豐七年二月乙酉至丙戌條，頁8246～8247；卷三百四十八，元豐七年九月辛丑條，頁8355。關於劉瑾被徙離秦州的原因，依朱京的說法，劉瑾「很愎傲虐」，故請另派忠厚可屬任者代之。然據1964年出土於江西永新縣的劉瑾墓誌銘所載，當他調知秦州後，「秦鳳大軍之後，中貴人領制置使，秦鳳兵亦聽節度，一有調發，則帥臣守空境，噤不敢言。又財用窘迫，科糴於市，才與半價。公為帥，數與制置轉運使爭，文奏交舞。朝廷移公應天府，公授命喜曰：吾知忠愛民而已，遑他恤哉?士大夫皆多公之剛方不撓也。」據陳柏泉的考證，這個領制置使兼管秦鳳的中貴人就是李憲，身為仁宗朝宰相劉沆（995～1060）長子的劉瑾不服他的指揮，神宗就借御史之言，將他調走。而改派寶文閣待制吳雍接任秦州。值得注意的是，在元祐二年一月撰寫劉瑾墓誌銘的是新黨大將呂惠卿，書寫的是另一新黨份子蔡卞。這時舊黨已回朝當權，盡貶新黨。呂惠卿在墓誌提到中貴人制置秦鳳各路之事，既沒有點李憲的名，也沒有批評李憲有何不法。換了由舊黨的人寫墓誌銘，可能沒有這樣客氣。參見李之亮：《宋川陝大郡守臣易替考》，「秦州」，頁468；陳柏泉（編著）：《江西出土墓誌選編》（南昌：江西教育出版社，1991年4月），第19篇，〈天章閣待制劉瑾墓誌銘‧元祐二年一月〉，頁45～52。

〔註74〕《長編》，卷三百四十三，元豐七年二月戊子條，頁8248。

新式的攻守武器包括火藥武器賜之，並令李憲督促役兵，修治城堡。神宗說
距黃河結冰的空隙時日不到百十日，要李憲上下竭力，教工作日見成績。神
宗又在翌日（甲午，廿五），批准熙河經略司的請求，讓守城有功但未能捕獲
逃亡的虎翼軍指揮使郝貴將功折罪。〔註75〕總之，神宗盡可能滿足李憲在人
事及器物的各項請求。神宗在先前緊張備禦之餘，是月丁酉（廿八），又詔鄜
延、環慶及熙河經略司，說西夏經蘭州挫敗，而很快又到夏暑，非出兵之時，
要各路考慮實際需要，據差戍的先後，將戍邊兵馬減遣歸營。值得一提的是，
長期追隨李憲，後召入京執掌禁軍的苗授，在是月丙申（廿七）自殿前都虞
候沂州防禦使陞一級為步軍副都指揮使加容州觀察使，接替在是月丁亥（十
八）病逝的步軍副都指揮使劉永年（1030～1084）的遺缺。他又權馬軍司公
事，一人兼管馬軍與步軍，深得神宗倚重。〔註76〕

　　神宗仍然希望聯合青唐對付西夏，三月庚子（初一），授董氈的進奉使李
叱納欽自廓州刺史為勝州團練使。〔註77〕神宗也在乙卯（十六），賜李憲在熙
河的大管家、權發遣熙州兼管勾熙河蘭會路經略司趙濟銀絹六百兩疋，並降
敕獎諭他經辦軍需得當。事實上熙河守禦開拓有成，作為該路文臣之首的趙
濟應記大功。〔註78〕

　　神宗也不忘告誡李憲以下的熙河官員，要節省用度。三月己未（二十），
神宗手詔李憲，以熙河開創不久，各樣用度，錙銖必較尚不易供應。至於防
城器具，雖是粗惡之物，但在極塞所值，自亦不少。若於禦敵施用，未是要
急的話，就實為枉費。他命李憲將此詔下經略安撫制置司，於已頒行的百步
守城法內，據緊急名件，隨宜裁定聞奏，但不要缺禦敵之用。〔註79〕李憲稍

〔註75〕《長編》，卷三百四十三，元豐七年二月癸巳至甲午條，頁8248～8249。考郝
　　　　貴在熙寧十年十一月曾守禦河州南川寨有功。又按神宗撥給李憲大批新式武
　　　　器，計黃樺神臂弓、黃樺烏梢金線弓各三千張，斬馬刀、臂陣刀各一萬柄，
　　　　新樣齊頭刀一萬五千口，黑漆獨轅弩二千枝，黑漆床座一千副，竹手牌五千
　　　　面，起節長梢弩五千枝，錐鎗一條，氈二萬領，黑漆樂竹長牌一千面，躬
　　　　甲弓長箭二十萬隻，神臂弓箭三萬隻，獨轅弓箭二十萬隻，馬黃弩箭五十萬
　　　　隻，神臂弓火箭十萬隻，火藥弓箭二萬隻，鐵甲三千領，皮笠子一萬頂，火
　　　　藥火炮箭二千隻，火彈二千枚，鐵額子五千枚。
〔註76〕《長編》，卷三百四十三，元豐七年二月丁亥條，頁8248；丙申至丁酉條，頁
　　　　8250；本書附錄二〈苗授墓誌銘〉，頁383。
〔註77〕《長編》，卷三百四十四，元豐七年三月庚子條，頁8253。
〔註78〕《長編》，卷三百四十四，元豐七年三月乙卯條，頁8261。
〔註79〕《長編》，卷三百四十四，元豐七年三月己未條，頁8263。

後又上奏，青唐酋鬼章送馬十三匹，求買寫經紙。神宗爲了討好鬼章，於是月壬戌（廿三），手詔李憲，叫他賜鬼章紙而歸還其所獻之馬。〔註80〕

四月辛巳（十二），神宗再手詔李憲，諭他在貿易上示好西蕃各族。以每年西使兩番到來，常求市行牛角甚急。若不給他們一二，聊慰其意，他們會心情不快，就會頗傷朝廷待遠人之厚意。故此每歲常與之三兩對，乃可滿足其奇好。現今有司與禁中關此物，可廣收買五七對以進，每年準此辦理。〔註81〕

李憲對麾下將校不次提拔，宋廷於四月壬午（十三），因李憲的奏功，又遷王文郁子右班殿直王師古、三班奉職王師魯、王師孟各一資，以夏軍圍蘭州時，他們守城晝夜力戰有功。〔註82〕不知是否多年來日夜操勞，李憲在五天後（丁亥，十八）忽上言，以疾病請罷任。神宗不允，詔等候與夏人分畫地界後才許李憲赴闕。〔註83〕

熙河路的事少不了李憲的操心，神宗於是月甲午（廿五），又詔簡選保寧六指揮，所闕的人數依蘭州創置壯城指揮例辦理，由團結廂軍中投換，每指揮額外量增五十人，以備有人逃亡而填闕，並令經制司依例給予轉軍錢。〔註84〕

神宗在是月收到入蕃勾當回使臣皇甫旦出使失利的報告，知道他入蕃後，被青唐首領經沁伊達木凌節、薩卜塞買木沁等所騙，止於塚山寺不得前，去不成回鶻及韃靼。他又妄稱俘獲夏人以功狀。丁酉（廿八），神宗下令皇甫旦速乘遞馬赴闕審問。〔註85〕

李憲的病倒不知與皇甫旦一案有否關係，他仍要一直帶疾留在熙河治理各樣的事務。五月丙寅（廿八），他上奏熙河的物價，說查察熙、河、岷、通遠軍四州軍百物騰貴，米斛四百七十足。幸而今年種植夏多二麥有十分之希望，因經制司全無糶本，他請在賞功有剩的絹內支撥絹二十五萬疋，徵調借

〔註80〕《長編》，卷三百四十四，元豐七年三月壬戌條，頁8266；《宋會要輯稿》，第十六冊，〈蕃夷六・吐蕃〉，頁9918。

〔註81〕《長編》，卷三百四十四，元豐七年三月辛巳條，頁8274。

〔註82〕《長編》，卷三百四十四，元豐七年三月壬午條，頁8275。

〔註83〕《長編》，卷三百四十四，元豐七年三月丁亥條，頁8277。

〔註84〕《長編》，卷三百四十四，元豐七年三月甲午條，頁8280～8281。

〔註85〕《長編》，卷三百四十六，元豐七年六月己巳條，頁8302；《宋會要輯稿》，第十六冊，〈蕃夷四・回鶻〉，頁9772；《文獻通考》，第十四冊，卷三百四十七〈四裔考二十四・回紇〉，頁9642；《宋史》，卷四百九十〈外國傳六・回鶻〉，頁14117。

支錢五萬貫，並在采買木植司借支錢五萬貫，另請在榷茶司於熙州借撥現錢十五萬貫，通以五十萬貫、疋，趁此機會收積軍費。神宗一如以往，批准李憲的要求。〔註86〕

六月己巳（初一），神宗下詔御史中丞、侍御史及殿中侍御史往御史臺劾出使回鶻韃靼無功而涉嫌欺騙朝廷、剛被押赴京下獄的右班殿直皇甫旦。神宗並命中書舍人蔡京（1047～1126）和右司員外郎路昌衡同審。〔註87〕皇甫旦是李憲所選派的，皇甫旦出了事，宋廷言官自然乘機牽連李憲。

神宗於兩天後（辛未，初三）再賜董氈及阿里骨所部受傷的族人絹千疋。四天後（乙亥，初七），神宗才收到董氈已死的消息，他馬上手詔李憲，說他近聞董氈已於年前十月亡歿，兼且知悉阿里骨曾使人諭其大臣邈川大首領溫錫沁（即溫溪心），令他西望燒香的事。神宗以董氈世受宋廷爵命，他的存亡理須知曉，他問李憲曾否得到青唐遣人傳報，另有否伺問現今誰人繼位，要李憲從速報告。〔註88〕

因鄜延路有警，神宗在癸未（十五）詔李憲，以他所選蘭州守城的小使臣五人，往安疆（今甘肅慶陽市華池縣紫坊鄉高莊行政村郭畔自然村之城子山古城）、米脂、塞門（今陝西延安市安塞縣北塞木城子）、浮圖（今陝西榆林市子洲縣城西張家寨村）及義合寨（在今陝西榆林市綏德縣東義合鎮）計度守備，現委鄜延帥劉昌祚以其名聞，令李憲不可占留任何中選的人。〔註89〕乙未（廿七），神宗又手詔李憲，說今年仲夏以後，陰氣反常，淫雨作沴，深慮秋杪夏人又會聚眾來犯，要李憲加以防範。令熙河路經略司、安撫制置司檢核朝廷前後累降的指揮，防備大敵，要小心約束。此月已月日不多，要早晚加慮，諸事謹為提防，措置切宜謹重，勿貽宋廷西顧之念。在神宗心目中，

〔註86〕《長編》，卷三百四十五，元豐七年五月丙寅條，頁8293～8294。

〔註87〕《長編》，卷三百四十六，元豐七年六月己巳條，頁8301；《宋會要輯稿》，第十六冊，〈蕃夷四‧回鶻〉，頁9772。

〔註88〕《長編》，卷三百四十六，元豐七年六月辛未條，頁8305；乙亥條，頁8307～8308；《宋會要輯稿》，第十六冊，〈蕃夷六‧吐蕃〉，頁9918；王鞏：《清虛雜著三編‧甲申雜記》，第四條，「阿李國本不當立」，頁265～266。據王鞏的說法，阿里骨立後，其大臣溫稽心（即溫溪心）常不協，曾密遣腹心詣王文郁，乞內附。王文郁請於朝，神宗說他欲引宋廷為援，令但善加慰撫而已。王鞏說此亦以夷狄攻夷狄之道，邊臣老將嘆服神宗之見，於是終元豐之世置而不論。

〔註89〕《長編》，卷三百四十六，元豐七年六月癸未條，頁8311；《宋會要輯稿》，第十冊，〈選舉二十八‧舉官二〉，頁5795。

他辛苦得來的熙河新土不容有失。〔註90〕

神宗於七月己亥（初二）又手詔李憲，命他經辦購買良玉的差事，以朝廷奉祀所用的珪璧璋瓚，常乏良玉使用，雖然近年于闐等國有進貢獻，但品色低下。神宗命他挑選與諸蕃相熟的漢蕃玉商，厚給其值，廣為購買良玉，另不妨向阿里骨致意求之。〔註91〕庚申（廿三），神宗繼元豐四年十月，再次給空名宣箚三百予熙河蘭會路經略司，讓李憲封賞蕃部及立功將校。〔註92〕神宗亦關注熙河的廂軍的問題，翌日（辛酉，廿四），神宗手詔李憲，說查察到諸路團結廂軍服役已日久，人力疲敝，兼且稟耗費用亦不少。他說若不趁工役稍寬之際逐次減放，就會費用滋廣。他要李憲宜在八月底工程有頭緒時，按遠近有次序地遣歸這些服役的廂軍。〔註93〕

李憲在八月戊辰（初一）再次為麾下的將校請命。他上奏宋廷，說岷州蕃兵將西京左藏庫副使趙惟吉及康谷寨主夏亮，坐前任跟隨現知岷州皇城使張若訥役使禁軍修教場而責衝替，請許其自新。神宗詔趙惟吉及夏亮留任，只責展磨勘二年，另也未有為此貶責張若訥。辛未（初四），李憲又為在蘭州之役把守關隘伏擊夏軍得力的蕃官三班奉職章鄂特請功，神宗於是詔章鄂特遷一資，換本族巡檢。〔註94〕

是月丙子（初九），神宗又為購置良馬的事詔問李憲的意見，稱西邊用兵

〔註90〕《長編》，卷三百四十六，元豐七年六月乙未條，頁8316。
〔註91〕《長編》，卷三百四十七，元豐七年七月己亥條，頁8320。
〔註92〕《長編》，卷三百四十七，元豐七年七月庚申條，頁8334。
〔註93〕《長編》，卷三百四十七，元豐七年七月辛酉條，頁8336。
〔註94〕《長編》，卷三百四十八，元豐七年八月戊辰條，頁8341；辛未條，頁8344。按趙惟吉在元豐六年四月曾在巴義谷擊退夏軍一役中立功受賞。又據《隴右金石錄》所收的「新修岷州廣仁禪院記」所載，在張若訥的主持下，岷州在元豐七年八月十四日修好了由种諤在熙寧九年三年始修的廣仁禪院，得以吸引信仰佛教的蕃部豪酋如趙醇忠、包順及包誠等。張若訥當時的全部官職差遣為皇城使持節嘉州諸軍事嘉州刺史充本州防禦使知岷州軍州兼管內勸農事兼管勾洮東沿邊安撫司公事騎都尉清河縣開國伯食邑九百戶。他的副手通判岷州仍是奉議郎王彭年。而在李憲麾下的另一都大經制熙河路邊防財用司勾當公事是文臣奉議郎賜緋魚袋周璋。參見張維（纂）：《隴右金石錄》，收入國家圖書館善本金石組（編）：《宋代石刻文獻全編》，第四冊，〈宋上〉，〈廣仁禪院碑〉，頁782～783。考岷州廣仁禪院碑，湯開建教授早年曾作了一番考證，並論熙河之役後北宋對吐蕃的政策。參見湯開建：〈宋岷州廣仁禪院碑初探——兼談熙河之役復北宋對吐蕃政策〉，原載《西藏研究》1988年第1期，現收入湯著：《宋金時期安多吐蕃部落史研究》（上海：上海古籍出版社，2007年2月），頁254～280。

不已，而戰鬥之中，戰馬為急。然現在諸路都奏闕馬。神宗詢問除了令本路收購戰馬外，如何可廣置駿馬入塞？神宗說李憲目擊其事，當知其詳，可速具方略以聞，不可有任何隱瞞。辛巳（十四），由於御史臺鞫問皇甫旦獄，要李憲當面對質，神宗只好召李憲來京師，命他暫將職事交給知熙州趙濟處理，有關本路防秋之事，都委趙濟經畫。〔註95〕

李憲奉旨赴京不久，宋廷於是月戊子（廿一），又詔熙河蘭會經略安撫司查探從蘭州過黃河到靈州，與及從黃河至興州有幾多通道，另將其地理遠近迂直的情況以聞。〔註96〕

神宗不久收到諸路的諜報，稱西夏廣造攻城用具，傾國點集士兵，聲言再入寇蘭州。神宗在是月甲午（廿七）批示趙濟等，說擔心蘭州守臣將士因上次的勝利而有輕敵之心，或會被誘出戰而失利。神宗令李憲的大將康識往蘭州與守將經畫準備，並募人深入夏境刺探消息，如夏人果入寇，就要比去年更為謹慎，並督管守禦兵將，晝夜悉力應付以取勝，又度人情需要，時與犒賞，並命等到冰融，才可離蘭州往他處巡察。〔註97〕

李憲另一負責財賦的副手、權發遣同經制熙河蘭會路邊防財用馬申，為了較靈活地使用經費，以準備未來可能的戰事，就請免除熙河路封樁新復五州軍額禁軍的薪給。神宗在翌日（乙未，廿八）批示，詔自今再不封樁儲備此項開支，其已封樁的錢，就撥與經制司。第二天（丙申，廿九），神宗還慷慨地詔再支常積剩錢五十萬緡，付熙河蘭會路經制司購買糧草。〔註98〕

丁酉（三十），宋廷收到李憲較早前熙河路經略安撫制置司的奏報，說收到西蕃董氈部的蕃字文書，說西夏曾遣首領來青唐城，想同青唐首領一同來宋議通和事。神宗詔前已降下指揮，令派一使臣為引伴與夏使等赴闕。可再下指揮，令熙河經略司審驗是否真的有夏國表文及陳奏事，即如已降的指揮所論，倘夏人與邊臣商量，仍得先具奏宋廷。〔註99〕

樞密院在九月戊戌（初一）上言，懷疑西夏通過青唐來求和的事的真偽，認為西夏可能以此讓宋人鬆懈邊備。神宗於是詔熙河制置司務須加以防備，

〔註95〕　《長編》，卷三百四十八，元豐七年八月丙子至辛巳條，頁8346～8347；九月庚申條，頁8360。
〔註96〕　《長編》，卷三百四十八，元豐七年八月戊子條，頁8349～8350。
〔註97〕　《長編》，卷三百四十八，元豐七年八月甲午條，頁8352。
〔註98〕　《長編》，卷三百四十八，元豐七年八月乙未至丙申條，頁8353。
〔註99〕　《長編》，卷三百四十八，元豐七年八月丙申條，頁8353～8354。

不得因此稍爲鬆弛。神宗經考慮後，覺得與夏或戰或和的事，還得交他信任的李憲處理，於是在翌日（己亥，初二）詔已到秦州的李憲不用赴闕，返回熙河本任，依舊管勾經略安撫司職事，等候應接青唐與夏國首領議事畢，依前降的指揮辦理。〔註100〕

九月辛丑（初四），宋廷收到經制熙河蘭會路邊防財用司所上的歲計合用錢帛糧草報告。神宗詔批出每歲給熙河蘭會路錢二百萬緡，以本司十案息錢、川路苗役積剩錢、續起常平積剩錢各二十萬、榷茶司錢六十萬、川路計置物帛赴鳳翔府封樁坊場錢三十五萬、陝西三銅錢監的銅錫本腳錢二十四萬八千、在京封樁券馬錢十萬、裁減汴綱錢十萬二千撥充。神宗又命來年開始，戶部歲給公據關送，到元豐十年終，命熙河經制司具奏支存數以聞。〔註101〕神宗如此慷慨，正因新收復的熙河蘭會路，是他十年拓邊西北的最大成績，而爲他建功的李憲，自然要全力支持。

神宗如此支持熙河，李憲、趙濟以下的文武臣僚自然盡力報效。是月丙午（初九），趙濟即報告宋廷，已預差李浩及苗履統領漢蕃兵四將兵馬，以備出入征戰。〔註102〕

神宗在九月癸丑（十六）大概因操勞過度，舊病復發，但他在戊午（廿一）卻宣稱病愈，仍力疾視事。〔註103〕關於神宗的得病，宋人筆記稱起於元豐五年九月永樂城慘敗時深受刺激，從此鬱鬱不樂以至成疾。〔註104〕

〔註100〕《長編》，卷三百四十八，元豐七年九月戊戌至己亥條，頁 8354；卷三百四十八，元豐七年九月庚申條，頁 8360。

〔註101〕《長編》，卷三百四十八，元豐七年九月辛丑條，頁 8354～8355；卷三百五十，元豐七年十一月乙巳條，頁 8385。考神宗在元豐七年十一月乙巳（初九），詔每歲賜錢二百萬緡，付熙河蘭會路邊防財用司充經費，當是同一事，以詔令形式確定神宗之前的批示。又據呂陶（1027～1103）在元祐初年所奏，興州（今陝西漢中市略陽縣）青陽鎮銅錫場，舊屬利州路，本路轉運司就差青陽監程官兼管，後因李憲申請撥隸熙河經制司，及自奏舉監官，就得不到收益。參見呂陶：《浮德集》，文淵閣《四庫全書》本，卷四，葉十六下至十七上。關於興州州治順政縣有青陽一銅場的情況，可參王存（1023～1101）（撰），（王文楚、魏嵩山點校）：《元豐九域志》（北京：中華書局，1984 年 12 月），上冊，卷八〈利州路·興州〉，頁 360。

〔註102〕《長編》，卷三百四十八，元豐七年九月丙午條，頁 8357。

〔註103〕《長編》，卷三百四十八，元豐七年九月癸丑至戊午條，頁 8359；卷三百五十，元豐七年十二月戊辰條，頁 8390。考《長編》記神宗在秋宴時感疾，始有建儲之意，大概是指九月時。

〔註104〕邵伯溫：《邵氏聞見錄》，卷五，頁 42。考到了南宋中後期，大儒黃震（1213

　　是月庚申（廿三），因李憲對御史臺質問他於皇甫旦的事之責任，三問而不承認，御史臺向神宗上奏，稱按律三問不承即加追攝。神宗無法祖護李憲，就詔以眾證來結案，因遣原審此案的殿中侍御史蹇序辰和右司員外郎路昌衡前往熙州劾李憲在熙河貪功生事，稍後又改令二人等往秦州移文劾李憲，不用往熙州。〔註105〕宋廷言官早就不滿李憲恃寵獨領西北大權，今次李憲對臺官的質問，愛理不理，自然更令言官不平，一定要抓著李憲在此案的把柄，把他整治一番。

　　就在李憲遭到麻煩時，他的麾下熙河第五副將、定西城守將秦貴在是月乙丑（廿八），擊退來犯的夏軍，為李憲掙了面子。李憲隨即奏上神宗，為秦貴表功，並報告夏人攻擊熙河州軍的情況。〔註106〕

　　馬申在十月己巳（初三）奏上宋廷，稱糴買全在冬春之交，請求戶部在十月後印給次年鹽鈔，在正月前發至本路。但戶部以熙河路預先獲得鹽鈔，招誘商人運糧入中，就會影響秦鳳等四路的鈔價。戶部請仍舊依秦鳳等路，由吏部派使臣於正月下旬才押赴熙河經制司。神宗從之。這次戶部不賣李憲的賬。〔註107〕

　　西夏在是月向陝西諸路發動攻擊，十月壬申（初六），夏軍犯涇原，燒柴草積，民多以火死亡。同日，夏軍寇靜邊寨，涇原鈐轄彭孫擊退之，並擊殺夏將人多凌丁。〔註108〕夏軍轉而攻擊熙州，神宗於乙亥（初九）詔知延州劉昌祚，命他從速放散在熙河的鄜延路守禦保甲。另又詔內藏庫支綢絹各五十萬疋，於熙河經略司封樁，增加其財政儲備。〔註109〕

～1280）仍主邵伯溫之說，稱「熙河之敗，喪師十萬，神宗臨朝大慟，自此得疾而終。」不過，黃氏將永樂城之敗誤作熙河之敗。參見黃震（撰），王廷洽（整理）：《黃氏日抄》，收入戴建國（主編）：《全宋筆記》第十編第九冊（鄭州：大象出版社，2018 年 4 月），卷三十八〈讀本朝諸儒理學書六・晦庵先生語類二〉，「祖宗」條，頁 168。

〔註105〕《長編》，卷三百四十八，元豐七年九月庚申條，頁 8360；《宋會要輯稿》，第八冊，〈職官五十二・遣使〉，頁 4451。

〔註106〕《長編》，卷三百四十八，元豐七年九月乙丑條，頁 8362；卷三百四十九，元豐七年十月戊子條，頁 8375；癸巳條，頁 8376～8377；《皇宋十朝綱要校正》，卷十下〈神宗〉，頁 311。

〔註107〕《長編》，卷三百四十九，元豐七年十月己巳條，頁 8366。

〔註108〕《長編》，卷三百四十九，元豐七年十月壬申條，頁 8367～8368；丁亥條，頁 8375；卷三百四十九，元豐七年十月乙未條，頁 8377～8378；卷三百五十，元豐七年十一月丁酉至戊戌條，頁 8381～8382。涇原路經略司在是月丁亥（廿一）奏上宋廷，宋廷詔給燒死的男丁絹七疋，小兒五疋撫卹之。

〔註109〕《長編》，卷三百四十九，元豐七年十月乙亥條，頁 8368～8369。

神宗於戊寅（十二）詔獎賞守護定西城有功的軍民，守城漢蕃諸軍及百姓婦女，在城上與夏人鬥者，人支絹十疋，運什物者七疋，城下供饋雜役的，男子五疋，婦人三疋。〔註110〕七天後（乙酉，十九），因陝西轉運司報告夏軍已退兵，請減邊兵，樞密院評估後，就奏上神宗，說西夏攻擊涇原和熙河，勢已敗北，必不能再大舉。而涇原、秦鳳防秋軍馬並在極邊，坐耗芻粟，建議委諸路經略司研究，抽回兵馬各歸近裡。病中的神宗從之。〔註111〕

神宗在己丑（廿三）收到李憲有關夏軍攻擊定西城及其他堡寨的報告，知道夏軍除大入定西城地界，攻擊城壘外，還分兵攻龕谷寨，燒毀族帳事。神宗說聞知夏軍已遁走，而禦敵有功而受傷的漢蕃軍民，已下本司保奏其勞。神宗諭已差內侍劉友端（？～1100 後）乘驛往熙河路支散茶藥，及賜銀絹。神宗令李憲宜查勘該用以賞賜之數，令於側近處經辦，勿令不足。有輕重傷中等，於格外別賞的人，可依之前所降朝旨，取近日隨功狀輕重大小保明聞奏，勿使有差漏遺落。〔註112〕

四天後（癸巳，廿七），神宗再手詔李憲，對他的心腹吐露其欲消滅西夏的心事。他一方面稱許李憲所上有關西夏國中虛實、形勢強弱及國中用事首領舉動妄謬之分析，認為西夏國情大概如此。另一方面，神宗卻認識到西夏自祖宗以來，一直為西邊巨患，已歷八十年。朝廷傾全國之力，竭四方之財，以供饋餉，仍然日夜惕惕然，惟恐其寇邊。今天不趁此機會，朝廷內外併力一心，多方為謀經略，除此禍害，則祖宗大恥，無日可雪；四方生靈賦役，無日可寬；而一時主邊的將帥得罪天下後世，無時可除。他說俯仰思之，故今日對李憲有此申諭。他說昨日收到涇原奏，查探得往興州與靈州的迂直道徑，才知蘭州渡過黃河去敵巢甚近。他認為如在四、五月間，乘夏人馬未健，加以無點集兵馬備我之際，宋軍預先在黃河西岸，以蘭州營造為名，廣置排枋，尅期放下河中，造成浮橋，以熙河路預集選士健騎數萬人，一舉前去蕩除敵巢，縱不能擒戮夏主，亦足以殘破其國，使其終不能自立。神宗問李憲覺得此計如何，又囑他密謀於心，然後覆奏，並命親信謹密的人親書奏來，不可有少許洩露。神宗說當年王濬（206～286）取吳，高熲（541～607）平陳，曹彬（931～999）等下江南，莫不出於此計，終能立奇功，除一時巨患。

〔註110〕《長編》，卷三百四十九，元豐七年十月戊寅條，頁8370。
〔註111〕《長編》，卷三百四十九，元豐七年十月乙酉條，頁8372。
〔註112〕《長編》，卷三百四十九，元豐七年十月己丑條，頁8375。

神宗囑李憲宜親閱此數事之故實，加意籌謀審念之。神宗又說已收到李憲呈上譯錄的蕃部溫錫心（沁）（即溫溪心）等蕃字書，以及遣來蕃僧祿尊口陳的邊謀，甚悉其詳。若青唐眞的能如約出兵，就大利也。但不知羌酋的信用所在，要李憲更加意置心經營。神宗以時難得而易失，這是古今通患。夏將人多凌丁若眞的如所謀，從中而起歸順，外以宋兵接應，如本月二十日所諭，合勢而東，則大勢可成。神宗再三囑咐，此事之成，在李憲能否多方以智圖之，則巨患可除，國憤可紓。〔註113〕

　　讀畢神宗這篇手詔，除可見他與李憲那番無比親信的關係外，也可見神宗對不能一舉攻滅西夏之事耿耿於懷。他讀到李憲教他心花怒開的滅夏謀議，就一派樂觀，認爲來年四、五月間有望成事。然而，天不假他以年，神宗復發的舊疾讓他撐不過來年三月，他的滅夏大計也就成空。宋人後來痛斥李憲「罔上害民」，李的「罔上」是否指他幾番讓神宗對伐夏充滿信心的謀議，那就見仁見智。

　　李憲於同日奏上熙河第五副將秦貴守衛定西城的功狀。他奏稱西夏圍定西城，秦貴等奮死禦敵，請推恩，並第上立功蕃官左藏庫使堅多克等雜功六百二十三人。神宗寵信李憲有加，即依他的保奏，詔秦貴守定西城有功遷一官，並賜絹三十疋，秦貴子賜絹十五疋，內殿崇班韋萬等十八人，以分地救護南北門釣橋，韋萬、崔綱、李忠、寇士元各遷一官，閻倍等十人各減磨勘二年，陳臨等四人各減一年，餘賞賜有差。〔註114〕

　　同月乙未（廿九），神宗收到涇原路經略使盧秉所奏上彭孫破夏軍於靜邊寨的捷報，神宗才知夏軍名將人多凌丁被彭孫擊殺於陣。神宗即優遷彭孫果州團練使本路都鈐轄，副將郭振遷三官就差本路都監，餘下的立有雜功的將

〔註113〕《長編》，卷三百四十九，元豐七年十月癸巳條，頁 8375～8376。按凌翔及朱義群也據神宗給李憲這篇手詔，論證神宗至死並未厭兵及從未頗悔用兵。朱義群最近一文，引用李華瑞及方震華的相關論述，指出靈州及永樂兩役之敗，宋方的損失並不如反戰的官員所宣稱之大。神宗其實並未放棄制服西夏之打算，當他走出戰敗的陰影，就命李憲從蘭州出擊，渡黃河擊西夏。朱氏以神宗此詔，他用武開邊的熱情，溢於言表。參見凌翔：〈關於宋神宗元豐用兵的幾點辨析〉，頁 383；朱義群：〈「紹述」壓力下的元祐之政——論北宋元祐年間的政治路線及其合理化論述〉，《中國史研究》，2017 年第 3 期（總 155期）（2017 年 8 月），頁 126；李華瑞：《宋夏關係史》，第六章第九節〈蘭州之戰）〉，頁 192～193；方震華：〈戰爭與政爭的糾葛——北宋永樂城之役的紀事〉，《漢學研究》，第 29 卷第 3 期（2011 年 9 月），頁 125～154。
〔註114〕《長編》，卷三百四十九，元豐七年十月癸巳條，頁 8376～8377。

校下盧秉，並委彭孫分三等以聞。〔註115〕

十一月己亥（初三），神宗因西夏入寇諸路應援的問題，重新定下制度，詔陝西、河東等諸路，若西夏舉國入寇一路，如日前犯蘭州之北，方得關報餘路出兵牽制，不須差定軍馬常在極邊，其集的敵騎抄略，就只依例互相關報。〔註116〕

同月壬寅（初六），管勾熙河蘭會經略司機宜文字穆衍上言，以夏人將入朝，請殺其禮待之，使青唐沒有較量輕重之別。但宋廷沒有接受他的意見。值得注意的是，穆衍本來是种諤的參軍，元豐四年种諤伐夏失利回師後，他曾力諫种諤不要勉強應援在靈州的涇原、環慶兩軍。他何時成為李憲的幕僚不詳，《宋史》本傳失載，也許是李憲禮賢下士聘他入幕的。他在元祐時期當主政文臣議棄熙州和蘭州時，他便極力反對。觀他的言行，他是認同李憲的策略的。〔註117〕

兩天後（甲辰，初八），李憲再為定西城的部下申訴，他稱夏軍攻定西城時，定西城兩監押并熨斗平堡侍禁閤佔將護人馬照應，內擊傷及獲級與戰死禁軍等一百九人，已賞三十。他請推恩，其中定西城監押李中及寇士元初不審敵勢與鬥，損折人馬，然又與敵死戰並有斬獲，請以功補過。神宗從之。〔註118〕

同日，西夏主秉常遣使臣謨固咩迷乞遇齎表入貢，以卑辭向宋乞和，但仍要求宋朝歸還夏國疆土城寨。神宗不置可否，而錄其表文付李憲，並詔李憲，以詳閱其文，看出夏人仍未改前請，兼稱是董氈使人招徠，並妄言宋廷許其通使之意，那與阿里骨所言的大段草略不同。神宗吩咐李憲，待該使到來，詳細開諭宋廷之意。〔註119〕

〔註115〕《長編》，卷三百四十九，元豐七年十月乙未條，頁 8377～8378；卷三百五十，元豐七年十一月丁酉至戊戌條，頁 8381～8382。
〔註116〕《長編》，卷三百五十，元豐七年十一月己亥條，頁 8382。
〔註117〕《長編》，卷三百五十，元豐七年十一月壬寅條，頁 8383；《宋史》，卷三百三十二〈穆衍傳〉，頁 10691～10692。穆衍字昌叔，河內人，後徙河中府（今山西運城市永濟市西）。他登進士第入仕，曾隨韓絳宣撫陝西。元豐四年种諤領兵西征，他參其軍。他在何時及何種情況下任熙河路機宜，是否李憲禮聘他到來，群書不載。他任熙河蘭會經略司機宜文字，上司應是趙濟，然趙濟之上即是李憲，故他也應算是鍾傳、李宇外另一名李憲主要幕僚。
〔註118〕《長編》，卷三百五十，元豐七年十一月甲辰條，頁 8384。
〔註119〕《長編》，卷三百五十，元豐七年十一月甲辰條，頁 8384～8385。

　　宋廷在是月甲子（廿八），再以李憲的奏功，封賞在定西城禦敵有功的一批蕃將：供備庫使穎沁薩勒超授皇城使，文思副使結博約特爲西京左藏庫副使，韓緒、堅多克並爲皇城副使，西頭供奉官遵博納芝爲內殿承制。以他們在夏軍攻定西城時，清野力戰，而堅多克力戰受重傷故。〔註120〕

　　十二月戊辰（初三），神宗覺得體中不佳，有建儲之意。並且表示要復用司馬光和呂公著作爲太子哲宗的師保。〔註121〕

　　是月辛未（初六），李憲奏上軍情，稱夏軍聚於黃河北，宋軍將有機可乘，他想派遣相當兵馬突襲。神宗即給李憲手詔，稱許李憲麾下將帥有能如此，他復何憂，他說夏之覆亡有矣。他說披閱李憲的密奏再三，不忘嘉嘆，惟希望李更加詳審佈置，舉無虛發，大破敵人，令漢威遠揚，羌人震驚。神宗認爲騎兵須用二萬以上，步兵則勿教遠行，但教勁騎四處取利抄略，或選健將部眾東上，進迫敵巢，讓夏人上下震恐奔駭，則不世之功庶可立。神宗又特別安撫李憲，說牽涉到他的制獄雖未結案，但其犯之過，神宗保證朝廷必止於憑律用法，不至於異常加罪。神宗要他安心展布四體經營這次行動，因今次所爲，至關重大，並非尋常邊事可比。神宗囑李憲宜審念之，敬之重之，切勿虧損他以前的成績，讓夏人有機會入寇。神宗對李憲的攻夏計劃充滿期待，可惜，他不料到這是他給李憲的最後一道手詔，不到三個月他便病逝而壯志難酬。〔註122〕

　　神宗在是月甲戌（初九）又詔陝西買馬的事隸經制熙河蘭會路邊防財用司，三天後（丁丑，十二），又詔將開封府界諸縣收入剩餘的二十萬緡，賜熙河蘭會路修汝遮城之用，令戶部印給公據，經制司召人到來領取。〔註123〕神宗繼續支持李憲治理熙河。

　　宋廷繼續與青唐維持良好關係，是月辛巳（十六），阿里骨差首領攜蕃字文書並擒獲的西夏蕃部二人至熙州，李憲上奏後，神宗詔將蕃部依蕃丁例刺配。癸未（十八），青唐進奉大首領薩卜賽死於京師的都亭驛，宋廷詔賜賻絹百疋，另將他朝辭所賞的例物給他家人。〔註124〕

　　神宗在元豐八年（1085）正月戊戌（初三）病重，不能視事。是月辛酉（廿六），宰執入福寧殿，宰相王珪上言，李憲早前所上宋軍於熙河入界攻襲

<hr>

〔註120〕《長編》，卷三百五，元豐七年十一月乙丑條，頁8389。
〔註121〕《長編》，卷三百五十，元豐七年十二月戊辰條，頁8390～8392。
〔註122〕《長編》，卷三百五十，元豐七年十二月辛未條，頁8393。
〔註123〕《長編》，卷三百五十，元豐七年十二月甲戌至丁丑條，頁8394。
〔註124〕《長編》，卷三百五十，元豐七年十二月辛巳至癸未條，頁8395。

夏人賞功狀，欲候於御殿，請神宗裁決。神宗從之。〔註125〕按李憲大概在元豐八年正月中，據先前神宗的手詔指示組織這次奇襲，當時諸將以爲夏軍累敗，以爲邊境無事。但李憲對諸將說：「賊之不得志於我也，歸無以藉手，將伺我意，以輕騎出吾不意。」不久，李憲收到諜報，說夏軍有點集，於是他親自指揮，派總領熙州蕃兵將皇城使呂吉等，率精騎萬人渡過黃河，並派其子李轂隨行，深入夏軍進行突襲，行五百里遇敵，自水渡、克掄井、羅抖龍井、羅噶爾轉戰，大敗夏軍，斬首四千七百餘級，並臨陣斬其將色辰岱楚，又獲牛馬駝馬器甲凡八八萬餘。神宗力疾做出批示，首先依李憲的奏功，厚賞他麾下立功的漢蕃將校。二月辛巳（十七），宋廷以呂吉領高州刺史，同總領熙州蕃兵將皇城使王瞻領嘉州刺史，河州蕃兵將皇城使、光州團練使李忠傑領雄州防禦使，又以一官回授其子。岷州蕃兵將皇城使、沂州團練使帶御器械權本路都監內臣李祥升任鈐轄，蕃官皇城使階州防禦使包順授其子一官，蕃官皇城使岷州刺史包誠領恩州團練使，蕃官皇城使榮州刺史趙醇忠領光州團練使，蕃官皇城使慶州刺史李藺氊納領康州團練使，皇城使丹州刺史溫玉領榮州團練使，蕃官皇城使穎沁薩勒領榮州刺史，蕃官左藏庫使若俎沒移爲皇城使，其餘立功將校以功遷者一百二十四。〔註126〕這一仗是李憲爲神宗打敗夏軍最後一役，神宗也不吝厚賞李憲麾下的將校。

二月癸巳（廿九），神宗已疾甚，王珪等請由高太后權同聽政，高太后起初辭卻，她的親信首席內臣入內都知張茂則力勸之，她才答允。三月甲午（初一），神宗正式立哲宗爲太子。就在朝廷紛亂之際，宋廷在同日頒下皇甫旦一案所牽涉諸人的處分：李憲等人坐奏邊功不實，李憲罷入內副都知，自武信

〔註125〕《長編》，卷三百五十一，元豐八年正月辛酉條，頁8406。
〔註126〕《長編》，卷三百三十一，元豐五年十一月辛巳條，頁7969；卷三百五十一，元豐八年二月辛巳條，頁8408；卷三百五十三，元豐八年三月壬寅條，頁8460～8461；《東都事略》，卷一百二十〈宦者傳・李憲〉，葉六下；《皇宋十朝綱要校正》，卷十下〈神宗〉，頁312；《宋史》，卷四百六十八〈宦者傳三・李祥〉，頁13649。考李憲派精騎過河的事不詳年月，相信是王珪在一月底上奏前十日左右。《皇宋十朝綱要校正》將此事繫於八年三月，大誤。考《東都事略》及《宋史》李憲本傳均記在蘭州戰後，李「憲選精騎度河，與賊遇，破之」，當指此事。又據《長編》及《宋史・李祥傳》的記載，李祥在元豐五年十一月辛巳（初四）以出界攻夏所部兵失亡多，自皇城使沂州團練使降一官爲簡州刺史（考《長編》將李祥訛寫爲「李詳」），徙爲熙河蘭會路都監總領岷州兵。李祥從涇原調回熙河，相信是李憲的主意。李祥這次以領兵赴援蘭州之功，復團練使外，不久進階州防禦使。

軍留後降為宣州觀察使，其所有熙河蘭會路差遣則依舊，以他先前遣將過河擊西夏有功，就特免勒停。安州觀察支使、管勾機宜文字鍾傳，就除名勒停，郴州（今湖南郴州市）編管；東頭供奉官閤門祗候、書寫機宜文字李宇，追奪閤門祗候。右侍禁點檢文字蔣用、左班殿直、熙河北關守把兼制置司譯語米安，並追一官，罰銅十斤，免勒停。罪首的右班殿直皇甫旦就除名勒停，南安軍（今江西贛州市大餘縣）編管。左侍禁、通遠軍榆木岔堡巡檢何貴，西頭供奉官、熙河路監牧指使張守禁並降一官，免勒停。〔註127〕這次宋廷結案，除了鍾傳和皇甫旦的處分較重外，李憲及其他人都只是輕責，大概因神宗尚在，王珪等就不敢過度責罰他的寵臣而刺激他的健康。

　　神宗終於在三月戊戌（初五）駕崩，哲宗繼位，以年幼由高太后垂簾聽政，〔註128〕開始了元祐更化的時期。舊黨不久回朝秉政，李憲很快便被投閒置散，進而備受朝中文臣的清算與攻擊。

〔註127〕《長編》，卷三百五十二，元豐八年三月甲午條，頁 8417，8448～8450；《東都事略》，卷一百二十〈宦者傳·李憲〉，葉六下；《宋會要輯稿》，第八冊，〈職官六十六·黜降官三〉，頁 4861～4862；《皇宋十朝綱要校正》，卷十下〈神宗〉，頁 312；《宋史》，卷十六〈神宗紀三〉，頁 313；卷三百四十八〈鍾傳傳〉，頁 11037；卷四百六十七〈宦者傳二·李憲〉，頁 13640。李燾在《長編》是條的注中詳考李憲等被責的始末和各種不同的記載。李燾以李憲在三月甲午（初一）並未立即降為永興軍都部署，其在熙河的差遣如舊，又考證章惇作王珪挽詞所說，章惇及王珪在元豐七年春侍宴，王珪在神宗前力數李憲招權怙勢，而章惇又言神宗用李憲的事不可為後法，神宗領之，而說當罷李憲內職的說法不實。又《宋史·鍾傳傳》只簡略地記鍾傳「坐對獄不實，羈管郴州」而未言其詳。而《東都事略·李憲傳》及《宋史·李憲傳》則只云李憲「坐妄奏功狀，罷內省職事」，沒有具體言明李憲罷內職的真實原因。

〔註128〕《長編》，卷三百五十三，元豐八年三月丁酉至戊戌條，頁 8455～8456。